イントロダクションシリーズ 2

Introduction to Social Welfare

改訂版
保健医療サービス

児島美都子・成清美治・牧洋子　編著

学文社

執筆者

＊児島美都子	日本福祉大学（名誉教授）	
＊牧　　洋子	日本福祉大学（特任教授）	（第1章）
＊成清　美治	神戸親和女子大学（客員教授）	（第2章）
黒木　信之	名古屋第二赤十字病院	（第3章，第13章2.）
永野なおみ	県立広島大学	（第4章）
熊谷　忠和	川崎医療福祉大学	（第5章）
小原眞知子	東海大学	（第6章）
田中希世子	京都光華女子大学	（第7章）
竹中麻由美	川崎医療福祉大学	（第8章）
室田　人志	同朋大学	（第9章）
大野まどか	大阪人間科学大学	（第10章）
青木　聖久	日本福祉大学	（第11章）
宮崎　清恵	神戸学院大学	（第12章）
都成　祥子	神戸大学医学部付属病院	（第13章1.）
森山　拓也	日本福祉教育専門学校	（第13章3.）

（執筆順：＊は編者）

はじめに

「社会福祉士法及び介護福祉士法」の改正に伴い、「社会福祉士養成課程における教育内容等の見直しについて」がなされた。それに基づいて、社会福祉士と精神保健福祉士の共通科目としてのひとつとして「保健医療サービス」が設けられた。この科目は旧共通科目であった医学一般が「保健医療サービス」と「人体の構造と機能及び疾病」に分かれたものである。

この「保健医療サービス」の狙いは、①相談援助活動において必要となる医療保険制度（診療報酬に関する内容を含む）や保健医療サービスについて理解すること、②保健医療サービスにおける専門職の役割と実際、多職種協働について理解する、となっている。

ところで、保健医療サービス領域における相談・援助業務を担うのは、保健医療ソーシャルワーカーや精神科ソーシャルワーカーあるいは、医学的リハビリテーション・ソーシャルワーカー等である。このテキストは、この科目の狙いと保健医療専門職としての最低限度の基礎的知識を習得することを目的とするとともに同科目の学習内容は、社会福祉士国家試験のシラバスに準じたものとなっている。本書は、全13章で構成されており、第1章保健医療サービス、第2章医療保障制度、第3章診療報酬制度、第4章保健医療サービス関係者との連携と実際、第5章保健医療サービスにおける専門職の役割と実際、第6章保健医療ソーシャルワークの歴史的展開、第7章保健医療ソーシャルワークの方法と技術、第8章保健医療ソーシャルワーカーの業務内容、第9章保健医療ソーシャルワークにおける人権保障と権利擁護、第10章病気・障害を抱えた人びとや家族に対する相談・援助活動、第11章精神障害を抱えた人びとや家族に対する相談・援助活動、第12章高齢者福祉の問題を抱えた人びとに対する相談・援助活動、第13章各領域における援助の実際となっている。

また、執筆陣は保健医療サービス研究分野の先駆的研究者から中堅・新進気鋭の研究者まで網羅している。そして、実践分野からも経験豊富な保健医療ソーシャルワーカーと中堅の精神保健ソーシャルワーカー、保健医療ソーシャルワーカーに執筆陣の一員として加わってもらった。

なお、当書の刊行にあたって、前回同類書として好評を博した『現代医療福祉概論』の内容を充実、向上したものとすることを目標とした。最後に本書の出版に当たり、お世話になった学文社代表田中千津子氏に執筆者を代表して感謝したく思います。

2009年3月3日

執筆者を代表して

児島美都子
成清　美治
牧　　洋子

改訂版刊行によせて

　このたび、保健医療サービスの改訂版を刊行することになりました。
　初版につきましては多数の読者の支持を受け、好評をいただきましたが、初版を刊行してからわが国の保健医療サービスの状況も大きく変化し、内容の変更を余儀なくされ、ここに改訂版を刊行することになりました。
　改訂に際して、新たな法律の制定、法律内容の改定にともなう内容の変更、追加、新たなるデータの挿入等を行いました。初版時と比し、各執筆者も研究・実践等において研鑽を重ね、より充実した内容に改めることができました。大学生や現場の医療関係者の要望に応えられたテキストとなっておれば望外の喜びです。この改訂版によって、読者の皆様が、国家試験対策あるいは保健医療サービスについて、造詣を深められることを執筆者一同願っております。
　最後に、同書の改訂版の出版にあたり、支援していただいた学文社代表田中千津子氏に感謝いたします。

2015年1月

執筆者を代表して
成清　美治
児島美都子
牧　　洋子

目　次

第1章　保健医療サービス ——————————————————————— 1

1. 保健医療サービスとは ·· 2
   (1) 日本における保健医療の近年の動向　2／(2) 望まれる保健医療サービスとは　4
2. 生活環境の変化と健康問題 ·· 5
   (1) 現代社会の生活環境の変化とは　5／(2) 現代社会の抱える健康問題　7
3. 国民医療費の増大と医療政策の動向 ·· 8
   (1) 国民医療費の増大　8／(2) 医療政策の動向　10
4. 保健医療サービスの向上と課題 ··· 11
   (1) 保健医療サービスの向上の現状　11／(2) 保健医療サービスの今後の課題　12

第2章　医療保障制度と国民の健康 ———————————————————— 15

1. 社会保障制度の概要 ·· 16
2. 医療提供体制 ··· 21
   (1) 医療提供体制の変遷　21／(2) 各医療提供施設の内容　23／(3) 医療従事者　24
3. 医療保障制度 ··· 26
   (1) わが国の医療保障制度　26／(2) 医療保険　26／(3) 後期高齢者医療制度　34／(4) 各医療保険制度の問題点　35／(5) 公費負担医療　36
4. 社会保障・社会福祉基礎構造改革と介護保険 ··· 46
   (1) 介護保険制度の創設の背景　46／(2) 保健・医療・福祉の連携　48／(3) 介護保険給付と医療保険給付　48／(4) 特定疾病について　50
5. 介護保険制度の改正 ·· 50
6. その後の介護保険制度の動向と課題 ·· 54

第3章　診療報酬制度 ———————————————————————————— 59

1. 診療報酬制度とはなにか ·· 60
   (1) 保険診療の仕組み　60／(2) 医療保険からの給付　60／(3) 診療報酬の仕組み　61
2. 診療報酬と医療機関の関係 ··· 64
   (1) 医療施設の分類　64／(2) 病院分類　65／(3) 病棟の分類　65／(4) 入院時食事療養費　68／(5) 診断群分類別包括評価（DPC/PDPS）　69
3. 診療報酬制度改正の動向と課題 ··· 70
   (1) 持続可能な医療制度への再構築　70／(2) 都道府県単位の医療保険者の再編統合　70／(3) 2008（平成20）年診療報酬の主な改定　71／(4) 2010（平成22）年診療報酬の主な改定　71／(5) 2012（平成24）年診療報酬の主な改定　72／(6) 2014（平成26）年診療報酬の主な改定　72
4. 診療報酬制度の実施 ·· 72
   (1) 多様な居住の場における在宅療養　72／(2) ターミナル・ケアを支援する診療報酬制度　72
   おわりに ·· 74

第4章　保健医療サービス関係者との連携と実際 —————————————— 77

1. 医師，保健師，看護師等との連携の方法 ·· 78
   (1) 保健・医療の専門職と連携　78／(2) 保健・医療の組織の特性とソーシャルワーカーの位置づけ　78／(3) 連携の方法　79
2. 医療チームアプローチの実際 ··· 81
   (1) クライエントの紹介，家族構成　81／(2) 支援計画及び経過　81／(3) 考　察　84

3　医師，保健師，看護師等との連携の実際・・ 85
　　　　（1）クライエントの紹介，家族構成　85／（2）支援計画及び経過　85／（3）考　察　87
　　4　多職種連携と地域包括ケアシステム・・ 88

第5章　保健医療サービスにおける専門職の役割と実際 ── 91

　　1　医師・医療関係職種の動向・・ 92
　　　　（1）医師・医療関係職種の実態　92／（2）病院における職種別従業員の状況　93
　　2　医師と医療関係職種の法的位置づけ・・・ 95
　　　　（1）医行為は医師の独占業務～医師法　95／（2）医行為の一部を補助行為として担う～保健師助産師看護師法　96／（3）保健師助産師看護師法による診療補助業務を一部解除して成り立つその他の医療関係職種　96／（4）業務独占と名称独占　96／（5）チーム医療をめぐる法的用語としての「指示」と「連携」　97
　　3　保健医療サービスにおける専門職の役割と実際・・・・・・・・・・・・・・・・・・・・・・・・・・・・・・・・・・・・・ 98
　　　　（1）医師の役割　98／（2）保健師，看護師，助産師の役割　100／（3）理学療法士，作業療法士，言語聴覚士の役割　102／（4）管理栄養士，栄養士の役割　103
　　4　医療ソーシャルワーカーの役割・・ 104
　　　　（1）「医療ソーシャルワーカー業務指針」から　104／（2）医療におけるソーシャルワーカーの意義　104

第6章　保健医療ソーシャルワークの歴史的展開 ── 107

　　1　保健医療ソーシャルワークの前史・・ 108
　　2　イギリスの保健医療ソーシャルワークの歴史・・・・・・・・・・・・・・・・・・・・・・・・・・・・・・・・・・・・・・ 109
　　3　アメリカの保健医療ソーシャルワークの歴史・・・・・・・・・・・・・・・・・・・・・・・・・・・・・・・・・・・・・・ 111
　　4　わが国の保険医療ソーシャルワークの歴史・・ 114

第7章　保健医療ソーシャルワークの方法と技術 ── 121

　　1　ケースワーク・・ 122
　　　　（1）ケースワークとは　122／（2）ケースワークの構成要素　122／（3）ケースワークの展開過程　123
　　2　グループワーク・・・ 124
　　　　（1）グループワークとは　124／（2）グループワークの代表的モデル　124／（3）グループワークの構成要素と展開過程　125
　　3　コミュニティワーク・・・ 126
　　　　（1）コミュニティワークとは　126／（2）コミュニティワークの展開過程　127
　　4　ケアマネジメント・・・ 128
　　　　（1）ケアマネジメントとは　128／（2）ケアマネジメントの構成要素及び意義　129／（3）ケアマネジメントの展開過程　129
　　5　ソーシャルワークと社会資源・・ 130
　　　　（1）ソーシャルワークにおける社会資源　130／（2）社会資源の構造　131

第8章　保健医療ソーシャルワーカーの業務内容 ── 135

　　1　保健医療ソーシャルワーカーの業務の特徴・・ 136
　　　　（1）ソーシャルワーカーと社会福祉士　136／（2）保健医療機関における社会福祉士の業務　136／（3）保健医療機関におけるソーシャルワーカー業務　137
　　2　保健医療ソーシャルワーカーの業務指針・・ 138
　　3　業務指針にみる保健医療ソーシャルワーカーの業務の範囲・・・・・・・・・・・・・・・・・・・・・・・ 139
　　　　（1）療養中の心理的・社会的問題の解決，調整援助　139／（2）退院援助　140／（3）社会復帰援助　141／（4）受診・受療援助　142／（5）経済的問題の解決，調整援助　142／（6）地域活動　143

4　保健医療ソーシャルワーカーの業務の方法・留意点・・・・・・・・・・・・・・・・・・・・・・・・・・・・・・・・・・・144
　　　（1）個別援助に係わる業務の展開　145／（2）患者の主体性の尊重　145／（3）プライバシーの保護　146／（4）他の保健医療スタッフおよび地域の関係機関との連携　146／（5）受診・受療援助と医師の指示　147／（6）問題の予測と計画的対応　147／（7）記録等の作成　148
　　5　保健医療ソーシャルワーカーの業務遂行のための環境整備・・・・・・・・・・・・・・・・・・・・・・・・・・148
　　　（1）組織上の位置づけ　148／（2）患者，家族等からの理解　148／（3）研修など　149

第9章　保健医療ソーシャルワークにおける人権保障と権利擁護 ── 151

　　1　保健医療ソーシャルワークにおける人権保障・・・・・・・・・・・・・・・・・・・・・・・・・・・・・・・・・・・・・・152
　　　（1）「在院日数」の短縮化による早期退院→在宅医療・介護の連携推進の方向性　153／（2）介護家族の変容―深刻化する介護家族の様相　155／（3）病気になっても患者になれない―国民健康保険料滞納者死亡事例　159／（4）がん医療―増える「がん医療難民」「社会の偏見・差別の拡大」　161
　　2　保健医療ソーシャルワークにおける権利擁護・・・・・・・・・・・・・・・・・・・・・・・・・・・・・・・・・・・・・164
　　　（1）権利擁護とは　164／（2）自己決定権の保障は自立支援である　166
　　3　介護保険・ケアマネジメントにかかわる権利保障・・・・・・・・・・・・・・・・・・・・・・・・・・・・・・・・168
　　　（1）利用者・家族の生活権はどうなるのか―自己決定権，生活権が奪われていく？　169／（2）介護保険制度下のケアマネジメントは援助を必要としている人びとを排除している　170／（3）関係者の連携・協働による当事者の権利擁護を　170

第10章　病気・障害を抱えた人びとや家族に対する相談・援助活動 ── 175

　　1　現代社会の医療ソーシャルワークの諸問題・・・・・・・・・・・・・・・・・・・・・・・・・・・・・・・・・・・・・・・176
　　　（1）医療をめぐる現代社会の特徴と医療ソーシャルワークの課題　176／（2）保健医療サービスのこれからのあり方　181
　　2　医療ソーシャルワークの生活問題上のニーズ・・・・・・・・・・・・・・・・・・・・・・・・・・・・・・・・・・・・182
　　　（1）社会生活における役割機能に関するニーズ　182／（2）経済的問題に関するニーズ　183／（3）高齢者・障害者への介護問題に関するニーズ　184
　　3　病気の過程と医療ソーシャルワークの生活上のニーズ・・・・・・・・・・・・・・・・・・・・・・・・・・・184
　　　（1）発　症　185／（2）病気の進行と治療の長期化　186／（3）合併症の進行，病気の重度化と障害　186

第11章　精神障害を抱えた人びとや家族に対する相談・援助活動 ── 189

　　1　精神保健福祉の歴史・・・190
　　　（1）わが国における精神保健福祉の沿革　190／（2）欧米を中心とする国際的な精神保健福祉の沿革　193
　　2　精神保健福祉の現状と課題・・194
　　　（1）精神障害者のとらえ方　194／（2）精神障害者および家族支援　196／（3）精神障害者の生活を支える要素　197／（4）地域生活支援ネットワーク　198
　　3　相談援助と精神保健福祉士・・200
　　　（1）精神保健福祉士とは　200／（2）相談援助の実際―「精神保健福祉士業務指針及び業務分類第1版」を通して　201／（3）精神保健福祉士の専門性と社会的役割　203

第12章　高齢者福祉の問題を抱えた人びとに対する相談・援助活動 ── 207

　　1　高齢者福祉の課題であるニーズとは・・208
　　　（1）ニーズの把握　208／（2）高齢者の医療と介護の実際　209／（3）高齢者自らが望む生活とは　211／（4）高齢者福祉の相談・援助活動が解決すべきニーズ　213
　　2　高齢者福祉・介護・医療における相談・援助活動・・・・・・・・・・・・・・・・・・・・・・・・・・・・・・・213
　　　（1）地域包括ケアシステムとは　213／（2）地域包括ケアシステムの理念　214／（3）地域包括ケアシステムにおける相談・援助活動　214／（4）支援を行う専門職　214

3　相談・援助活動を行うために必要な力量とは･････････････････････････････････････216
　　（1）相談・援助活動に必要な5つの視点　216／（2）支援対象者への理解　217／（3）生活の場の理解　219
　4　「自己決定」を考える･･219
　　（1）「自己決定」とは　219／（2）ソーシャルワークの援助原則としての自己決定　220／（3）高齢者福祉の問題を抱えた人の「自己決定」を支えるとは　222

第13章　各領域における援助の実際　　　　　　　　　　　　　　　　　　　225

　1　保健医療ソーシャルワーク･･･226
　　（1）身寄りのない終末期の男性の事例　226／（2）家族に対する問題解決への支援の事例　229
　2　医学的リハビリテーション・ソーシャルワーク･･････････････････････････････232
　　（1）在宅でのリハビリ継続の事例　232／（2）リハビリを継続するための転院の事例　236
　3　精神科ソーシャルワーク･･･238
　　（1）精神科病院における地域支援事例　238／（2）精神科病院における退院援助事例　242

索　　引･･247

第1章

保健医療サービス

1 保健医療サービスとは

(1) 日本における保健医療の近年の動向

　医療福祉とは広義の意味においては保健サービス（政策・実践）と社会保険に関連する諸政策を含むが，狭義の意味においては保健医療機関等においてMSW等が行う患者・家族に対する心理的・経済的援助をいう。[1]

　近年の日本における保健医療を巡る現状はかつてないほどの変化の中で，多くの課題に直面し改革を求められている。戦後60数年を経る中で，疾病構造の変化や人口の高齢化は予想をはるかに超えるスピードで進んできており，それにともなって社会保障制度やそのシステムは転換期を迎えざるを得なくなってきた。戦後の初期に誕生し個別に対象者に対応してきた保健・医療・福祉各分野における制度にさまざまな矛盾が生じてきて，1990年代以降は改革の必要性がとくに緊急の課題となってきているのである。そうした結果，個々の制度を検討・改革し保健・医療・福祉の連携を深めるこれまでの取り組みにとどまらず，日本の社会保障制度全体の改革を迫られるような事態を迎えてきているのが今日の現状である。従来の保健・医療・福祉の連携については，サービスの総合化という形で理解されてきており，利用者へのサービスは各種機関のそれぞれの独自性と専門性によって完結をみるということが多かった。しかし現在はこれらのサービス供給主体が多様化の様相をみせており，医療分野での

> **社会保障制度（社会保障システム）**
> 最低限度の生活と生活の安定を図ることを目的とする公的制度のこと。通常は社会保険と公的扶助の異なるものを統合する所得保障である。わが国では日本国憲法制定以降に一般化し，1950年の社会保障制度審議会の勧告によると社会保障とは狭義には公的扶助・社会福祉・社会保険・公衆衛生と医療・老人保健を指し，広義には恩給・戦争犠牲者援護が加わるとしている。

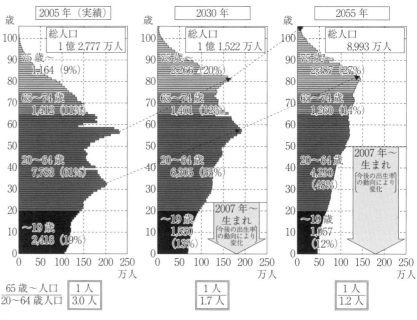

図表1－1　人口ピラミッドの変化

資料）国立社会保障・人口問題研究所「日本の将来推計人口（平成18年12月推計）」中位推計
注）　2005年は総務省統計局「国勢調査報告」に基づき，年齢「不詳人口」を按分補正した人口による。
出所）厚生労働省編『厚生労働白書（平成19年版）』ぎょうせい，2007年，p.29

サービス，保健分野でのサービス，社会福祉分野でのサービスとそれぞれが複雑で多様になると同時に，これらの分化の傾向も強くなってきており，統合を前提としないサービスの総合化が進展してきていることが課題として浮上している。医療と福祉，保健と福祉の問題は密接なつながりをもっており，利用者個々に対して連続した対応とサービスが必要なものである。具体的にいうとサービスの受け手である患者（利用者）は，疾病が生ずるとまず最初に医療機関のサービスを利用することになるが，ここで疾病を巡る病気の治療以外のさまざまな問題に同時に直面することが多い。医療費支払いという費用の問題（経済的な問題）や職場の休職や復帰の問題（仕事の問題等），家族の抱える問題（入院中の家族のこと，単身者は退院後の生活の場等）など抱える課題は多い。病気の治療についても疾病の程度と予後の状態，後遺症が残るのか，いつまで治療を継続すればいいかなど治療期間と職業生活や在宅生活の可能性など多くの種類のサービスを利用することが必要となってくる。このような病院の医師をはじめとした医療専門職者だけで解決できない社会的な問題に対して，医療ソーシャルワーカー（以下，MSWとする）は社会資源の活用などを通して患者の抱える総合的な問題の解決に取り組み，他の専門職者も専門的な行為を実践することにより，結果として治療行為が進み治療効果を上げることにつながるのである。この時に個々の利用者の情報を専門職集団が共有し，必要な連携のもとに改善を図る目的で組織内や地域内でのチームワークやネットワークの構築がなされることが望まれる。たとえば，病人・サービス利用者の側からみると，病院という組織の中で治療者側の「チーム医療」がうまく機能していること，また生活場面である地域社会にあっては，地域内の保健所や福祉事務所等各種専門機関の横の連携・チームアプローチが進んでいることで満足のいくサービスが継続して受けられる条件整備があるということができる。

しかし社会福祉専門職者にとって，現在のように各種制度や政策が分立して存在し，さらに各専門職の業務が細かく再分化されている現状では，ともすれば従来の狭い専門領域に縛られるという傾向に陥りがちになり，その結果として利用者にとって納得のいくサービスの提供が困難という傾向が近年多くみられるようになってきていることが課題となってきている。

戦前の日本社会は，多くが「疾病と貧困」という生活実態が生み出す悪循環の中で，医療と福祉の関係は別々に存在し切り離されるものではなく，密接に結びついて制度・政策も築かれてきたという歴史がある。ところが戦後になって社会の急激な変化の中でこれらの関係が異なるシステム・制度で展開され，新たな矛盾を生み出してきているというのが現代の保健・医療を巡る課題として浮上してきているのである。こうした現象を振り返ってみると，1980年代頃より病気治療が終っても，療養上のさまざまな問題を抱えた患者が，入院生活を継続するという「社会的入院」が増加して社会的な話題となってきた。ま

チーム医療
医療機関において医師だけでなく，他の専門職であるコメディカル・スタッフとともに協力して患者の治療に関わっていくこと。患者・家族の医療，福祉に関するさまざまなニーズに対応し，より良質なサービスの提供を行うよう，それぞれの職種の専門性を重視し連携して臨むことが望ましい。

チームアプローチ (team approach)
福祉サービス利用者の抱える課題は複雑であり，ソーシャルワーカー単独では対応できないことが多い。他のワーカーや専門職者（医師，保健師，研究者等）と協力して利用者の課題に取り組むことが必要となる。こうした利用者の課題に対してチームとして対応していく援助者側の試みのこと。

た高齢者人口の急激な増加の中で，適切に対応する必要のあった福祉の制度・サービスの整備は遅れ，特別養護老人ホームをはじめとした社会福祉施設の数は圧倒的に少なく，社会のニーズに応えるものではなかった。疾病による入院治療はひとまず終了して後は在宅で療養をという患者の退院先・受け皿が在宅にも，社会福祉施設にもないという実態が増えてきたのである。このような現象に対して，結果として本来は社会福祉が担うべき機能を医療の側が肩代わりして担う事態を招いた。高齢患者の社会的入院の増加は1990年代以降も続き，社会福祉の制度整備の遅れと同時に当時はまだ「姥捨て山」的にみられていた社会福祉施設の利用よりも，病人や高齢者本人・家族にとってスティグマを感じることの少ない医療制度・設備を選択するという傾向が多かったのもそれを後押しすることになった。とくに家族からは「病人のお年寄りを家で世話をせずに「養老院」（老人福祉施設）に入れた，切り捨てた」と周囲からみられるよりも，「まだ病気が良くならないから病院に入院している」方が世間体が良かったのである。

また医療サービスは従来より民間の医療機関が主体となって実施され，保健分野は保健所を中心とする行政が主体であった。

社会福祉については民間が主体ではあるが，実際は国の統制下にある社会福祉法人等がサービスの中心を担ってきた。しかし措置から利用者の選択へと変動していった福祉の分野では，福祉サービスの供給主体が行政から，民間の非営利団体，そして私企業にまで含むようになり多元化（民間非営利部門，民間営利部門，インフォーマル部門）してきている。その結果近年の特徴として，大規模な民間供給主体では保健・医療・福祉にまたがる一大複合的施設の設置が増加している。結果として1つの企業レベルでの統合化は少なからず試みられてきているのである。こうした現象は，統合を前提としないサービスの総合化が今後の課題となって浮上してくるであろう。

> **スティグマ（stigma）**
> 現在は社会的烙印の意味に用いられていて，他から区別される好ましくないとされる属性のことをいう。たとえば，身体上の障害や欠点，人と異なる生育歴，人種の違いなどがスティグマとなりうる。その結果，その人は社会的に孤立し，アイデンティティが損なわれる。差別や偏見はここから生まれる。

(2) 望まれる保健医療サービスとは

先にみたように，これからの保健医療サービスの前には，多くの課題が山積みである。社会保障システム全体の改革が進行しており，これまで以上に保健・医療・福祉の連携がクローズアップされ，時代の要請となってきた今日，「医療と福祉」の役割はますます重要となってきている。細分化されている社会福祉の諸領域の中で，「医療福祉」を受け持つ分野の1つとしてだけでなく，保健・医療・福祉の有機的な結びつきの要としての機能を発揮することこそ，これからの福祉に期待されていることである。連携の終局的な目的は，個々バラバラに提供されてきた類型的なサービスを結びつけて，真に利用者自身が望むサービス，つまり連続性があり，全体的なニーズに合致することである。そのためには一人ひとりの利用者・生活者に目を向けて，生活を全体として理解

> **医療福祉（health and medical social work）**
> 一般的には広義と狭義のとらえ方があるとされる。広義には保健・医療サービス（政策・実践）と社会保障・社会福祉に関連する諸政策を含む広汎なサービスをいう。狭義には医療社会事業とのつながりをもつもので，各保健・医療機関等において患者・家族の経済的・社会的・心理的問題等のニーズを充足するために医療ソーシャルワーカーが行う対人援助サービスのこと。

できるように把握した上で、包括的なサービスの構築を実践していくことである。遠回りのようであるが丁寧なこうした実践の積み重ねの中から、真に利用者に求められる連携、サービスの統合化も実現の可能性が見えるであろう。

これまでの行政中心の社会サービスの弊害であったパターナリズム（父権主義）や画一主義から、ソーシャルワークの視点に立ち、利用者主体、利用者を総合的に把握し理解する、そこからサービス提供を実践できる総合的な力量のあるソーシャルワーク（社会福祉援助技術）の専門家の登場が望まれる。

人間の生活基盤を支える生命と健康に関する問題は、社会福祉の主要なテーマとしてかつてから存在している。保健と医療と社会福祉の存在は切り離せない深い関係なのである。そしてそれぞれが提供するサービスについても深い関係とつながりがあるのである。社会福祉のシステムが形成されてきた始まりは、疾病や障害に起因して起こる貧困対策である。社会保障制度の整備や医療技術の進歩、衛生状態の向上など公衆衛生対策の進展が進行するにつれて、従来の疾病と貧困という悪循環は改善されてきた。そして社会の変化とともに新たに生じた疾患（病気）を巡る問題が社会福祉の課題となってきている。社会福祉の中でも医療福祉は、これまでも保健・医療・福祉の連携、各サービスのつながりを考えながら実践してきたという歴史をもっている。現在の急激な変化と流れの中にあって「保健医療サービス」を担う役割をこれまで以上に果して行くことが今後の展開にとって重要なことであろう。

> **パターナリズム（paternalisum）**
> 父子（家族）主義、父親の子どもに対する権利、義務、責任の関係にみられる権限、干渉、保護、温情などが主義としてあらわれること。古来より父権は、優者、強者とされており、その権限を基盤として弱者としての妻子を保護するものとして考えられてきた。

2　生活環境の変化と健康問題

(1) 現代社会の生活環境の変化とは

近年、保健医療を取り巻くわが国の社会環境は、めまぐるしい変化をみせている。そこでまず私たちの住む現代社会の特徴、とくに命と健康に直結している保健医療及び社会福祉分野における変化とそれらに対する課題について考えてみることにする。第1に、人口構造の変化があげられる。第2に、疾病構造の変化がみられる。第3に、戦後の社会環境の急激な変化は国民意識や生活水準の変化として現れてきた。第4にそれらと連動するように地域社会の変化がみられるようになってきた。以下それらについて詳細にみていくことにする。

まず第1に、「人口構造の変化」についてみておこう。わが国の人口構造の特徴は、何といっても世界に例をみない高齢化の速さ（実に欧米の4倍）と急激な出生率の低下による少子化の傾向である。1970年に高齢化社会（65歳以上の高齢者人口比率が7％以上、14％未満の社会のこと）を迎えたが、早くも1994年には高齢社会（65歳以上の高齢者人口が14％を超えた社会のこと）の到来となり、これらは後期高齢者の増加、虚弱高齢者や要介護高齢者の増加となり高齢者対策への整備が緊急の課題となった。このような背景のもと、2000

> **後期高齢人口**
> 前期高齢人口が65歳以上75歳未満を指すのに対して、75歳以上の人口を後期高齢人口とよびその数は増加の傾向である。この特徴は虚弱者、要介護者を含む要援護者の出現率が高いこと。老化の進行は個人差が大きいものの、要介護高齢者の発生率は前期高齢者が1.5％程度に対して、75－79歳で6.5％、85歳以上では約24％と増加する。

年に介護保険制度の施行となったのである。

また他方では，いわゆる健康な高齢者人口も増加しており，多くの地域で独自にあるいは地域ぐるみの予防活動として健康づくり運動・健康増進活動も活発になっている。寝たきり老人をつくらない・ならない。認知症にならないで死ぬまで住み慣れた地域・家で自分の力で生を全うしたいと願う高齢者も増えてきている。その一方では中高年を中心として生活習慣病が大きくクローズアップされるような事態も到来している。

第2に，「疾病構造の変化」である。戦後の公衆衛生の向上や医学医療の進展の中で，戦前に恐れられた感染症「死ぬ病」の代表であった結核や肺炎による死亡率は減少している。1950年代以降はがん・心疾患・脳血管障害等の慢性疾患の患者が増加してきた。さらに糖尿病，高血圧，高脂血症など生活習慣病の増加もみられる。また減少した感染症の中でもHIV（ヒト免疫不全ウイルス）/AIDS（後天性免疫不全症候群）等の新たな疾病の出現もみられる。慢性疾患が病気の主たる部分を占めるようになってきている今日では，病気の原因を単一のものに特定して取り除くという治療法では解決・改善できなくなってきている。日常生活・職業生活の中での食習慣，運動，喫煙，飲酒，ストレス等が要因であるこうした慢性疾患の症状に対しては，身体的・社会的・心理的な総合的な見方が必要となる。治療に対しても患者自身が生活管理を行うこと，病気と治療法への正しい知識と理解を得ること，医師をはじめとした医療者との対等で継続的な関係をもつこと，安心して治療に立ち向かえるように社会福祉の制度への理解と活用が必要である。

また第3に，「生活水準の向上や意識・価値観の変化」が生じているということである。

1960年代から始まった高度経済成長は，経済的繁栄によって国民の生活水準を大きく向上させた。その一方で経済最優先の政策の下で過密・過疎問題が浮上してきた。重化学工業地帯をはじめとした働く場所の多い都市や臨海工業地域への，地方からの流入による人口の都市集中化現象と，残された農業従事者をはじめとした従来の農村地域の過疎化の現象の出現，工業地域での公害問題は，自然環境の破壊や健康被害をもたらした。さらには出稼ぎから子ども世帯の町への流出による家族関係や家族機能の変化，女性労働の増加や住宅問題が出現した。所得生活者の増加，消費生活の増加を招いた。「新しい貧困」という言葉は，大衆消費社会を迎えて「人並みに暮らせる豊かな生活」を求めて，周囲がもっているから各種電化製品や車，おしゃれなマンション，庭付きの一戸建て住宅の購入，海外旅行やバカンスを楽しむという生活スタイルを望む人びとが増え，その日に食べるに困らないだけの生活は当然であり，周りが謳歌している生活スタイルが望めないのは，貧しいのだ，つまり新しい貧困だという意識に陥っていったことを指す。また「家意識」や「昔の価値観」よりも個

> **家族機能**
> **(family functions)**
> 家族を1つのまとまりをもつシステムととらえた場合，家族がシステムとして存在するために他のシステムとの交渉やそれからの影響に対しての行動決定をするための役割を家族機能ととらえることができる。各々の家族やその家族が属する文化，家族成員がライフサイクルのどの位置にあるかによって多種多様に存在する。一例として社会学者のマードックは，家族機能を①性的機能②経済的機能③生殖的機能④教育的機能ととらえている。

人の好みや心情を重視する生活者が増えてきた結果，家庭は療養や休養の場ではなくなり，高齢者の介護等の機能が失われてきた。プライバシーの尊重や，自己責任のもとに保健医療のサービスも選択して買うという時代の到来は，多様化し高度化していく保健医療サービスのニーズに対しても，情報やサービス供給の考え方にも影響してきている。

そして，第4に，「地域社会の変化」である。先にみたように人口が都市に集中するようになり，周辺地域も都市化が進行するようになった。従来あった地域社会・共同体意識は薄れ，地域としてのまとまりは少なくなっていった。また過疎地域に住む住民は稼働世帯ではなく，介護を要する高齢者・ひとり暮らしの高齢者が多くを占めるようになっている。成人や子どもの人口は減少の一途をたどり，財政上もマンパワーの面からも地域の課題を解決することが困難になっている。反面，人口の集中している都市社会では，稼働世帯が郊外にベッドタウンを形成するというドーナツ現象が現れている。住んでいる街・地域が単なる寝る場所でしかない，あるいは消費生活を楽しむ場所という意識になっている。

高齢者が圧倒的に多い過疎の農村や山村地域では，自然現象などにより近年とみに深刻な事態が生じてきている。相次ぐ地震の発生（1995年1月に発生した阪神・淡路大震災，2007年7月の新潟中越沖地震，2011年3月に発生して未曾有の被害を及ぼした東日本大震災等）とそれによる地域生活への深刻な被害と影響，集中豪雨等自然災害がもたらす周辺地域からの孤立化など，生命と日常の生活自身への影響，農山村の限界集落といわれる地域に顕著にそうした被害は現れてきている。ひとつの地域だけでは到底解決できない，しかし生活者の生命と健康，そして日常生活ができる条件整備など，緊急の課題が山積みである。

(2) 現代社会の抱える健康問題

1961（昭和36）年の国民皆保険の実現によって，すべての国民が何らかの医療保険に加入することとなった。これにより医療の受診・受療の機会が平等に保障される契機となった。必要な医療が受けられるという事態はすべての国民にとって待ち望んでいたことであり，潜在化していた疾病が顕在化することとなり，手遅れで死亡する，医療費の負担ができずに我慢していた患者が助かるという朗報でもあった。またこのことは国民医療費の増加を当然のように招くことにもなった。

その後，先に見た社会的環境の変化・影響により保健医療は大きく変貌してきたが，当面の課題としては特定機能病院と地域一般病院，各種専門病院，療養型病床群のある病院，地域診療所等の各医療機関の機能等の機能分化が進んでいるということである。患者が消費者として医療サービスを受けることのできる土壌の形成が求められるが，そのためには福祉と医療が連携して行われる

ことが前提になる。また政府の近年の医療改革の流れとして「医療」をメディカルケアからヘルスケアへと拡大させ，「保健医療」としてあらわしていく方向が顕著になっている。つまり，医療概念の拡大と福祉サービスの普遍化により，経済的困窮者だけでなく高齢者・障害者も医療を受けながら福祉のサービスについても必要であるという認識が強まってきた。現在の当面する保健医療の目的は，健康増進から看取りまでを含むようになり，心身の健康とともに社会的な福祉も含み，福祉の目的も経済的な問題だけでなく社会生活の安定が主眼となり，医療と福祉が重なるようになってきている。その結果として，保健医療福祉の概念は，医療と福祉が接近する中で保健に集約する傾向が進んできているのが現状である。

こうした流れを受けて，真に国民の福祉の向上を考え保健医療サービスが保証されるように，福祉の立場から検討していくことが求められてきている。

3 国民医療費の増大と医療政策の動向

(1) 国民医療費の増大

医療保障とは，国家責任において，すべての国民の健康保持，回復を目的とした機会を保障するための公的施策としての予防，治療，リハビリテーション等を実施することである。すなわち，病気やけがにより治療が必要になった際に，医療サービスを給付してその人の生活の安定を図るという仕組みのことである。医療費の保障を行う医療保険には，自営業者が加入する国民健康保険（さらには地域保険と職域組合保険に分けられている）と被用者の加入する健康保険に大別される。被用者保険は特定被用者保険としての国家および地方公務員，私立学校教職員等共済組合，船員保険等がある。また一般被用者には組合管掌と全国保険協会管掌がある（これらの詳細については第2章を参照のこと）。医療保険の成り立ちを歴史的にみると戦前（1922年）の健康保険法から始まり，1938年には国民健康保険法が制定された。そして1961年になって国民皆保険というすべての国民が加入する体制が出来上がったのである。次に医療保障制度を構成しているシステムには，医療供給システムと医療財政システムの2つがある。

現在高齢化の急激な増加による，高齢者の医療費の増加の傾向，生産年齢人口の減少等により，国民医療費の高騰が大きな課題となっている。政府はこの高騰を社会の許容範囲で抑制するための方策を検討している。

従来日本の医療は，諸外国に比べて入院期間が極端に長いことに象徴されるように，「社会的入院」など治療の必要性がなくなっても，生活の場所として病院を選ぶという傾向が1980年代以降出現してきた。整備の遅れている社会福祉施設等社会福祉の対策の肩代わりとして，医療がその役割を担ってきてい

3. 国民医療費の増大と医療政策の動向

図表 1-2 人口10万人当たり年齢階級別受療率（外来）（2011年）

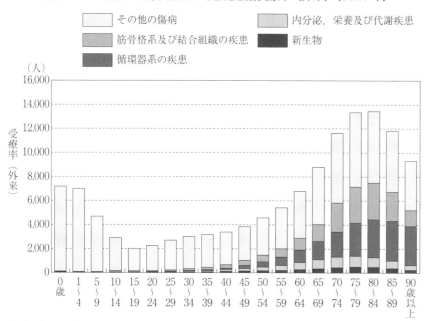

出所）厚生労働省「患者調査」（2011年）より作成

図表 1-3 人口10万人当たり年齢階級別受療率（入院）（2011年）

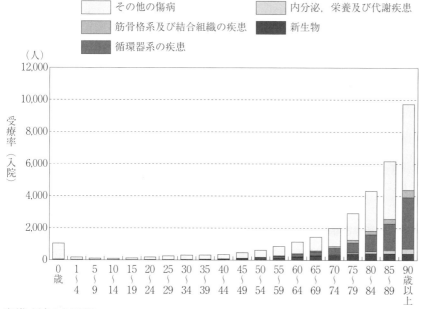

出所）図表1-2に同じ

クリティカルパス (Critical Path:CP)

1985年，ニューイングランドメディカルセンターの看護婦カレン（Karen, Z.）により発案された。医療ケアの効率化と質の維持，さらに医療費削減をもたらす医療管理手法である。一定の疾患や疾病をもつ患者に対して，入院指導，患者へのオリエンテーションケア処置，検査項目，退院指導などを時間軸の横軸とし，ケア介入を縦軸としてスケジュール表のようにまとめたもの。

るのである。こうした現象は高齢化の進行とともに当然のように医療費の高騰と財源難を招く結果となった。結果として国の政策動向は経済的な側面からコスト効果を意識するようになり，入院患者の平均在院日数の短縮化が進められてきている。医療機関に対しては，クリティカルパスや退院計画による早期介入や地域連携室の設置などが求められてきており，患者を早期に病院から在宅

第 1 章 保健医療サービス

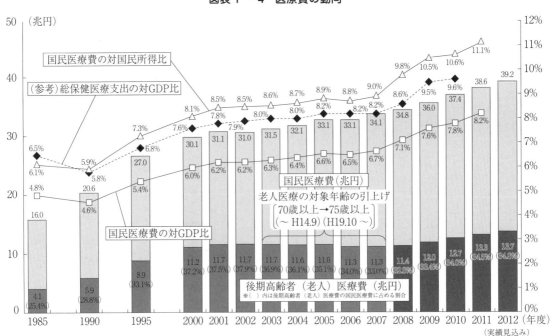

図表 1－4 医療費の動向

生活につなげていけるよう仕組みづくりが進んでいる。

(2) 医療政策の動向

　国民皆保険制度を堅持し，将来にわたって持続可能な医療保険制度を構築していくためには，治療を重視した医療から，疾病の予防を重視した保健医療への転換を図ること，医療供給体制や医療保険制度等のあり方等にまで踏み込んだ見直しを行い，医療費の伸びの適正化を実現して，抜本的な医療構造改革を追しすすめようというのが政府の考えの主流である。

　2007年5月に当時の厚生労働大臣である柳沢厚労相は経済財政諮問会議に「医療・介護サービスの質向上・効率化プログラム」を提出した。その内容は，医療介護サービスについてサービスの質の維持向上を図りつつ，効率化等により供給コストを低減させていくための総合的な取り組みを計画的に推進するこ

4. 保健医療サービスの向上と課題

図表1-5　生活習慣病の発症・重症化予防（メタボリックシンドローム対策）

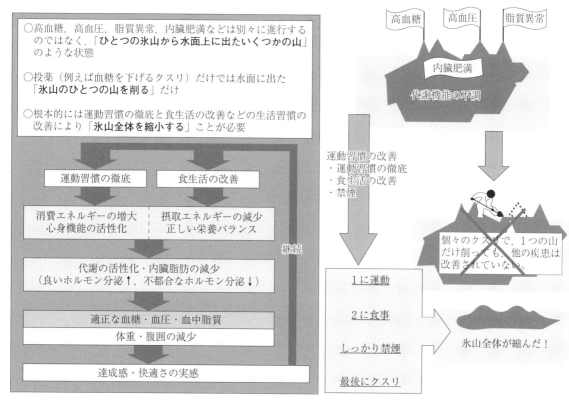

出所）図表1-1に同じ，p.60

とを柱としている。具体的には生活習慣病対策の推進（予防の重視—働き方を含め生活を見直す—），介護予防の推進と介護報酬の見直し，平均在院日数の短縮（在宅医療・在宅介護の推進と住宅政策との連携），後期高齢者の心身の特性に応じた診療報酬の創設，看護師等の医療従事者等の役割分担の見直しや，医師確保対策など地域医療提供体制の整備，患者に対する医療情報の提供の推進等を盛り込んでいる。

4　保健医療サービスの向上と課題

（1）保健医療サービスの向上の現状

　少子・高齢社会の進展や疾病構造の変化等にともなって，わが国では国民医療費の増大が国民生活に大きな影響を及ぼすようになってきているとの指摘がある。国民総生産に占める割合は年々大幅に増大しており，保健医療サービスに対して制度的改革が常になされてきている。近年の保健医療施策は，社会的入院の解消や医療機能分化の促進を課題として促進されてきているのが特徴である。これらはたびたびの医療法の改正（第1次医療法改正1985(昭和60)年～第5次医療法改正2006（平成18年）年）や診療報酬制度の運用にみること

ができる。また社会福祉政策としては、施設保護から居宅保護へととくに1970年代以降進み、地域における保健医療システムと福祉システムとの統合的な運営が求められてきている。

(2) 保健医療サービスの今後の課題

保健医療サービス領域における相談援助業務を担うのは保健医療ソーシャルワーカーや精神科ソーシャルワーカー、医学的リハビリソーシャルワーカーになる。こうした業務に従事する者には、保健医療専門職としての最低限の基礎的な知識と技術を習得することが求められている。保健医療サービスに従事する者の目的は、つまり狭い意味でのMSW「医療ソーシャルワーカー」の学習にとどまらず、保健・医療に対する知識が強く求められてくるということである。具体的には、第1に、相談援助活動において必要となる医療保険制度や医療経済、保健医療サービスについて理解をすることと実践につなぐ力量をもつこと。第2に、保健医療サービスにおける専門職の果たす役割と、各専門職の実際の業務内容についての理解と、他職種協働の実践が行えるように理解をし、実践することである。

注)
1) 児島美都子・成清美治編『現代医療福祉概論』学文社、2002年、pp.7-8

参考文献
　成清美治・加納光子編著『新版　社会福祉（第2版）』学文社、2007年
　児島美都子・成清美治編『現代医療福祉概論（第2版）』学文社、2007年
　牧洋子・和田謙一郎編『転換期の医療福祉』せせらぎ出版、2005年
　大野勇夫・川上昌子・牧洋子編集代表『福祉・介護に求められる生活アセスメント』中央法規、2007年
　牧野忠康・川田誉音編『社会福祉方法原論』みらい、2004年
　成清美治『私たちの社会福祉』学文社、2012年

プロムナード

健康づくり活動（予防の重視）　わが国の健康づくり対策の歴史は、1955年から1996年に展開された「成人病対策を中心とした疾病予防の時代」から、1996年から2005年に展開された「生活習慣に着目した健康づくりの時代」を経て、2005年以降現在は「新しい知見に基づく総合的な生活習慣病予防と職場における新たな健康確保対策」の時代に入っています。食習慣、運動習慣、喫煙、飲酒という日頃の生活習慣が、これまで成人病とよばれてきた悪性新生物、心疾患、脳血管疾患の発症に深く関係していることが明らかになってきたことを受けて、1996年に公衆衛生審議会において「生活習慣に着目した疾病対策の基本的方向性について（意見具申）」が取りまとめられました。

学びを深めるために

大野勇夫・川上昌子・牧洋子編集代表『福祉・介護に求められる生活アセスメント』中央法規，2007年

　利用者の生活を理解するということは社会福祉の分野だけでなく保健，医療，看護，介護，教育といった幅広い分野において共通する課題である。「生活を総合的にとらえること」なくして対象者の特徴やニーズを把握することは困難である。相談援助全般に役に立つ本である。

福祉の仕事に関する案内書

児島美都子・成清美治編『現代医療福祉概論（第2版）』学文社，2007年

　わが国の医療福祉全般を学ぶための入門書である。

第 2 章

医療保障制度と国民の健康

1 社会保障制度の概要

社会保障（Social Security）は，国民の生活の維持・安定を図ることを目的としたものである。その基本的役割はイギリスのフェビアン社会主義者であったウエッブ（Webb, S.）によって提唱された，ナショナルミニマム（最低生活保障）にあるが，今日では，新自由主義の立場から同意味であるセーフティネット（安全網）を唱えることが多くなっている。社会保障のとらえ方は国によって若干異なるが，欧米諸国では，多くの場合，社会保障は所得保障としてとらえられている。しかし，わが国では①所得保障：高齢や失業あるいは定年退職等により収入を得ることが困難になったとき，現金等の支給によって生活を安定させる役割，②医療保障：病気やケガ，そして，高齢により日常生活において健康を維持することが困難となった場合，医療保険等の給付により健康の維持・回復させる役割，③社会福祉サービス：要介護者，保育児・障害児（者）等援助が必要な人びとに対して公的あるいは私的サービスを用いることにより，これらの人びとの生活の向上を図る役割を担っている保健・公衆衛生まで含むものとしてとらえられている。その中核としての社会保険と，これを補完するものとして国が租税をもとに生活困窮者を救済・保護する公的扶助や児童手当によって構成されている。

ところで，社会保険の源流はドイツに求めることができる。世界最初の社会保険を創設したのは当時「世界の工場」であったイギリスではなくドイツであった。その理由として産業革命においてイギリスの後塵を拝していた同国はフランスとの戦争（普仏戦争）を経て1871年に国家統一を達成した。ドイツは19世紀の後半から急速な産業革命を推進したため労働運動が国内各地で勃発した。こうした労働運動を抑制するため宰相ビスマルク（Bismarck, O.）は，社会主義者鎮圧法（1878）を制定することによって労働運動を非合法化した。これによって労働運動は弾圧されることとなったが，1884年の選挙では政府の意図に反して社会民主党が躍進することとなった。こうした中で彼は労働者の福祉増進のための社会政策をとることとなった。すなわち，疾病保険（1883），災害保険（1884），老齢・障害保険（1889）の3つの世界で最初の社会保険を制定した。これがビスマルクの「飴と鞭」の政策とよばれているのである。イギリスにおいて自由党のロイド（Lloyd, G.）はドイツの現状を視察してドイツ型（強制社会保険）とは異なる社会保険を制定する必要性を訴え同党の社会保障政策に影響を与えた。そして，1906年に政権の座についた自由党は，学校給食法（1906），学校保健法（1907），老齢年金法（1908），職業紹介法（1909），国民保険法（1911）等を次々に制定した。なお，各種の社会保険制定の前提となったのはブース（Booth, C.）の『ロンドン市民の生活と労働』（1902），ラウントリー（Rowntree, B.S.）の『貧困—都市生活の一研究』（1901）によって多くの

フェビアン社会主義

この思想の名前は，冷静沈着な戦術家で有名な古代ローマの将軍ファビウスの名に因んでつけられた。また，この思想の特徴は議会制民主主義に基づいて漸新的に社会主義化を図るところにある。この運動は19世紀にイギリスにおいて始まったもので，当時から労働党のイデオロギーに影響を与えた。この運動を組織化した団体がフェビアン協会（1884）である。中心メンバーは劇作家のショー・ジョージ・バーナードと社会改良主義者のウェッブ，シドニーであった。彼等は当時のイギリスのビクトリア朝の末期における貧困と社会的不平等等を批判し，生産手段の社会化にともなう所得分配の公平化を訴えた。この思想は今日においても，イギリス労働党の政策に影響を与えている。

ブース，C.（Booth, Chales 1840-1916）

科学的貧困調査の創始者とよばれている。

穀物商の子として生まれ，のちに船舶会社の社長となった彼は，早くから貧困問題に関心をもち，40歳を過ぎてからは私財を投げ打ってロンドン貧困調査を実施し，社会階層論的手法を用いた分析を行い，貧困原因の社会性を導き出した。それらの結果を1903年に『ロンドン市民の生活と労働』（全17巻）にまとめて出版するとともに無拠出老齢年金を提案するなど，社会政策・社会福祉の重要性を説き，20世紀初めのイギリスの救貧行政に多大なる影響を与えた。

1. 社会保障制度の概要

貧困者の存在が明らかになったことである。

一方，公的扶助については，イギリスの救貧法にその原型を求めることができる。なかでも 1601 年のエリザベス救貧法は著名である。同法における救貧事業は労働能力がありながら働く意欲が欠如している者（「有能貧民」）の労役場（ワークハウス）での強制就労，孤児・捨て子には一定の年齢まで徒弟奉公を課し，就労することが不可能な老人・病人・障害者（「無能貧民」）のみ生活扶養を目的とした救貧院に収容することとした。また，財源は教区に治安判事の承認を得た貧民監督官を置き，貧民税を強制的に徴収することによってまかなわれた。この救貧法は国家的組織で富裕者から救貧税を徴収して貧民に分配し，貧民を強制就業させることを目的とした。1782 年の「ギルバート法」（有能貧民を失業者と見なし，雇用されるまで居宅保護する）や 1796 年の「スピーナムランド法」（院外救済による一般雇用で賃金が保護基準に満たない場合，救貧税にて補助する）によって同法が見直されることとなった。救貧法はその後，資本主義が確立するなかで 1834 年に改正され，社会扶助として社会保障の一翼を担うことになった。その基本原則は，①保護基準の全国的統一，②劣等処遇の原則，③労役場処遇を原則とし，貧民の人間の救済を拒否，自助を強調した厳しいものであった。その後も，救貧法はイギリスの救貧事業を担ってきたが，第 2 次大戦後の 1948 年「国民扶助法」の成立によって廃止された。

社会保障法が世界で初めて制定されたのは 1935 年のアメリカの「社会保障法」（Social Security Act）であった。そしてアメリカに遅れること 3 年，地球の南半球国であるニュージーランドにおいても社会保障法が誕生した。同国とアメリカの社会保障法を比較検討すると，前者が老齢・疾病・寡婦・孤児・失業またはその他の状況から起因する事態に対する保障（保健・医療サービス＋年金給付制度）であるのに対して，後者は年金保険と公的扶助への補助，社会施設，福祉事業への補助の 3 本柱に限定され，健康保険制度の欠如と国庫負担や運営主体による給付格差等の問題を抱えていた[1]。このようにニュージーランドの社会保障法は社会保険と社会扶助を中心としたものでなく，「一般租税」を財源とした社会保険と社会扶助が統合化されたもので西欧諸国がめざしていた社会保障とは異なり，その独自性は高く評価されたのである。しかし，戦後の世界の社会保障のモデルを示唆したベヴァリッジ（Beveridge, W.H.）の「福祉国家」（welfare state）構想の影響を受け，ニュージーランド方式は普及しなかった。

福祉国家構想のもとになったのは『社会保険および関連諸サービス』（通称ベヴァリッジ報告）（1942）である。この中で彼は「勧告の 3 つの指導原則」について述べている。その第 1 の原則は，将来のための提案はすべて，過去に集められた経験を完全に利用すべきであるが，その経験を得る過程で築き上げ

ラウントリー，B. S.
(Rowntree, Benjamin Seebohm 1871-1954)

ブースの影響をうけ，ヨーク貧困調査を実施した。第一次貧困，第二次貧困という 2 つの「貧困線」を理論的に設定し，これを判断基準として対象世帯を分類するという手法で分析を行い，貧困の実態とその原因を明らかにし，貧困の原因が社会的なものであることを示した。ブースとども 20 世紀初めのイギリスの救貧行政，さらに福祉国家の形成に多大なる影響を与えた。なお，貧困線という発想は最低生活費算定方式の基礎となり，マーケットバスケット方式確立へとつながった。

ベヴァリッジ，W. H.
(Beveridge, William Henry 1879-1963)

イギリスの経済学者。労働次官であったベヴァリッジはいわゆるベヴァリッジ報告を政府に提出し，第 2 次世界大戦後のイギリス社会保障制度の確立に貢献した。彼の計画は，社会保険を中心とした社会保障制度の確立という画期的なものであった。ただし，所得再分配の主たる手段を定額拠出，定額給付に固執したもので給付水準の低下をもたらした。しかしながら彼の構想は戦後のイギリスがめざす福祉国家構想の基盤となった。

られた局部的利益への顧慮によって制約されてはならない（抜本的取り組みが必要）。第2の原則は，社会保険は社会進歩のための包括的な政策の一部にすぎない。すなわち，社会保険は所得保障であり，窮乏（W-ant）に対する攻撃であるが，窮乏は戦後の再建を阻む5つの巨人のひとつにすぎない。他の4つの巨人とは，疾病（Disease），無知（Ignorance），不潔（Squalor），無為（Idleness）である。第3の原則で社会保障とは国と個人の協力によって達成されるべきものであるとしている[2]。このようにベヴァリッジの社会保障計画は，①基本的なニーズに対する社会保険，②特別な措置としての国民扶助，③基本的サービス以上を求める場合の任意保険の3つの組み合わせとなっている。また，国民医療保障に対しては，「国民保健サービス（National Health Service）」（1946）で対処することとなった。なお，彼の社会保障の基本理念はウエッブ夫妻（Webb, S. & Webb, B.）が『産業民主論』（1897）の中で提唱したナショナルミニマム（国民の最低限の生活保障）論にあった。その前提条件が完全雇用，国民保健サービス，児童手当であった。

また，ILO（国際労働機関）は第35回総会（1952）の「社会保障の最低基準に関する条約」（102号）で社会保障の給付部門を次のように規定している。①医療，②疾病手当金，③失業給付，④老齢給付，⑤業務災害給付，⑥家族給付，⑦母性給付，⑧廃疾給付，⑨遺族給付の9つに分類している。これに基づいて各国は給付（全部あるいは一部）を実施しているのである。各国，なかでも先進諸国は，これらの給付を包含した社会保障制度を戦後の高度経済成長期（50～70年代）に達成したのである。

ここで，視点を変えてわが国の社会保障の歴史的展開並びに特徴について述べることにする。最初にわが国の社会保障の体系化に多大なる影響を及ぼした2つの勧告について述べる。

最初の勧告は社会保障制度を狭義と広義に規定し，その指針を明らかにした「社会保障制度に関する勧告」（1950）である。これは「50年勧告」とも呼ばれるもので社会保障を「疾病，負傷，分娩，廃疾，死亡，老齢，失業，多子その他の困窮の原因に対し，保険的方法又は直接公の負担において経済保障の途を講ずるとともに，公衆衛生及び社会福祉の向上を図り，もってすべての国民が文化的社会の成員たるに値する生活を営むことができるようにすることをいうのである」と定義し，国家責任を明らかにした。そして，社会保険を中核とし，補完するものとして公的扶助（生活保護），社会福祉，公衆衛生および医療という社会保障制度の基本的枠組みを提示した。また，社会保険を医療保険，年金保険，失業保険，労働災害補償保険とした。この勧告をもとにわが国の社会保障制度が逐次整備されることとなったが，この期の社会保障制度は基盤整備期にあたり，その目的は貧困に対する救貧並びに防貧，すなわち国民の「最低生活保障」（ナショナルミニマム）にあった。

> **ウエッブ夫妻**
>
> 社会改良主義者であり経済学者あるいは歴史学者でもあるウエッブ，シドニー（Webb, Sidhey；1849－1947）とウエッブ，ビアトリス（webb, Beatrice；1858－1943）夫妻はイギリスの社会改良運動に一生を捧げた。2人のパートナーシップとしての功績は共著『産業民主制論』においてナショナル・ミニマム論を提唱したことである。この考え方は後の社会保障の基本理念となった。そして，1905～1909年の間に開催された「救貧法および失業者に関する王立委員会」の多数派（14名）のメンバーが福祉政策における公的救済の拡大を否定すると同時に民間部門は公的部門の拡大に優先するという立場の意見をまとめた「多数派報告」を提出したのに対して，少数派（4名）の中心メンバーであった妻のビクトリアは夫シドニーの協力のもとで救貧法の廃止並びに公的部門を主とし民間活動を従とするサービスの展開を唱えた「少数派報告」をまとめた。こうしたウェッブ夫妻の社会改良は救貧事業から社会事業への船渡しの役割を担い，イギリスの社会保障，社会福祉政策に影響を与えることとなった。

つづいてわが国の社会保障制度の体系に関する影響を与えた勧告は「社会保障制度の総合調整に関する基本方策についての答申および社会保障制度の推進に関する勧告」（社会保障制度審議会，1962）であった。この期の特徴はすべての国民がいずれかの保険並びに年金に加入するという「国民皆保険・皆年金」（1961）体制が確立したことである。これによって社会保険による国民の生活を守るという図式が成立し，社会保険が社会保障制度の中核を担うことになった。この時期は戦後の国民の最低生活の保障を目的とする国家の責任による社会福祉から社会保険による国民生活の保障への転換期となった。なお，同勧告では国民を貧困階層，低所得階層，一般階層に分類し，それぞれに対応する施策として公的扶助，社会福祉，社会保険をあてるとし，「50年」勧告に比して各施策の役割がより鮮明になった。

以上のように2つの勧告がわが国の社会保障制度の体系化と基盤整備に大きな影響を及ぼしてきたのである。その後，日本経済の高度成長期を経て個人所得は伸び，国民生活が向上することとなった。しかし，その反面，公害問題，交通問題，住宅問題，環境問題等が社会問題化した。そこで市民の生活を保障するために地方自治体の役割として新たに「シビルミニマム」（都市住民の必要最低限度の生活基準）という言葉も登場した。

その後，日本経済の低迷，急激な高齢化社会という厳しい社会状況のなかで社会保障のあり方が問われるようになってきた。そこで，社会保障制度審議会は「社会保障体制の再構築」（1995）を勧告した。そのなかで新たなる社会保障の理念として「広く国民に健やかで安心できる生活を保障することを，社会保障の基本的な理念として掲げなければならない」としている。そのためには「国民が社会保障についてよく知り，理解し，自らの問題として受けとめ，社会保障に積極的に参画していくことが大切である」と述べている（なお，社会保障制度審議会は，2001年に廃止され，その役割は，社会保障審議会に引き継がれることとなった）。また，社会保障推進の原則として「普遍性」「公平性」「総合性」「権利性」「有効性」をあげている。要約すると社会保障の目的が予防・救済から国民全体の生活保障に変容すると同時に国民に応分の負担を求めることとしている。このような理念並びに目的の変容は高齢化社会のもとで国民の社会保障に対するニーズの多様化，高度化がその再構築の主たる要因となっている。つまり，産業化社会から成熟社会に移行するなかで，かつての社会保障の問題が貧困問題から高齢化問題に変容したのである[3]。

最後にわが国の社会保障制度を諸外国と比較検討することにする。社会保障制度の後発国であるわが国は，戦後，欧米福祉先進諸国の影響のもと目覚ましい経済の発展のなかでその体系化並びに基盤の整備に勤しんできた。しかしながら，その内容は必ずしも充実・充足しているとはいえないのである。そこで国際的にみて日本の社会保障制度の特徴を規模・内容・財源に関して明らかに

したい。この点に関して広井良典は次のように指摘している。その①「規模」について社会保障給付費が多くの先進諸国に比べて相当に「低い」水準にある。②「内容」において年金の比重が先進諸国の中で最も大きいこと，それに対して「失業」関連給付や「子ども」関連給付の比重が際立って低いこと，③社会保険の「財源」の中で相当額の税金が投入されており，"税と保険の渾然一体性"ともいうべき社会保障制度となっている[4]。

こうした日本の社会保障制度の特徴は今後の高齢社会の進展のもとで主として経済的要因と密接に関連する問題であるが，国民の社会保障に対する意識（権利と義務）の高揚が要求される問題でもある。こうした状況下で2000（平成12）年10月に「21世紀に向けての社会保障」（「社会保障構造の在り方について考える有識者会議」）が報告された。この報告書の概要は①社会保障の役割，②持続可能な社会保障，③21世紀の社会保障に向けての国民の選択のために，④21世紀の社会保障のために，となっており今後の社会保障制度の方向性を示唆している。そこには，21世紀に入り「超高齢社会」を目前に控えて，持続可能な社会保障の在り方としての重要な論点として①社会保障が家族形態の在り方や女性の就業の仕方などいわば社会構造の在り方に中立的であること，②高齢者を一律に扱い高齢者であるがゆえに社会保障の給付という発想を改めること，③働く意欲をもつ人びとには広く社会保障の支え手として活動しうる場をつくること，等となっており，従来の社会保障の機能のスリム化を図ることで新たなる社会保障制度を再構築することを試みた。その後，2012（平成24）年2月，社会保障・税一体改革大綱が閣議決定された。

その骨子は，①社会保障改革（子ども・子育て新システム，医療・介護等，年金，就労促進等），②税制改革（消費課税，個人所得課税，資産課税，地方課税等）となっている。

そして，同年8月には「社会保障制度改革推進法」（基本的考え方：自助・共助・公助のバランスに留意するもので，年金・医療・介護は社会保険制度を基盤とする。また，公費負担の主財源は消費税収とする）が成立し，同法に基づいて社会保障制度改革国民会議（以下，国民会議）が設置された。そして，2012（平成24）年8月には「社会保障と税の一体改革関連8法」の成立と同時に国民会議から報告書が出され社会保障制度改革の全体像が示された。これら一連の動向の背景には，①人口の高齢化，②家族形態の変容，③雇用環境の変化，④経済成長の鈍化等がある。

政府は，社会保障制度改革の安定財源確保（消費税が5％引き上げられた場合には，社会保障の充実に1％程度，社会保障の安定化に4％程度を充てる）の一環として，2014年4月より，消費税3％（トータル消費税8％）の引き上げを行った。今後，社会保障費削減の中でいかに継続的，効果的かつ適切な負担のあり方を追究するか，社会保障制度の再構築が問われている。

図表2-1 社会保障・税一体改革で目指す将来像
～未来への投資（子ども・子育て支援）の強化と貧困・格差対策の強化～

社会保障改革が必要とされる背景

| 非正規雇用の増加など雇用基盤の変化 | 家族形態や地域の変化 | 人口の高齢化，現役世代の減少 | 高齢化に伴う社会保障費用の急速な増大 |

- 高齢者への給付が相対的に手厚く，現役世代の生活リスクに対応できていない
- 貧困問題や格差拡大への対応などが不十分
- 社会保障費用の多くが赤字国債で賄われ，負担を将来世代へ先送り

⇒ 社会経済の変化に対応した社会保障の機能強化が求められる

➡ 現役世代も含めた全ての人が，より受益を実感できる社会保障制度の再構築

改革のポイント
◆ 共助・連帯を基礎として国民一人一人の自立を支援
◆ 機能の充実と徹底した給付の重点化・効率化を，同時に実施
◆ 世代間だけでなく世代内での公平を重視
◆ 特に，①子ども・若者，②医療・介護サービス，③年金，④貧困・格差対策を優先的に改革
◆ 消費税の充当先を「年金・医療・介護・子育て」の4分野に拡大〈社会保障4経費〉
◆ 社会保障の安定財源確保と財政健全化の同時達成への第一歩
  ⇒消費税率（国・地方）を，2014年4月より8％へ，2015年10月より10％へ段階的に引上げ
◆ 就労促進により社会保障制度を支える基盤を強化

改革の方向性

❶ 未来への投資（子ども・子育て支援）の強化	❷ 医療・介護サービス保障の強化／社会保険制度のセーフティネット機能の強化	❸ 貧困・格差対策の強化（重層的セーフティネットの構築）	❹ 多様な働き方を支える社会保障制度へ	❺ 全員参加型社会，ディーセント・ワークの実現	❻ 社会保障制度の安定財源確保
・子ども・子育て新システムの創設	・地域包括ケアシステムの確立 ・医療・介護保険制度のセーフティネット機能の強化 ・診療報酬・介護報酬の同時改定	・生活困窮者対策と生活保護制度の見直しを総合的に推進 ・総合合算制度の創設	・短時間労働者への社会保険適用拡大 ・新しい年金制度の検討	・有期労働契約法制，パートタイム労働法制，高年齢者雇用法制の検討	・消費税の引上げ（基礎年金国庫負担1／2の安定財源確保など）

出所）厚生労働省資料「社会保障・税一体改革で目指す将来像」http://www.mhlw.go.jp/stf/seisakunitsuite/bunya/hokabunya/shakaihoshou/kaikaku.html（2015年1月6日閲覧）

2 医療提供体制

(1) 医療提供体制の変遷

　わが国の医療施設は明治以降，民間施設である開業医を中心に発展してきた。この点イギリスの病院が貧者を世話する施設として篤志病院（ボランタリー・ホスピタル）と救貧院（ワークハウス）[5]によって発展してきた経緯とは異なっている。その医療提供施設の分類は「医療法」（正式名称：「医療施設の在り方を規定する法律」1948）に基づいている。この医療法の第3次改正が1997（平成9）年に介護保険法とリンクするかたちで行われた。なかでも療養型病床群（第2次医療法改正により，制度化される：1992）は介護保険制度のもとで積極的に同制度への転換が奨励された。その改正の内容は，①医療提供の際に医療提供者が適切な説明を行い，医療の受け手の理解を得るよう努める旨を規定，②療養型病床群制度の診療所への拡大，③地域医療支援病院（コミュニティホスピタル）の創設（200床以上，ネットワーク機能，救急救命機能，臨床研

究機能等），④医療計画制度の必要的記録事項の追加，⑤医療法人の業務範囲の拡大，⑥医療機関の広告可能事項の追加，等となっている。そのねらいは，①過剰気味の医療提供施設（ベッド数）を医療給付の対象から分離することによって医療費の適正化を促進する，②介護老人福祉施設の供給不足分を補うことができる，③有床診療所の療養型病床群への転換によって，家庭（家族）と施設の距離感を払拭する，④病院経営の安定化を促進する[6]，等である。この改正につづいて，第4次医療法改正が2000（平成12）年に行われた。この改正の趣旨は国民に良質で適切な医療を効果的に提供するところにある。

　その内容は，①入院医療を提供する体制の整備（病床区分を療養病床と一般病床に区分），②医療における情報提供の推進（広告規制の緩和），③医療従事者の資質の向上等となっている。そして，2006（平成18）年にはわが国の少子高齢化社会，経済成長の鈍化，生活環境の変化に対処できる持続可能な医療制度構築を目的として，第5次医療法改正が実施された。その内容は①医療計画制度の見直し等を通じた医療機能の分化・連携の推進，②地域や診療科による医師不足問題への対応，③医療安全の確保（医療安全支援センターの法制化），④医療従事者の資質の向上，⑤医療法人制度改革，⑥患者等への医療に関する情報提供の推進，等である。

　なお，現在のわが国の医療提供施設（病院・病床）の類型は図表2－2のようになっている。①病院数，②病院病床数を見てみると，2013（平成25）年3月現在で，①の病院数は8,558施設でピーク時の平成2年の10,096施設（厚生労働省調べ）と比較して減少傾向にある。また，②の病院の病床数は2013（平成25）年は1,576,598病床となっている。これは2007（平成19）年の1,620,173床（厚生労働省調べ）と比較して減少している。この要因として，人口の高齢化，疾病構造の変容，国民の医療に対するニーズの変化，医療費の高騰化等に伴う医療施設機能の変化，医療費の削減策による入院期間の短縮，地域医療計画の策定等が考えられる。

図表2－2　医療提供施設（病院・病床）の類型

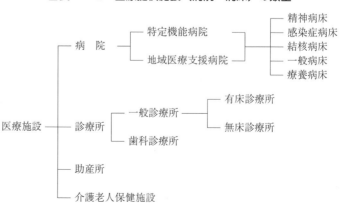

(2) 各医療提供施設の内容

この項目では前述した医療提供施設(医療施設)の定義について「医療法」に基づいて述べることにする。医療提供施設には病院, 診療所, 介護老人保健施設, 助産所等がある。

1) 病 院
[定義] (第1条の5の1)

この法律において「病院とは, 医師又は歯科医師が, 公衆又は特定多数人のため開業又は歯科医業を行う場所であって, 患者20人以上の収容施設を有するものをいう」とある。図表2-3は病院の病床ごとの主な基準一覧(基準は平成18年7月の第5次医療法改正に基づくもの)である。病院数は先述したように全ての病床共に年々減少している。また, 2011(平成23)年の病院の1日平均在院患者総数は1,299,322人となっているが, これは2010(平成22)年の1,313,421人と比較した場合, 14,099人の減となっている。精神科病院の平均外来患者数をみた場合, 2010年の56,597に対して, 翌年の2011年は57,085人と微増している(厚生労働省「病院報告」)。この要因として今日のストレス(仕事の忙殺, 人間関係等)社会の存在を挙げることができる。

2) 診療所
[定義] (第1条の5の2)

次に, 診療所であるが「診療所とは医師又は歯科医師が, 公衆又は特定多数人のため医業又は歯科医業を行う場所であって, 患者の収容施設を有しないもの又は患者19人以下の収容施設を有するものをいう」となっている。

3) 助産所
[定義] (第2条)

また, 「助産所とは助産師が公衆又は特定多数人のためその業務(病院又は診療所において行うものを除く)を行う場所をいう」とある。

4) 介護老人保健施設
[定義] (介護保険法第7条の22)

最後に介護老人保健施設であるが, この施設は介護保険法に基づく入所施設のひとつであり, 看護・介護やリハビリテーションを中心とする医療ケアと生活サービスを要介護者に提供することを目的とした施設である。

医療法では「『介護保険法』(第8条の27)の規定による介護老人保健施設をいう」と定義されている。

図表2-3 病院の病床ごとの主な基準一覧

(平成18年（'06）7月施行)

		一般病床	療養病床注)	精神病床		感染症病床	結核病床
定義		精神病床，結核病床，感染症病床，療養病床以外の病床	主として長期にわたり療養を必要とする患者を入院させるための病床	精神疾患を有する者を入院させるための病床		感染症法に規定する一類感染症，二類感染症及び新感染症の患者を入院させるための病床	結核の患者を入院させるための病床
				内科，外科，産婦人科，眼科及び耳鼻咽喉科を有する100床以上の病院，並びに大学附属病院（特定機能病院を除く）	左以外の病院		
人員配置基準		医師　　16:1 看護職員　3:1 薬剤師　70:1	医師　　48:1 看護職員　4:1 看護補助者4:1 薬剤師　150:1	医師　　16:1 看護職員　3:1 薬剤師　70:1	医師　　48:1 看護職員　4:1 薬剤師　150:1 （ただし当分の間，看護職員5:1，看護補助者を合わせて4:1とする）	医師　　16:1 看護職員　3:1 薬剤師　70:1	医師　　16:1 看護職員　4:1 薬剤師　70:1
構造設備基準	必要施設	・各科専門の診察室 ・手術室 ・処置室 ・臨床検査施設 ・エックス線装置 ・調剤所 ・給食施設 ・消毒施設 ・洗濯施設 （下線の項目は外部委託の場合には一部緩和される）	一般病床において必要な施設のほか， ・機能訓練室 ・談話室 ・食堂 ・浴室	一般病床において必要な施設のほか， ・精神疾患の特性を踏まえた適切な医療の提供と患者の保護のために必要な施設		一般病床において必要な施設のほか， ・機械換気設備 ・感染予防のためのしゃ断 ・一般病床の消毒施設のほかに必要な消毒施設	一般病床において必要な施設のほか， ・機械換気設備 ・感染予防のためのしゃ断 ・一般病床の消毒施設のほかに必要な消毒施設
	患者1人につき病床面積	6.4m²/床以上	6.4m²/床以上	6.4m²/床以上 既設：4.3m²/床		6.4m²/床以上 既設：4.3m²/床	6.4m²/床以上 既設：4.3m²/床
	廊下幅	1.8m 以上 （両側居室2.1m） 既設：1.2m 以上 （両側居室1.6m）	1.8m 以上 （両側居室2.7m） 既設：1.2m 以上 （両側居室1.6m）	1.8m 以上 （両側居室2.1m） 既設：1.2m 以上 （両側居室1.6m）	1.8m 以上 （両側居室2.7m） 既設：1.2m 以上 （両側居室1.6m）	1.8m 以上 （両側居室2.1m） 既設：1.2m 以上 （両側居室1.6m）	1.8m 以上 （両側居室2.1m） 既設：1.2m 以上 （両側居室1.6m）

資料）厚生労働省医政局総務課調べ
注）1．ただし，平成23年度末までは，現行の基準を認める．
　　2．附則において，人員配置基準を緩和した経過措置としての施設類型の創設．
　　　①廊下幅を，内法による測定で1.2m，両側に居室のある場合を1.6mとする．
　　　②医師配置の最低数を2人，入院患者数に応じた配置を96:1．
　　　③へき地等の病院で転換病床の届出を行った病院の医師の標準数は，②に0.9を乗じた数とする．
　　　④看護師及び准看護師の配置を9:1，看護補助者の配置を9:2とする．

出所）『国民衛生の動向（2013/2014）』厚生労働統計協会，p.216

（3）医療従事者

1）医療に携わる人びと

　　現在，病院従事者数は2010（平成22）年12月31日現在，約255万人となっている．職種として医師，歯科医師をはじめ，両者を補助する者として薬剤師，看護師，准看護師，保健師，助産師，理学療法士，作業療法士，視能訓練士，義肢装具士，臨床検査技師，臨床工学技士，診療放射線技師，医療社会事業従

図表2−4　届出・就業医療関係者数と率（人口10万対）

（平成22年('10)12月31日現在）

	実　数（人）	率（人口10万対）
医　　　　師	295 049	230.4
歯　科　医　師	101 576	79.3
薬　剤　師	276 517	215.9
保　健　師	45 028	35.2
助　産　師	29 672	23.2
看　護　師	952 723	744.0
准　看　護　師	368 148	287.5
歯　科　衛　生　士	103 180	80.6
歯　科　技　工　士	35 413	27.7
あん摩マッサージ指圧師	104 663	81.7
はり師・きゅう師	183 085	143.0
柔　道　整　復　師	50 428	39.4

資料）厚生労働省「医師・歯科医師・薬剤師調査」「衛生行政報告例」
注）1．医師・歯科医師・薬剤師数以外は就業者数である。
　　2．保健師，助産師，看護師，准看護師は，厚生労働省公表の正誤情報による数値に改めた（編集部）。

出所）図表2-3に同じ，p.199

事者（医療ソーシャルワーカー），管理栄養士，栄養士，歯科衛生士，歯科技工士，歯科業務補助者，事務職員，その他等がある。そのなかで同時期の全国の医師数は295,049人（人口10万対230.4）となっている。また，歯科医師数は同時期において101,576人（人口10万対79.3）（図表2−4参照）となっている。両者の数値は今後も右肩上がり傾向にあり，将来的には，その数が過剰気味になると予測されている（1998年「医師の需給に関する検討会」及び「歯科医師の需給に関する検討会」の報告書）。次に医療の担い手の中心である看護師，准看護師の就業者数は1,320,871人となっている（厚生労働省「衛生行政報告例」（2010年12月31日現在））。

　これらの医療に携わる人びとに関する課題は質的向上と量的確保であるが，前者に関しては全ての職種に関する事柄であり，今後患者の視点に立脚した医療サービスの実践が必要となる。また，後者に関しては，なかでも看護師の充足が課題であり，1992（平成4）年制定の「看護師等の人材確保の促進に関する法律」の施行以降，人材確保のための処遇改善・離職防止策，就業の促進，養成力の確保等の対策が講じられているが，まだ不十分な面が多々ある。今後も新たなる改善策を講じる必要がある。

2）医療社会事業従事者（医療ソーシャルワーカー）

　病院における医療ソーシャルワークに従事する医療ソーシャルワーカー（MSW）は2013（平成25）年現在，9253.8人となっている（厚生労働省「平成25年（2013）医療施設（動態）調査・病院報告の概況」）。この従事者数はニーズの拡大により，毎年微増している。なお，職種としても，社会福祉系大学で学ぶ学生のうち一定の就業希望者がおり，大阪医療ソーシャルワーカー協会等が

開催している学生向けのセミナーは毎回大盛況である。その業務内容は保健医療分野における社会福祉専門職である。具体的には利用者の経済的，心理的・精神的並びに社会的問題に対して社会資源等を活用することによって問題解決・調整を図ることにより，社会復帰（退院援助）の促進を行うことにあるが，利用者の問題の複雑化・多様化により，業務が多忙を極めているのが現状である。しかしながら現在まで専門の資格認定に至らず，社会的認知並びに身分保証は定着していない。現在では，基礎資格として社会福祉士を有することとなっている。今日，保健医療分野に関連したサービスの充実が言われている中にあって，MSWの業務の相対的評価並びに社会的評価を得るためにも養成機関（福祉系大学）における教育内容（理論・実践）のより一層の質的向上が大切である。こうした人材養成の質の向上が究極的に業務の社会的認知に繋がり，ひいては医療ソーシャルワーカー独自の資格制度の確立に繋がるのである。

3 医療保障制度

(1) わが国の医療保障制度

わが国の医療保障制度は，医療保険と公衆衛生並びに社会福祉関係法等に基づく公費負担制度，それに後期高齢者医療制度によって国民の医療が保障されている。その中核は，病気，けが，死亡等による個人並びに家族に波及したアクシデントを一定期間の治療費等を給付することによって被保険者の生活の安定を図る各種の医療保険である。また，社会的ハンディキャップや慢性的疾病等によって生活に支障をきたしている人びとに対する公費負担医療制度の存在は意義がある。なお，これまで，わが国の医療保険制度は時代の社会環境に対応するため幾度か改正を重ねてきたが，原則，国民皆保険と現物給付である。

(2) 医療保険
1）医療保険の種類

まず，医療保険制度の沿革について簡単に述べることにする。日本の医療保険の源流は，1905（明治38）年の鐘紡，八幡製鉄所による共済組合の設立に求めることができる。しかし，本格的な医療保険の登場は1922（大正11）年に創設された「健康保険法」を待たねばならなかった。関東大震災のため1927（昭和2）年まで，全面的施行されず，しかも，その対象が賃金労働者のみに限定された不十分な内容であったが，この法律の成立によってわが国の社会保障の第一歩が踏みだされたのである。その後，1938（昭和13）年には戦争政策と密接な関係をもつ「国民健康保険法」が制定された。そして，戦後になって国家再建期を迎え，高度経済成長期を経て，1961（昭和36）年にすべての国民に医療保険が適用されるという国民皆保険体制が実現した。今日のわが国の医療

図表2－5　医療保険制度改正は超高齢社会に備えて

昭和36年	(1961)	国民皆保険の実現	平成11年	('99)	老人の薬剤一部負担に係る臨時特例措置
36	('62)	社会保険庁新設	12	(2000)	介護保険法施行
43	('68)	国民健康保険の7割給付完全実施	13	('01)	老人医療の一部負担に上限付き定率1割負担を導入，高額療養費の自己負担限度額の見直し
48	('73)	老人医療の無料化，被扶養者の7割給付，高額療養費制度の新設	14	('02)	診療報酬改定（薬価を除く本体で初のマイナス改定）老人医療受給対象者の年齢を引き上げ
56	('81)	被扶養者の入院8割給付	15	('03)	被用者保険における総報酬制導入
58	('83)	老人保健拠出金の導入，老人医療に定額の一部負担導入	18	('06)	現役並み所得の70歳以上高齢者の自己負担を3割に引き上げ
59	('84)	被保険者の定率（1割）負担の導入	20	('08)	後期高齢者医療制度の創設
62	('87)	老人保健施設の創設	22	('10)	医療保険制度の安定的運営を図るための国民健康保険法等の一部を改正する法律施行
平成6	('94)	訪問看護療養費・入院時食事療養費の創設			
9	('97)	被用者保険本人の2割負担，外来薬剤一部負担の導入，老人保健の一部負担の改定	24	('12)	国民健康保険法等改正（財政基盤強化策の恒久化等）
10	('98)	老人加入率上限に関する特例の見直し等			

出所）『図説　国民衛生の動向（2013/2014）』厚生労働統計協会，p.89

保険制度は下記のとおりである（概要は図2－6参照）。

2）医療保険の概要

　ここで，各医療保険制度の内容と問題点について詳しく述べることにする。

① 健康保険

［目的］

　健康保険法は被保険者（被扶養者）が業務外の病気，けが，出産，死亡に罹患あるいは直面したとき保険給付を行うことを目的としている。

［保険者］

ア．公法人（全国健康保険協会（協会けんぽ））

イ．健康保険組合

　　a．単一健康保険組合（被保険者を700人以上使用する単一の事業所が設立）

　　b．総合健康保険組合（同種，同業の複数の事業主が集まって合計3,000人以上の被保険者を組織して設立する）

［被保険者］

ア．被保険者（任意継続被保険者除く）

　　a．常時5人以上の従業員を使用する適用事業の事業所に使用される者（適用事業とは，製造業，土木建築業，鉱業，物品販売業等の事業をいう）

　　b．常時従業員を使用する国又は法人の事業所に使用される者

イ．任意継続被保険者

退職等により資格を喪失した場合でも，継続して2ヵ月以上被保険者（強制適用被保険者，任意包括被保険者）であった者は，資格喪失後20日以内に申請すれば，2年間に限り被保険者となることができる。

図表2－6　医療

制度名		保険者 (平成24年3月末)	加入者数 (平成24年3月末) [本　人] [家　族] 千人	保　険 医　療 一　部　負　担	入院時食事療養費
健康保険	一般被用者　協会管掌健康保険	全国健康保険協会	34,877 [19,631] [15,246]	義務教育就学後から70歳未満 3割 義務教育就学前 2割 70歳以上75歳未満 2割（※） （現役並み所得者　3割） （※）70歳以上75歳未満の者については，平成20年4月から平成26年3月までの間1割に据え置く	**（食事療養標準負担額）** ●一般 1食につき 260円 ●低所得者 90日目まで 1食につき 210円 91日目から 1食につき 160円 特に所得の低い低所得者 1食につき 100円
健康保険	組合	健康保険組合 1,443	29,504 [15,553] [13,951]		
健康保険	健康保険法第3条第2項被保険者（日雇特例被保険者）	全国健康保険協会	18 [12] [6]		
船員保険		全国健康保険協会	132 [59] [73]		
各種共済	国家公務員	20共済組合	9,101 [4,512] [4,589]		
各種共済	地方公務員等	64共済組合			
各種共済	私立学校教職員	1事業団			
国民健康保険	農業者等 自営業者	市町村 1,717	38,313 市町村 35,197 国保組 3,116		
国民健康保険		国保組合 164			
国民健康保険	被用者保険の退職者	市町村 1,717			
後期高齢者医療制度		［運営主体］ 後期高齢者医療広域連合 47	14,733	1割 （現役並み所得者は3割）	同　上

注) 1. 後期高齢者医療制度の被保険者は，75歳以上の者及び65歳以上75歳未満の者で一定の障害
2. 現役並み所得者は，住民税課税所得145万円（月収28万円以上）以上の者（高齢者複数世帯上位所得者は，月収53万円以上（国民健康保険においては世帯内すべての加入者の総所得金帯に属する者等。特に所得の低い者は，年金収入80万円以下の者等。
3. 国保組合の定率国庫補助については，健保の適用除外承認を受けて，平成9年9月1日以降
4. 加入者数は四捨五入により，合計と内訳の和とが一致しない場合がある。
5. 全国健康保険協会（一般被用者及び健康保険法第3条第2項被保険者）に対する国庫補助率
6. 船員保険の保険料率は，被保険者保険料負担軽減措置（0.35%）による控除後の率。

3. 医療保障制度

ウ．適用除外
　a．船員保険の被保険者
　b．臨時に使用される者（継続して2ヵ月を超えて使用されるべき場合は除かれる）

保険制度の概要

（平成25年6月現在）

給付		現金給付	財源	
給付			保険料率	国庫負担・補助
高額療養費制度,高額医療・高額介護合算制度	入院時生活療養費			
(高額療養費制度) ●自己負担限度額 (70歳未満の者) (上位所得者) 150,000円+(医療費-500,000円)×1% (一般) 80,100円+(医療費-267,000円)×1% (低所得者) 35,400円 (70歳以上75歳未満の者) (現役並み所得者)80,100円+(医療費-267,000円)×1% 　外来(個人ごと) 44,000円 (一般(※)) 62,100円, 外来(個人ごと)24,600円 (低所得者) 24,600円, 外来(個人ごと) 8,000円 (低所得者のうち特に所得の低い者) 　15,000円, 外来(個人ごと) 8,000円 ●世帯合算基準額 　70歳未満の者については，同一月における21,000円以上の負担が複数の場合は，これを合算して支給 ●多数該当の負担軽減 　12ヵ月間に3回以上該当の場合の4回目からの自己負担限度額 (70歳未満の者) (上位所得者) 83,400円 (一般) 44,400円 (低所得者) 24,600円 (70歳以上の現役並み所得者及び一般(※)) 44,400円 ●長期高額疾病患者の負担軽減 　血友病，人工透析を行う慢性腎不全の患者の自己負担限度額 10,000円 (ただし，上位所得者で人工透析を行う70歳未満の患者の自己負担限度額 20,000円) (※)70歳以上75歳未満の一般所得区分の者については，平成20年4月から平成26年3月までの間，自己負担限度額を44,400円(外来12,000円)に据え置くことから，多数該当の負担軽減措置はない。 **(高額医療・高額介護合算制度)** 　1年間(毎年8月〜翌年7月)の医療保険と介護保険における自己負担の合算額が著しく高額になる場合に，負担を軽減する仕組み。自己負担限度額は，所得と年齢に応じきめ細かく設定。	**(生活療養標準負担額)** ●一般(Ⅰ) 　1食につき 460円 　+1日につき 320円 ●一般(Ⅱ) 　1食につき 420円 　+1日につき 320円 ●低所得者 　1食につき 210円 　+1日につき 320円 ●特に所得の低い低所得者 　1食につき 130円 　+1日につき 320円 ※療養病床に入院する65歳以上の方が対象 ※難病等入院医療の必要性の高い患者の負担は食事療養標準負担額と同額	●傷病手当金 ●出産育児一時金 等 同上 (附加給付あり) ●傷病手当金 ●出産育児一時金 等 同上 同上 (附加給付あり) ●出産育児一時金 ●葬祭費 等	都道府県ごとの保険料率 (平均保険料率：10.00%) — 1級日額390円 11級 3,230円 9.60% (疾病保険料率) — — — 世帯毎に応益額(定額)と応能割(負担能力に応じて)を賦課 保険者によって賦課算定方式は多少異なる	給付費の16.4％(後期高齢者支援金分16.4%) 定額 (予算補助) 給付費の16.4％(後期高齢者支援金分16.4%) 定額 なし 給付費等の41% 給付費等の47% なし
自己負担限度額 外来(個人ごと) (現役並み所得者) 　80,100円+(医療費-267,000円)×1% 44,400円 (多数該当の場合) 44,400円 (一般) 44,400円 12,000円 (低所得者) 24,600円 8,000円 (低所得者のうち 　特に所得の低い者)15,000円 8,000円	同上 ただし， ●老齢福祉年金受給者 　1食につき 100円	葬祭費 等	各広域連合によって定めた被保険者均等割額と所得割率によって算定されている	●保険料 10% ●支援金 約40% ●公費 約50% (公費の内訳) 国:都道府県:市町村 4：1：1

にある旨の広域連合の認定を受けた者。
年収520万円未満，高齢者単身世帯年収383万円未満の場合を除く）。
額等から基礎控除を差し引いた金額の合計額が 600万円超）の者。低所得者は，市町村民税非課税世

新規に加入する者及びその家族については協会けんぽ並とする。

は，平成22年7月から平成24年度までは，給付費の16.4%

出所）『社会保障の手引（平成26年版）』中央法規，pp.584-585

　　　　　c．日々雇い入れられる者（継続して1ヵ月を超えて使用されるべき場合は除かれる）
　　　　　d．所在地の一定しない事業所に使用される者（例　巡回興行等）
　　　　　e．臨時的事業の事業所に使用される者（継続して6ヵ月を超えて使用されるべき場合は除かれる）
　　　　　f．国民健康保険組合の事業所に使用される者
　　　　　g．後期高齢者医療の被保険者
　　　　　h．厚生労働大臣，健康保険組合又は共済組合の承認を受けた者
　　　エ．被扶養者の範囲
　　　　被保険者の扶養者も保険給付の対象となり，その範囲は以下のとおりである。
　　　　　a．被保険者の直系尊属，配偶者（届出をしていないが事実上婚姻関係と同様の事情にある者を含む），子，孫及び弟妹であって，主としてその被保険者によって生計を維持している者
　　　　　b．被保険者の3親等内の親族で，その被保険者と同一の世帯に属し，かつ，主としてその被保険者によって生計を維持している者
　　　　　c．被保険者の配偶者で届出をしていないが事実上婚姻関係と同様の事情にあるものの父母及び子であって，その被保険者と同一の世帯に属し，主としてその者より生計を維持している者
　　　　　d．上記cの配偶者の死亡後に於いてその父母及び子であって，引き続きその被保険者と同一の世帯に属し，主としてその被保険者により生計を維持している者
　　　　　注）「同一の世帯に属し」とは，同じ家に住み，かつ，家計を同じくすること。

［標準報酬月額］
　健康保険の標準報酬月額は47等級に区分されており，これにより保険給付及び保険料が算定されている。なお，標準報酬月額は，毎年7月1日に前3ヵ月（4～6月）の平均報酬月額を調査のうえ決定し，原則としてその年の9月1日から1年間適用される。

［標準賞与額］
　賞与については，標準賞与額（実際の賞与の1000円未満切り捨て）として保険料の対象となる。なお，賞与の年間の上限は540万円である。

［保険料］
　2008年10月1日より政府管掌健康保険が社会保険庁から全国健康保険協会に移管したため，移管後は公営法人となり民間職員が業務を担い，全都道府県に支部が置かれた。そして，保険料も各地域の医療費に応じて設定されることになった。
　組合管掌健康保険では，保険料率が30/1000～95/1000の範囲で組合が定め

る。また，被保険者の負担額が45/1000以上となるときは，超過分は事業主負担となる。なお，組合の規約で事業主の負担割合を増加することができる。

② 国民健康保険

［目的］

　国民健康保険は，被用者保険（健康保険，共済組合，船員保険等）の適用を

図表2－7　標準報酬月額等級表（平成19年4月1日以後適用）

標準報酬		報酬月額	
等級	月額	円以上	円未満
1	58,000		63,000
2	68,000	63,000 ～	73,000
3	78,000	73,000 ～	83,000
4	88,000	83,000 ～	93,000
5	98,000	93,000 ～	101,000
6	104,000	101,000 ～	107,000
7	110,000	107,000 ～	114,000
8	118,000	114,000 ～	122,000
9	126,000	122,000 ～	130,000
10	134,000	130,000 ～	138,000
11	142,000	138,000 ～	146,000
12	150,000	146,000 ～	155,000
13	160,000	155,000 ～	165,000
14	170,000	165,000 ～	175,000
15	180,000	175,000 ～	185,000
16	190,000	185,000 ～	195,000
17	200,000	195,000 ～	210,000
18	220,000	210,000 ～	230,000
19	240,000	230,000 ～	250,000
20	260,000	250,000 ～	270,000
21	280,000	270,000 ～	290,000
22	300,000	290,000 ～	310,000
23	320,000	310,000 ～	330,000
24	340,000	330,000 ～	350,000
25	360,000	350,000 ～	370,000
26	380,000	370,000 ～	395,000
27	410,000	395,000 ～	425,000
28	440,000	425,000 ～	455,000
29	470,000	455,000 ～	485,000
30	500,000	485,000 ～	515,000
31	530,000	515,000 ～	545,000
32	560,000	545,000 ～	575,000
33	590,000	575,000 ～	605,000
34	620,000	605,000 ～	635,000
35	650,000	635,000 ～	665,000
36	680,000	665,000 ～	695,000
37	710,000	695,000 ～	730,000
38	750,000	730,000 ～	770,000
39	790,000	770,000 ～	810,000
40	830,000	810,000 ～	855,000
41	880,000	855,000 ～	905,000
42	930,000	905,000 ～	955,000
43	980,000	955,000 ～	1,005,000
44	1,030,000	1,005,000 ～	1,055,000
45	1,090,000	1,055,000 ～	1,115,000
46	1,150,000	1,115,000 ～	1,175,000
47	1,210,000	1,175,000 ～	

※上表は，賞与に係る保険料額の算出には対応していない。

出所）図表2-6に同じ，p.604

受けない一般地域住民（農業従事者や自営業者等）を対象とし，被保険者の疾病，負傷，出産，死亡等に対して必要な保険給付を行うことを目的とする。

［保険者］

ア．市町村（特別区を含む）あるいは国民健康保険組合である。

イ．国民健康保険組合（300人以上）は，同業の事業または業務に従事する者で組織される法人で市町村の行う国民健康保険事業に支障のない限りにおいて知事の認可を受けて設立される。なお，業種は医師，歯科医師，薬剤師，食品販売，土木事業，弁護士，理容美容業，浴場業等である。

［被保険者の範囲］

国民健康保険の被保険者は健康保険，船員保険，共済組合等の被保険者や被扶養者あるいは被生活保護世帯を除く，市町村に居住する住民が対象となっている（ただし，被用者保険の被保険者でなくなった日，あるいは生活保護の適用を受けなくなった日に自動的に国民健康保険の被保険者となるので14日以内に手続きを済ませる必要がある）。

ア．市町村または特別区の区域内に住所を有する者は，市町村が行う国民健康保険に加入（強制加入）することができる。ただし，下記のものは除かれる。

　a．健康保険の一般被保険者及びその被扶養者
　b．船員保険の被保険者及びその被扶養者
　c．国家公務員共済組合等各種共済の組合員及びその被扶養者
　d．健康保険の日雇特例被保険者（健康保険印紙をはり付けることができる余白のある日雇特例被保険者手帳の所有者に限る）及びその被扶養者
　e．高齢者の医療の確保に関する法律の被保険者
　f．国民健康保険組合の被保険者
　g．生活保護法による保護を受けている世帯（その保護を停止されている世帯を除く）
　h．その他特別の事由がある者で厚生労働省令で定める者
　i．日本国籍を有しない者で，住民基本台帳法に規定する外国人住民以外の者（ただし，出入国管理及び難民認定法に定める在留資格を有する者で，①すでに被保険者の資格を取得している者，および②厚生労働大臣が定める在留資格をもって在留する期間の始期から起算して3月を超えて滞在すると認められる者は除く）
　j．「特定活動」の在留資格で入国・在留する者のうち，医療を受ける活動または当該活動を行う者の日常生活上の世話をする活動を目的として入国・在留する者

イ．退職被保険者

被保険者（65歳以上の者を除く）のうち，厚生年金保険法等の被用者年

金保険に係る法令に基づく老齢または退職を支給事由とする年金給付を受けることができる者であって，これらの法令の規定による被保険者期間が20年以上であるかまたは40歳に達した月以降の年金保険の被保険者期間が10年以上である者は，「退職被保険者」とされ，その被扶養者も退職被保険者の被扶養者とされる。

注）退職被保険者に関する規定については，2008（平成20）年4月をもって廃止されたが，2014（平成26）年度までの間の経過措置として存続している。

［保険料（税）］

国民保険の保険料（税）は，一般的に所得割，資産割，被保険者均等割，世帯別平等割を組み合わせることによって決定される。

［保険給付］

ア．療養の給付（現物給付），入院時食事療養費，入院時生活療養費，保険外併用療養費，療養費，訪問看護療養費，特別療養費，移送費の支給（現金給付）

イ．高額療養費（同給付は法律所上必ず実施しなければならない。また，給付に関しては，健康保険の一般被保険者の場合と同様の給付がされる）

ウ．出産育児一時金の支給（被保険者の出産）

エ．葬祭費の支給（被保険者の死亡）

オ．傷病手当金，その他の給付

健康保険では，病気，けが，障害等により治療を要する期間（休業中）に支給される傷病手当金は，国民健康保険では任意給付として条例あるいは規約にて定めているが，現在，実施している市町村はない。

③ 船員保険

船員保険は船員を対象とした制度で，その給付対象事故は海上勤務が一般に長期にわたるという点に配慮して，職務外の事故だけでなく，職務上の事故を含んでいる。従来は，疾病給付部門（医療保険），失業給付部門（雇用保険），業務上の災害に対する年金給付部門（災害補償保険）をあわせて行っていたが，2010（平成22）年1月より，失業給付部門と業務上災害に対する年金部門についてはそれぞれ雇用保険，労働者災害補償保険に統合された。

④ 各種共済組合

共済組合とは，共済（共同して助け合うこと）を目的とした団体である。この共済組合制度は，健康保険より古く，明治末期，官業製鉄所であった「八幡製鉄所」に1905（明治38）年に設けられたのが最初である。現在，その種類は，① 国家公務員等共済組合，② 地方公務員等共済組合，③ 私立学校教職員共済制度，④ 農林漁業団体職員共済組合（年金事業のみ）等がある。給付には長期部門（年金給付等）と短期部門（保険給付等）とがあり，財源は組合員の掛け金と各団体が負担する負担金・掛け金によって賄っている。

短期部門には，療養費（家族療養費を含む），高額療養費，出産費（家族出産費を含む），埋葬費（家族埋葬費を含む，傷病），傷病手当金，出産手当金，育児休業手当金等がある。

(3) 後期高齢者医療制度

老人保健制度に代わって，後期高齢者医療制度がスタートしたのは，2008（平成20）年4月1日である。この背景には老人保健制度に対する各医療保険の財政負担を圧迫する状況があった。その主要因は，高齢社会の進展にともなう高齢者医療費の高騰化である。

具体策として，「健康保険法等の一部改正」(2006)において，高齢者医療に対する基本方針が決定した。これにともなって「老人保健法」が廃止され，2008年4月1日より「高齢者の医療の確保に関する法律」が施行された。こうして後期高齢者の医療が老人保健制度から後期高齢者医療制度に移行したのである。また，被用者保険の退職者が老人保健法（対象65歳以上）の適用を受けるまで医療費の負担を軽減する退職者医療制度（1984年の国民健康保険法の改正によって導入された。なお，加入条件は，老齢年金・退職年金の受給者であるとともに年金保険の被保険者期間が20年以上であること）であったが，退職者医療制度も老人保健法と同時に廃止となった。

［運営主体］
　都道府県のすべてが加入し，設立された後期高齢者医療広域連合である。
［被保険者］
　ア．広域連合の区域内に住所を有する75歳以上の者
　イ．広域連合の区域内に住所を有する65歳以上75歳未満の者であって，一定の障害の状態にある者
［適用除外］
　ア．生活保護法による保護を受けている世帯
　イ．前記のほか，適用除外とすべき特別の理由がある者
［資格の取得並びに喪失］
　ア．広域連合の区域内に住所を有する者が75歳に達した日，75歳以上の者が広域連合の区域内に住所を有するに至った日から被保険者となる
　イ．広域連合の区域内に住所を有しなくなった日から被保険者でなくなる
［医療給付］
　ア．療養の給付，イ．入院時食事療養費，ウ．入院時生活療養費，エ．保険外併用療養費，オ．療養費，カ．訪問看護療養費，キ．特別療養費，ク．移送費，ケ．高額療養費，コ．高額介護合算療養費，サ．葬祭費の支給又は葬祭の給付，シ．傷病手当金その他の給付

図表 2−8　公費と現役世代が支える後期高齢者医療制度

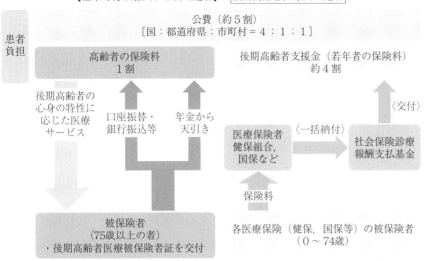

出所）図表 2-5 に同じ，p.90

［保険料］

ア．被保険者か，個人単位で年度ごと（4月1日）に賦課される。保険料の額は，被保険者全員が等しく負担する均等割額と被保険者の所得に応じて課せられる所得割額を合算したものである。なお，最高限度額は，年間57万円（平成26年度から）である。

イ．所得割並びに均等額は各広域連合がそれぞれの医療給付に応じて2年ごとに決める。

ウ．低所得世帯の被保険者に対しては，所得水準に応じて保険料の軽減措置がとられる。

エ．被用者保険の被扶養者であった者に対しては，老人保健制度のもとでは保険料を負担していなかったが，後期高齢者医療制度では保険料負担が発生することとなった。このため制度加入時から2年間は所得割額が課されることはなく，均等割額のみ5割軽減されて課されることとなった。

（4）各医療保険制度の問題点

　わが国の社会保険は1922（大正11）年の「健康保険法」制定が最初である。戦時体制下における健兵健民政策として，1938（昭和13）年に「国民健康保険」（同時に厚生省が設置される）が制定された。つづいて，「船員保険法」（1939）が制定された。

　戦後，アメリカの「ワンデル勧告」のもとで，1948（昭和24）年に社会保障制度審議会が設置され，戦後の日本の社会保障制度構築に多大なる影響をあたえた。そして，1961（昭和36）年には国民すべてが何れかの健康保険に加入す

るという「国民皆保険」が実現した。こうした経緯を経て，今日，職域保険である健康保険，船員保険，各種共済組合，地域保険としての国民健康保険並びに75歳以上の高齢者を対象とした後期高齢者医療制度等の医療保険制度が存在することによって国民の健康維持・向上を推進しているのである。

　ここで，医療保険制度の問題点を検討すると，以下の問題点を指摘することができる。① 各医療保険制定の経緯と加入者層（所得の相違）が異なるため保険財政・給付内容に差異を生じている。たとえば，企業あるいは公共事業所等の被保険者である職域保険（健康保険，各共済組合，船員保険等）と自営業者や農業従事者等が被保険者である地域保険（国民健康保険等）では加入者の所得格差が顕著であるため保険財政並びに給付等に格差が見られるのである。② 地域保険である国民健康保険の加入者の多くは高齢者並びに低所得者層（期間労働，非正規雇用者）であるため，保険料の滞納，保険料軽減世帯等の増加により，各市町村国保の財政が逼迫している。③ 後期高齢者医療制度の財源は被保険者の保険料（所得割と均等割）と健康保険からの後期高齢者支援（16.4％）並びに国庫負担等となっているが，後期高齢者支援金が各健康保険とくに中小企業の労働者が加入している全国健康保険協会の財政を圧迫している。④ 健康保険において，主として，大企業労働者が加入している健康保険組合と中小企業労働者が加入している全国健康保険協会とでは，加入者の平均賃金が異なるため，保険料率の労使分担率並びに給付内容等の相違が顕著である。⑤ 健康保険組合と全国健康保険協会において，被保険者の労働条件・職場環境並びに健康管理に異なりがみられる。ひいてはこのことが労働者の健康維持に影響を与える。

　以上，わが国の各医療保険制度が抱える問題点を指摘したが，超高齢社会到来を迎えて，医療保険制度をはじめ，年金・介護・保育問題等多くの課題を抱えている。今後，健康で，安心できる生活を支える医療保険制度の改革が切望されている。

(5) 公費負担医療

　公費負担医療は，国および地方公共団体が一般財源をもとに社会福祉並びに公衆衛生の向上を図るものである。現在，公費負担医療として，① 公衆衛生に関する公費負担医療（感染予防法，精神保健福祉法，医療法等による医療給付），② 社会福祉に関する公費負担医療（生活保護法による医療扶助，児童福祉法，障害者総合支援法，母子保健法等社会福祉関係各法による医療給付），③ 補償，救済に関する公費負担医療（原子爆弾被爆者に対する援護に関する法律，戦傷病者特別援護法等による医療給付），④ 特定疾患治療（難病）に関する医療費の助成あるいは地方自治体による独自の医療費助成等がある。以下，主な公費負担医療について述べる。

1）公衆衛生に関する公費負担医療

① 「感染症の予防及び感染症の患者に対する医療に関する法律」（感染予防法）
（平成10年10月2日）

［目的］

「この法律は，感染症の予防及び感染症患者に対する医療に関し必要な措置を定めることにより，感染症の発生を予防し，及びそのまん延の予防を図り，もって公衆衛生の向上及び増進を図ることを目的とする」（第1条）

［感染症の種類］

ア．指定感染症，イ．新感染症，ウ．1類感染症，エ．2類感染症，オ．3類感染症，カ．4類感染症，キ．5類感染症，ク．新型インフルエンザ等感染症の8種類である。

［感染症に関する指定医療機関］

感染症の治療は厚生労働大臣の指定を受けた感染症指定医療機関（病院）において行われる。指定医療機関には，ア．「特定感染症指定医療機関」，イ．「第1種感染指定医療機関」，ウ．「第2種感染症指定医療機関」の3つがある。また，新感染症の所見がある患者（1類・2類感染症患者を含む）は国が指定

図表2-9　感染症類型ごとの医療体制，医療費負担

類型	対応	届出	医療体制（入院担当）	医療費負担	法別番号
1類感染症	原則入院 （入院勧告）＊1	全医療機関の全数届出の義務	第1種感染症指定医療機関 （都道府県知事指定） 注　上記は2種も担当	医療保険適用（申請により自己負担分は公費負担）＊3	28
2類感染症	状況に応じて入院 （入院勧告）＊1		第2種感染症指定医療機関 （都道府県知事指定）	医療保険適用（申請により自己負担分は公費負担）＊3	28
	結核 状況に応じて入院または外来		指定医療機関	医療保険適用，自己負担ありの場合もある	＊4
3類感染症	特定業務への就業制限		一般の医療機関	医療保険適用（自己負担あり）	
4類感染症	感染源動物の輸入禁止，駆除等		同上	同上	
5類感染症	(A)　無 (B)　無	定点観測＊2	同上	同上	
新型インフルエンザ等感染症	状況に応じて入院 特定業務への就業制限	全医療機関・全数届出義務	第2種感染症指定医療機関	医療保険適用（申請により自己負担分は公費負担）	28
指定感染症	1～3類に準ずる扱い				
新感染症	原則入院 （入院勧告）＊1	全医療機関届出	特定感染症指定医療機関 （厚生労働大臣指定） 注　上記は1，2種も担当	全額公費負担	29

注）1．"入院勧告"に応じない患者については，「入院措置」（知事命令による入院）を行う。
　　2．"指定届出医療機関"が発生状況を届け出る。5類感染症のうち"発生数の多い感染症（26種）"を定点観測する。
　　3．居住地の保健所長を経由して都道府県知事に対して（公費負担の）申請をする。
　　4．結核患者の適正医療（法第37条の2）の法別番号は「10」，入院（法第37条）の法別番号は「11」。詳細は，「結核医療の取り扱い」を参照されたい。

出所）安藤秀雄・栗林令子『公費負担医療の実際知識（2013年版）』医学通信社，p.62

図表2－10　感染症類型別の対象疾患一覧

分類	対象疾患			
新感染症	現在，対象となる感染症は定められていない			
指定感染症	現在，対象となる感染症は定められていない			
新型インフルエンザ等感染症（2疾患）	新型インフルエンザ，再興型インフルエンザ			
一類感染症（7疾患）	エボラ出血熱 ペスト	クリミア・コンゴ出血熱 マールブルク病	痘そう（天然痘） ラッサ熱	南米出血熱
二類感染症（5疾患）	急性灰白髄炎 重症急性呼吸器症候群（病原体がSARSコロナウイルスであるものに限る）	結核	ジフテリア	鳥インフルエンザ（H5N1）
三類感染症（5疾患）	コレラ 腸チフス	細菌性赤痢 パラチフス	腸管出血性大腸菌感染症	
四類感染症（43疾患）	E型肝炎 A型肝炎 オムスク出血熱 狂犬病 重症熱性血小板減少症候群（病原体がフレボウイルス属SFTSウイルスであるものに限る） 西部ウマ脳炎 デング熱 ニパウイルス感染症 Bウイルス病	ヘンドラウイルス感染症 野兎病 類鼻疽 ウエストナイル熱（ウエストナイル脳炎を含む） エキノコックス病 回帰熱 コクシジオイデス症 ダニ媒介脳炎 東部ウマ脳炎 日本紅斑熱	鼻疽 発しんチフス ライム病 レジオネラ症 黄熱 キャサヌル森林病 サル痘 炭疽 鳥インフルエンザ（H5N1を除く） 日本脳炎 ブルセラ症 ボツリヌス症	リッサウイルス感染症 レプトスピラ症 オウム病 Q熱 腎症候性出血熱 つつが虫病 ハンタウイルス肺症候群 ベネズエラウマ脳炎 マラリア リフトバレー熱 ロッキー山紅斑熱 チクングニア熱
五類感染症（44疾患）	（A）全数把握対象（18疾患） アメーバ赤痢 急性脳炎（ウエストナイル脳炎，西部ウマ脳炎，ダニ媒介脳炎，東部ウマ脳炎，日本脳炎，ベネズエラウマ脳炎及びリフトバレー熱を除く） クロイツフェルト・ヤコブ病 後天性免疫不全症候群（エイズ） 侵襲性インフルエンザ菌感染症 侵襲性髄膜炎菌感染症 侵襲性肺炎球菌感染症 梅毒 （B）定点把握対象（26疾患） RSウイルス感染症 A群溶血性レンサ球菌咽頭炎 水痘 伝染性紅斑 百日咳 ヘルパンギーナ 流行性耳下腺炎 急性出血性結膜炎 性器クラミジア感染症 尖圭コンジローマ クラミジア肺炎（オウム病を除く） ペニシリン耐性肺炎球菌感染症 メチシリン耐性黄色ブドウ球菌感染症		バンコマイシン耐性黄色ブドウ球菌感染症 ウイルス性肝炎（E型肝炎及びA型肝炎を除く） クリプトスポリジウム症 劇症型溶血性レンサ球菌感染症 ジアルジア症 先天性風しん症候群 破傷風 バンコマイシン耐性腸球菌感染症 麻しん 風しん 咽頭結膜熱 感染性胃腸炎 手足口病 突発性発しん インフルエンザ（鳥インフルエンザ及び新型インフルエンザ等感染症を除く） 流行性角結膜炎 性器ヘルペスウイルス感染症 淋菌感染症 細菌性髄膜炎 マイコプラズマ肺炎 無菌性髄膜炎 薬剤耐性アシネトバクター感染症 薬剤耐性緑膿菌感染症	

注）表中の疾患は原則として全医療機関報告であるが，五類（B）は定点となっている医療機関のみが報告する。
出所）図表2-9に同じ，p.59

した特定感染症指定医療機関に入院し，新感染症費用は全額公費であるが，新感染症以外の患者の医療費は原則，医療保険の適用が優先であり，公費負担は自己負担分を補うことになっている。

［費用負担区分］

医療費負担に関しては，図表2－9のとおりである。すなわち，新感染症

（入院）の場合は全額公費負担のため患者本人は負担ゼロである。また，新型インフルエンザ等感染症，1・2類感染症の費用負担は，医療保険の自己負担分に対して公費負担（ただし，所得により自己負担が発生する場合がある）が適用される。そして，第3・4・5類感染症の費用負担は公費負担は適用されず，原則医療保険適用となっている。

② 「精神保健及び精神障害者福祉に関する法律」（精神保健福祉法）（昭和25年5月1日）

［目的］

「この法律は，精神障害者の医療及び保護を行い，障害者の日常生活及び社会生活を総合的に支援するための法律と相まつてその社会復帰の促進及びその自立と社会活動への参加の促進のために必要な援助を行い，並びにその発生の予防その他国民の精神的健康の保持及び増進に努めることによって，精神障害者の福祉の増進及び国民の精神保健の向上を図ることを目的とする」（第1条）

［精神障害者］

「この法律で『精神障害者』とは，統合失調症，精神作用物質による急性中毒又はその依存症，知的障害，精神病質その他の精神疾患を有する者をいう」（第5条）

［医療の保障］

「障害者総合支援法（正式名称：障害者の日常生活及び社会生活を総合的に支援するための法律）」（平成17年制定）の一部改正により，精神障害者の通院医療は，同法に移行された。そのため本法，精神保健福祉法における医療の保障は入院のみとなっている。なお，1999（平成11）年6月に本法が一部改正され，居宅介護事業等と短期入所事業が法定化された。

［入院の方法］

精神障害者の入院の方法には「任意入院」「措置入院」「緊急措置入院」「医療保護入院」「応急入院」（任意入院以外，措置入院である）等がある。なお，任意入院の場合精神科病院の管理者は，本人の同意を得て入院が実施されることが必要である。

［通院医療］

精神障害者の通院医療は，前述した障害者総合支援法の自立支援医療に基づいている。「この法律において『自立支援医療』とは，障害者等につき，その心身の障害の状態の軽減を図り，自立した日常生活又は社会生活を営むために必要な医療であって政令で定めるものをいう」とある（障害者総合支援法，第5条第22項）。これによって精神障害者に対して，病院または診療所に入院することなく精神障害者の医療（通院）が行われるのである。なお，対象者は躁およびうつ状態，幻覚妄想状態，精神運動興奮および昏迷の状態，統合失調症等残遺状態，情動および行動の障害，不安および不穏状態，痙れんおよび意識状

図表 2 – 11　精神障害者の医療保障

```
                入院の   ┌ 1. 精神保健及び精神障害者福祉に関する法律＝公費負担
精神障害者→医療保障を ┤ 2. 生活保護法＝医療扶助
                受けるとき └ 3. 医療保険制度

        精神保健及び精神障害者福祉に関する法律
                        ↓
保護者→精神障害者→精神科病院←都道府県知事（指定）
        入院精神保健関連施設
```

出所）図表2-9に同じ，p.141

態，精神作用物質の乱用および依存等にある者となっている。

［医療保険と公費負担医療］

　措置入院の場合，原則として全額公費であるが，健康保険あるいは国民健康保険による給付を受けることができる者は，一部負担額が公費負担の対象となる。そこで，措置入院者の自己負担額は①所得税額の合算額（年額）147万円以下の場合，自己負担額は月額0円，②所得税額の合算額が147万円を超える場合，自己負担額は2万円となっている。

［負担の優先］

　保険給付優先（保険給付の残りを支給する）

2) 社会福祉に関する公費負担医療

① 「児童福祉法」（昭和22年12月12日）

［理念］

　「すべて国民は，児童が心身ともに健やかに生まれ，且つ，育成されるよう努めなければならない」（第1条の1）。

　「すべて児童は，ひとしくその生活を保障され，愛護されなければならない」（第1条の2）。

　このように児童福祉の理念が定義してある。つまり，この条文はすべての国民は児童を健やかに育成し，心身の障害の発生の防止に努めることが重要であるとしている。

［公費負担の種類］

　ア．療育の給付（療育医療）

　　「都道府県は，骨関節結核その他の結核にかかつている児童に対し，療養に併せて学習の援助を行うため，これを病院に入院させて療育の給付を行うことができる」（第20条第1項），「療育の給付は，医療並びに学習及び療養生活に必要な物品の支給とする」（第20条第2項）とあり，結核にり患した児童の医療並びに生活部面における支援（給付）を定義している。なお，医療に係る療育の給付は，厚生労働大臣または都道府県知事が指定する「指定療育機関」となっている。

　イ．小児慢性特定疾患治療研究事業給付

「都道府県は，厚生労働大臣が定める慢性疾患にかかつていることにより長期にわたり療養を必要とする児童又は児童以外の満20歳に満たない者であつて，当該疾患の状態が当該疾患ごとに厚生労働大臣が定める程度であるものの健全な育成を図るため，当該疾患の治療方法に関する研究その他必要な研究に資する医療の給付その他の政令で定める事業を行うことができる」(第21条の5)。なお，かつての児童福祉法における「育成医療」の給付と補装具の給付は障害者自立支援法（現在は「障害者総合支援法」）に移行した。

ウ．障害児入所医療費の支給

「都道府県は入所給付決定に係る障害児が，給付決定期間内において，指定障害児入所施設等障害児入所支援のうち治療に係るものを受けたときは，厚生労働省令で定めるところにより，当該障害児に係る入所給付決定保護者に対し，当該障害児入所医療に要した費用について，障害児入所医療費を支給する」(第24条の20)とあり，障害児が病院その他厚生労働省で定めた施設に入所した場合，費用が支給されるのである。

［医療保険と公費負担医療］

療養の給付に関しては，医療保険等が優先されるので，医療保険給付を除く，一部負担金が公費負担となる。この負担金は該当する世帯の所得税額，前年度市町村民税額に基づいて決定される。

［負担の優先］

保険給付優先（保険給付の残りを支給する）

② 「障害者の日常生活及び社会生活を総合的に支援するための法律」（通称，障害者総合支援法）（平成17年11月11日，題名改正：平成24年法律51）

［目的］

この法律は，2013（平成25）年4月1日より実施された。その目的は「障害者及び障害児（以下，障害者等）の福祉に関する法律と相まって，障害者等が基本的人権を享有する個人としての尊厳にふさわしい日常生活又は社会生活を営むことができるよう，必要な障害福祉サービスに係る給付，地域生活支援事業その他の支援を総合的に行い，もって障害者等の福祉の増進を図るとともに，障害の有無にかかわらず国民が相互に人格と個性を尊重し安心して暮らすことのできる地域社会の実現に寄与することを目的とする」(第1条)とあり，障害者の基本的人権並びに尊厳と自立支援を謳っている。

［自立支援給付］

同法による自立支援給付には，介護給付（特例介護給付），訓練等給付費（特例訓練等給付費），特定障害者特別給付費（特例特定障害者特別給付費），地域相談支援給付費（特例地域相談支援給付費），計画相談支援給付費（特例計画相談支援給付費），自立支援医療費，療養介護医療費，基準該当療養介護

医療費，補装具費及び高額障害福祉サービス等給付費の支給とする（第6条）。

［自立支援医療］

「『自立支援医療』とは，障害者等につき，その心身の障害の状態の軽減を図り，自立した日常生活又は社会生活を営むために必要な医療であって政令で定めるものをいう」（第5条第22項）

［医療保険と公費負担医療］

「自立支援給付は，当該障害の状態につき，介護保険法の規定による介護給付，健康保険法の規定による療養の給付その他の法令に基づく給付であって政令で定めるもののうち等で自立支援給付に相当するものを受けることができるときは政令で定める限度において，当該政令で定める給付以外の給付であって国又は地方公共団体の負担において自立支援に相当するものが行われたときは，その限度において行わない。」（第7条）

［負担の優先］

保険給付優先（保険給付の残りを支給する）

③「生活保護法」（昭和25年5月4日）

［目的］

「この法律は，日本国憲法第25条に規定する理念に基き，国が生活に困窮するすべての国民に対し，その困窮の程度に応じ，必要な保護を行い，その最低限度の生活を保障するとともに，その自立を助長することを目的とする」（第1条）。なお，保護の種類は，生活扶助，教育扶助，住宅扶助，医療扶助，介護扶助，出産扶助，生業扶助，葬祭扶助の8種類となっている。

［公費負担の種類］（医療扶助）

「医療扶助は，困窮のため最低限度の生活を維持することのできない者に対して規定の範囲内で給付が行われる。尚，給付内容は診察，薬剤又は治療材料の支給，医学的処置，手術及びその他の治療並びに施術，その療養に伴う世話その他の看護，病院又は診療所への入院及びその療養に伴う世話その他の看護，移送」と規定している（第15条）。なお，医療扶助のうち医療給付を受ける場合，厚生労働大臣の指定した国立の医療機関あるいは都道府県知事・指定都市の市長が指定した医療機関（「指定医療機関」）において治療を受ける。受診の際，被保護者は医療機関に「生活保護法医療券・調剤券」の提出が必要である。

［医療保険と公費負担医療］

被用者保険の被保険者である場合，医療保険が生活保護法に優先して適用されるので，医療保険法における自己負担分を負担することになる。また，国民健康保険の被保険者は生活保護を受給すると同時に資格喪失するので，全額公費負担医療となる。

［負担の優先］

保険給付優先（あらゆる給付を受けた後の患者負担部分を給付対象とする）

④「母子保健法」(昭和40年8月18日)
［目的］
「この法律の目的は，母性並びに乳児及び幼児の健康の保持及び増進を図るため，母子保健に関する原理を明らかにするとともに，母性並びに乳児及び幼児に対する保健指導，健康診査，医療その他の措置を講じ，もつて国民保健の向上に寄与すること目的とする」(第1条)
［公費負担の種類］
　養育医療
「市町村は，養育のため病院又は診療所に入院することを必要とする未熟児に対し，その必要な医療の給付を行い，又はこれに代えて養育医療に要する費用を支給することができる」(第20条)
［医療保険と公費負担医療］
　医療保険が適用される場合，一部負担金について公費負担が適用される。また，医療保険が適用されない場合は，全額が公費負担となる。
［負担の優先］
　保険給付優先（保険給付の残りを支給する）

3）補償，救済に関する公費負担医療

①「原子爆弾被爆者に対する援護に関する法律」(平成6年12月16日)
［目的］
　原子爆弾によって被爆した人びとに対して保健・医療・福祉に関する総合的支援を行うためこの法律が1957（昭和32）年に「原子爆弾被爆者の医療等に関する法律」として制定された。しかし，これまでの施策を充実するため1994（平成6）年12月に同法律が廃止され，新たに「原子爆弾被爆者に対する援護に関する法律」が制定された。
［公費負担の種類］
　ア．認定疾病医療
「厚生労働大臣は，原子爆弾の傷害作用に起因して負傷し，又は疾病にかかり，現に医療を要する状態にある被爆者に対し，必要な医療の給付を行う。ただし，当該負傷又は疾病が原子爆弾の放射能に起因するものでないときは，その者の治癒能力が原子爆弾の放射能の影響を受けているため現に医療を要する状態にある場合に限る。尚，給付内容は診察，薬剤又は治療材料の支給，医学的処置・手術及びその他の治療並びに施術，居宅における療養上の管理及びその療養に伴う世話その他の看護，病院又は診療所への入院及びその療養に伴う世話その他の看護，移送等となっている」(第10条)。また，「医療の給付を受けようとする者はあらかじめ，当該負傷又は疾病が原子爆弾の傷害作用に起因する旨の厚生労働大臣の認定を受けなければならない。」(第11条)

イ．一般疾病医療

「厚生労働大臣は，被爆者が負傷又は疾病につき，被爆者一般疾症医療機関又は緊急の場合に被爆者一般疾病医療機関以外の者から医療を受けた場合，都道府県知事はその者に対して一般疾病医療費を支給することができる」（第18条）。

［手当等の支給］

認定被爆者に対する手当として，医療特別手当，特別手当等がある。また，被爆者に対する手当として，原子爆弾小頭症手当，健康管理手当，保健手当，介護手当，葬祭料，特別葬祭給付金等がある。

［医療保険と公費負担医療］

認定疾病医療に関しては全額公費負担である。しかし，一般疾病医療に関しては，医療保険優先で，保険給付の残りを公費が負担することになっている。

［負担の優先］

認定疾病医療：全額公費負担，一般疾病医療は保険給付優先

② 「戦傷病者特別援護法」（昭和38年8月3日）

［目的］

「この法律は，軍人軍属等であつた者の公務上の疾病に関し，国家補償の精神に基づき，特に療養の給付等の援護を行うことを目的とする」（第1条）とある。すなわち，同法の目的は，国家補償の精神に基づき，軍人軍属に対する療養の給付等を行うことにある。なお，援護の種類として療養の給付，療養手当の支給，葬祭費の支給，更生医療の給付，補装具の支給及び修理，国立保養所への収容，法に規定する鉄道および連絡船への乗車および乗船についての無賃取扱い等がある。

［公費負担の種類］

ア．療養の給付

「厚生労働大臣は，第4条第1項第2号の認定を受けた戦傷病者の当該認定に係る公務上の傷病について，政令で定める期間，必要な療養の給付を行う」（10条）

なお，療養の給付の範囲は，診察，薬剤又は治療材料の支給，医学的処置・手術及びその他の治療並びに施術，居宅における療養上の管理及びその療養に伴う世話その他の看護，病院又は診療所への入院及びその療養に伴う世話その他の看護，等となっている。

イ．更生医療

「厚生労働大臣は，公務上の傷病により，政令で定める程度の視覚障害，聴覚障害，言語機能障害，中枢神経機能障害，肢体不自由その他の政令で定める障害の状態にある戦傷病者が更生するために医療が必要であると認めるときは，その者の請求により，その更生のために必要な医療の給付を

行うことができる」(20条)

[負担の優先]

公務上の認定傷病＝全額公費負担（戦傷病者特別援護法，以後援護法），公務上の傷病＋因果関係のある併発症＝援護法，公務上の傷病＋関係のない傷病の併発＝援護法＋医療保険（健康保険あるいは国民健康保険）。

4）難病に関する公費負担医療

特定疾患治療研究事業（昭和48年4月17日）

　この事業の目的は，難病のうち治療方法が困難で高額な医療費がかかる疾病に対する，医療体制の確立と患者の治療費軽減である。なお，難病の第1の概念は，原因が不明，治療方法未確立，後遺症を残す恐れが少なくない疾病であること，第2の概念は，経過が慢性にわたり，単に経済的な問題のみならず精神的にも介護等の家庭的負担が大きい疾病である。厚生労働省の特定疾患治療研究事業の対象疾患は図表2－12のとおりである。

図表2－12　厚生労働省の特定疾患治療研究事業の対象疾患

1　ベーチェット病	30　広範脊柱管狭窄症
2　多発性硬化症	31　原発性胆汁性肝硬変
3　重症筋無力症	32　重症急性膵炎（※）
4　全身性エリテマトーデス	33　特発性大腿骨頭壊死症
5　スモン（※）	34　混合性結合組織病
6　再生不良性貧血	35　原発性免疫不全症候群
7　サルコイドーシス	36　特発性間質性肺炎
8　筋萎縮性側索硬化症	37　網膜色素変性症
9　強皮症，皮膚筋炎及び多発性筋炎	38　プリオン病（※）
10　特発性血小板減少性紫斑病	39　原発性肺高血圧症
11　結節性動脈周囲炎	40　神経線維腫症
12　潰瘍性大腸炎	41　亜急性硬化性全脳炎
13　大動脈炎症候群	42　バッド・キアリ（Budd-Chiari）症候群
14　ビュルガー病	43　特発性慢性肺血栓塞栓症（肺高血圧型）
15　天疱瘡	44　ライソゾーム病，ファブリー（Fabry）病
16　脊髄小脳変性症	45　副腎白質ジストロフィー
17　クローン病	46　家族性高コレステロール血症（ホモ接合体）
18　難治性の肝炎のうち劇症肝炎（※）	47　脊髄性筋萎縮症 ｜
19　悪性関節リウマチ	48　球脊髄性筋萎縮症 ｝公費対象
20　パーキンソン病関連疾患（進行性核上性麻痺，大脳皮質基底核変性症及びパーキンソン病）	49　慢性炎症性脱髄性多発性神経炎
	50　肥大型心筋症
21　アミロイドーシス	51　拘束型心筋症
22　後縦靱帯骨化症	52　ミトコンドリア病
23　ハンチントン病	53　リンパ脈管筋腫症（LAM）
24　モヤモヤ病（ウィリス動脈輪閉塞症）	54　重症多形滲出性紅斑（急性期）（※）
25　ウェゲナー肉芽腫症	55　黄色靱帯骨化症
26　特発性拡張型（うっ血型）心筋症	56　間脳下垂体機能障害（PRL分泌異常症，ゴナドトロピン分泌異常症，ADH分泌異常症，下垂体性TSH分泌異常症，クッシング病，先端巨大症，下垂体機能低下症）
27　多系統萎縮症（線条体黒質変性症，オリーブ橋小脳萎縮症及びシャイ・ドレーガー症候群）	
28　表皮水疱症（接合部型及び栄養障害型）	
29　膿疱性乾癬	

※印の疾患は患者自己負担なし
下線は「軽快者」の対象となる30疾患を示す（平成21年10月30日健疾発1030第3号）。
出所）図表2-9に同じ，p.18

[医療保険と公費負担医療]

　図表2−13は，自己負担分が全額公費により負担される患者と一部自己負担が求められる場合の内容を示したものである。

図表2−13　自己負担の内容について

自己負担分が全額公費負担される患者		・難病のため日常生活に著しい支障のある重症患者 ・スモン，プリオン病，難治性の肝炎のうち劇症肝炎，重症急性膵炎，重症多形滲出性紅斑（急性期）の患者
上記以外の患者の一部自己負担の内容	入院患者の自己負担限度額	医療費と食事療養費を含めて，1医療機関につき月額0〜23,100円
	入院以外の自己負担限度額	1医療機関につき月額0〜11,550円 ただし，訪問看護，院外処方による調剤薬局での薬剤費については，患者一部負担は生じない。

出所）『社会保障の手引（平成26年版）』中央法規, p.562, ただし表題設定，一部字句削除

[負担の優先]

　一部疾患のみ全額公費負担，他は保険給付又は後期高齢者医療制度による一部負担

4　社会保障・社会福祉基礎構造改革と介護保険

（1）介護保険制度の創設の背景

　1970年代に世界経済を震撼させた第1次，第2次石油ショック以降，わが国の経済は他国同様，長期低落傾向に陥った。そのため税の減収が国並びに各地方自治体の財政が逼迫することなり，福祉見直しが論議されるようになった。戦後の経済的な疲弊と社会の混乱による生活困窮者対策を中心としたわが国の社会福祉は，高度経済成長期以降の核家族化の進行，家庭機能の衰退，女性労働の拡大化，少子・高齢社会の進展化等と相まって社会福祉の需要の拡大化，サービスの多様化が促進され，新たな社会福祉制度の構築が必要となった。すなわち，これまでの貧困層の人びとを対象とした社会福祉から国民全体を対象とした社会福祉の再構築である。こうした経済あるいは社会状況を背景として，公的介護保険制度の創設が各報告等において提言・提唱された。

　まず，1994（平成6）年，高齢社会福祉ビジョン懇談会「21世紀福祉ビジョン」の中で，新ゴールドプランの策定と「いつでもどこでも受けられる介護サービス」の新介護システム構築が提案された。さらに1994年9月に社会保障制度審議会・社会保障将来像委員会は，「社会保障将来像委員会第2次報告」を提出した。同報告で，公的介護保険制度の確立を提唱すると同時に介護保険制度を「要介護状態になったときに，現金給付，現物給付あるいはそれらを組み合わせることによって介護サービスを給付し，その費用を負担するものである」と定義した。この定義を受けて同年12月に高齢者介護・自立支援システ

ム研究会より「新たな高齢者介護システムの構築を目指して」が報告された。その報告の中で新介護システムの基本理念として①予防とリハビリテーションの重視, ②高齢者自身による選択, ③在宅ケアの推進, ④利用者本位のサービス提供, ⑤社会連帯による支え合い, ⑥介護基盤の整備等を提案している。こうした介護保険制度創設の動向のもとで, 1995（平成7）年に社会保障制度審議会が「社会保障体制の再構築（勧告）」を行った。この中で「国民の最低限度の生活の保障」から「広く国民に健やかで安心できる生活を保障すること」に社会保障の理念の変化を示唆している。また, 介護保険制度に関してもその確立の必要性を指摘している。こうした一連の動向の中で, 当時の厚生省は老人保健福祉審議会を発足させ, 介護保険制度の創設に向けて具体的に動き出したのである。

　また, 社会保障基礎構造改革のひとつとして位置づけられた社会福祉基礎構造改革の流れの中で「新経済社会7ヵ年計画」(1979) が策定され, 20年後には, 「社会福祉基礎構造改革について（中間まとめ）」(1998) が報告され, そして, 改革の方向性を具体化した「社会福祉の増進のための社会福祉事業法等の一部を改正する等の法律」(略：社会福祉事業法等一部改正法) が2000（平成12）年5月に成立した。その中で社会福祉構造改革の具体的内容が明らかになった。その改正の要点は, ①利用者の立場に立った社会福祉制度の構築（措置制度から利用者制度への変換）, ②サービスの質の向上（人材の育成,

図表2－14　介護サービスの利用手続き

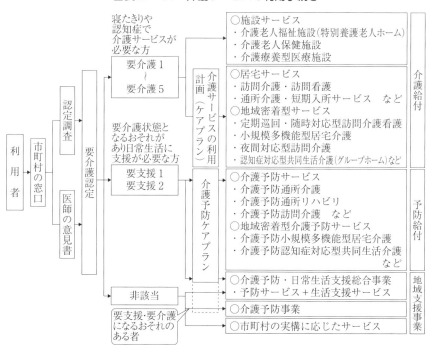

資料）『厚生労働白書（平成24年版）』
出所）『国民の福祉と介護の動向（2013/2014）』厚生労働統計協会, 2013年, p.132

図表2－15 保健・医療・福祉の連携

[法　律：老人保健法，老人福祉法，医療法の連携
　専門職：医師，薬剤師，看護師，社会福祉士，介護福祉士，OT（作業療法士）・
　　　　　PT（理学療法士）の連携
　実　践：地域社会との連携]

サービスの評価，事業の透明性の確保），③ 社会福祉事業の充実・活性化（社会福祉事業の範囲の拡大化，社会福祉法人の設立要件の緩和，社会福祉法人の運営の弾力化），④ 地域福祉の推進（市町村地域福祉計画及び都道府県地域福祉支援計画，知的障害者福祉等に関する事務の市町村への委譲，社会福祉協議会，共同募金，民生委員・児童委員の活性化）等となっている。以上のように介護保険制度は，社会保障・社会福祉基礎構造改革の一環として，財政システムはドイツの社会保険方式，ケアマネジメント（ケースマネジメント）はイギリス，アメリカ，アセスメント方式はアメリカ，地方分権化はデンマーク，スウェーデンを範として，第141臨時国会（1997年12月17日）にて成立し，2000年4月1日から実施された。

(2) 保健・医療・福祉の連携

　介護保険制度の特徴は，サービス提供時において専門職の連携とそれを支える各法律の連携が基本となっている（図表2－15参照）。つまり，これまでの介護サービスは，各法律体系のもとで独自に実施されてきた。そのため，同じサービスの重複，非効率性もあって，必ずしも効果的なサービスとはならなかった。しかし，今回の介護保険制度の創設において，老人保健法，老人福祉法，医療法の各法が介護保険制度によって，これまで分散していた介護サービスが分野別サービス（在宅・施設）に集約された。たとえば，施設サービスに医療法から介護療養型医療施設（今後，廃止の予定）が，老人福祉法から介護老人福祉施設，そして，老人保健法（同法はのちに「高齢者の医療の確保に関する法律」に改正された）から介護老人保健施設が，介護保険制度の施設サービスに統合されることによって，精神的・身体的状況に応じた効果的・有効的なサービスを提供することが可能となった。また，在宅サービスにおいても同様である（図表2－14参照）。

(3) 介護保険給付と医療保険給付
① 給付のあり方の相違
　医療保険の給付（年齢制限なし）は被保険者に病気やけがが発生した場合（保

険事故），その事故が発生した被保険者に対して保険者から，現物給付（ケースによっては，現金給付）を行う。これに対して，介護保険の給付はその対象が原則 65 歳以上（特定疾患のみ 40 歳以上）の被保険者で，要介護認定を受け該当するものだけが，介護保険の給付を受けることができる。

② 給付限度額の設定

医療保険制度では原則，給付限度額は設定されておらず，むしろ，高額療養費制度によって，被保険者の医療費自己負担分を軽減している。これに対して，介護保険制度においては，要介護・要支援状態に応じて，給付限度額を設定し，給付の抑制を行っている。

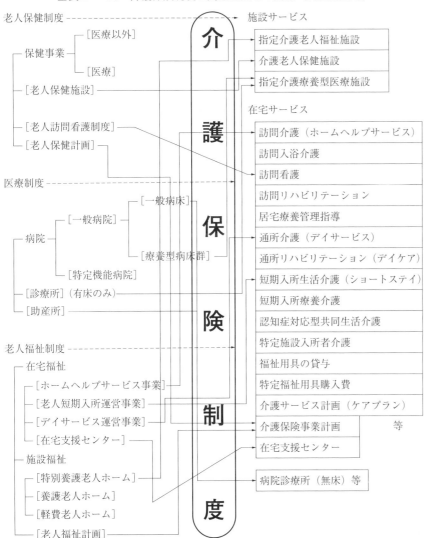

図表 2-16　介護保険制度と関連各法との関係（制度創設時）

注）1．1997 年の第 3 次改正医療法により，有床診療所においても診療所療養型病床群として転換することが可能となった。
　　2．老人保健制度を支える老人保健法は「高齢者の医療の確保に関する法律」に改正され 2008 年施行
出所）成清美治『ケアワーク論―介護保険制度との関連性のなかで』学文社，1999 年，p.123 を一部改変

図表2－17　介護保険と医療保険との比較

項目	介護保険	医療保険
給付サービス	「分散型」で「継続的」「限定的」 （要支援者，要介護者）	「集約的」で「集中的」「包括的」 （被保険者）
給付の対象	原則65歳以上 （ただし，特定疾患は除く）	年齢制限なし
サービスの提供	要支援，要介護の区分による （高額療養費制度あり）	給付制限は設定せず
サービスの性質	原則介護サービス （医療サービスあり）	すべて医療サービス
サービスの提供	医療機関，福祉施設等	医療機関

③ 介護サービスは医療系と福祉系に分かれているが，医療系サービスを受ける場合，医師の指示を仰ぐこととなっている。

④ 介護保険給付と医療保険給付が重なる場合，原則として，介護保険の給付が優先する。

⑤ 公費負担医療との関係において，介護保険からの給付を受けられるものについては，介護保険の給付が優先し，公費負担医療の給付は介護保険における利用者負担の部分について行われる。

(4) 特定疾病について

　介護保険制度では40歳以上の被保険者のうち，特定疾病に該当した場合，介護保険の給付が行われる。ただし，つぎの条件を満たしているものに限られている。

　① 65歳以上の高齢者に多く発生しているが40歳以上65歳未満でも発生が見込まれるなど，罹患率，有病率について加齢との関係が認められ，医学的根拠が明確に定義できること。

　② 継続して要介護状態になる割合が高いと考えられること。特定疾病は以下のとおりであるが，2005年の介護保険制度の改正により，新たに末期がんが加えられ，16種（末期がん，脳血管疾患，糖尿病性神経障害・腎症・網膜症，関節リウマチ，両側の膝関節又は股関節に著しい変形を伴う変形性関節症，初老期認知症，パーキンソン病関連疾患，慢性閉塞性肺疾患，筋萎縮性側索硬化症，後縦靱帯骨化症，骨折を伴う骨粗しょう症，閉塞性動脈硬化症，早老症，脊髄小脳変性症，脊柱管狭窄症，多系統萎縮症）となっている。

　なお，介護保険と医療保険との給付サービス，給付対象者，サービスの提供，サービスの性質，サービスの提供等の相違は図表2－17のとおりである。

5　介護保険制度の改正

　ここで改めて，介護保険制度の意義と目的を改めて見ると，それは人口の高

齢化にともなう介護問題の深刻化に対する社会全体で支えるシステムの構築,すなわち社会保険方式（相互扶助）による利用者本位とサービスの総合化を目的とした介護サービスである。この背景には社会保障基礎構造改革の一環として,これまでの社会的入院による医療費の抑制があり,基本的に医療と介護を分離して（ただし,一部は医療を介護保険給付において認めている）それぞれの役割を明確化する必要性があった。また,この介護保険制度は保健と医療と福祉の連携（制度・実践）を意図したものであり,効率的で公平な社会支援システムの構築が目標となっている。なお,最大の変化は,この制度の導入によって,これまでのわが国の社会福祉サービスが「措置制度」（行政処分）から「利用制度」（選択・契約）に変わったことである。

ところで,介護保険制度は2000（平成10）年4月1日よりスタートし,居宅と施設サービスが同時に開始された。その後,介護保険制度のサービスを利用する要介護認定者は高齢化の進展とともに年々増加するため介護費用も増加の一途を辿った。2002（平成14）年度の介護保険総費用は5.2兆円であったが,2003（平成15）年度は,5.7兆円に増加している（2012（平成24）年は8.9兆円に達している）。この背景には要支援,要介護者1等の軽度の利用者の介護費用の増加があった。そこで,2004（平成16）年7月30日,社会保障審議会介護保険部会は「介護保険制度の見直しに関する意見」をまとめた。この基本的視点は① 明るく活力のある超高齢社会の構築,② 制度の持続可能性,③ 社会保障の総合化等となっている。そして,同年12月22日に厚生労働省は「介護保険制度改革の全体像―持続可能な介護保険制度の構築」を発表した。こうした一連の介護費用の動向と意見書（報告書）並びに介護保険法の附則第2条（検討：同法施行日以降5年後の見直し等の検討）等のもとで2005年6月29日に「介護保険法の一部を改正する法律」が成立した。その概要は,

(1) 予防重視型システムへの転換：① 新予防給付の創設,② 地域支援事業の創設
(2) 施設給付の見直し：① 居住費・食費の見直し（保険給付の対象外）,② 低所得者に対する配慮（補足的給付の創設）
(3) 新たなサービス体系の確立：① 地域密着型サービスの創設（小規模多機能型居宅介護,認知症高齢者グループホーム等）,② 地域包括支援センターの創設,③ 居住系サービスの充実（有料老人ホームの見直し,ケアつき居住施設の充実）
(4) サービスの質の確保・向上：① 情報開示の標準化,② ケアマネジメントの見直し
(5) 負担の在り方・制度運営の見直し：① 第1号保険料の見直し,② 要介護認定の見直し,③ 市町村の保険者機能の強化
(6) 被保険者・受給者の範囲：平成21年度を目途とする

(7) その他：①「痴呆」から「認知症」へ変更，②養護老人ホーム，在宅介護支援センターに係る規定の見直し，③社会福祉施設職員等退職手当共済制度の見直し等となっている。

この改正で注視すべき点は，介護予防の要である地域包括支援センター（地域包括ケアシステム）の設置である。改正のポイントは市町村を中心とした介護予防の推進である。すなわち，従来の「介護」モデルから「介護＋予防」モデルへの転換である。その中心的役割を果たすのが，地域包括支援センターとなる。改正前の介護予防事業は，老人保健事業，介護予防・地域支え合い事業，在宅介護支援センターが担ってきたが，効果的な介護予防の実績をあげることができなかった。今回の改正では，地域支援事業のおもな事業内容は，

（1）介護予防事業（この事業は老人保健事業で行われてきた健康教育，健康相談，機能訓練，訪問指導等を再編したものである）：①65歳以上の全住

図表2－18　予防重視型システムへの転換（全体概要）

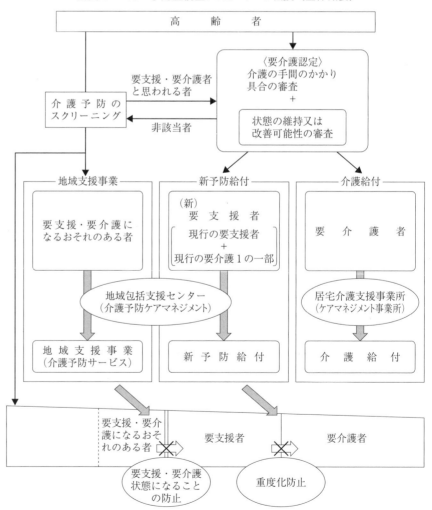

出所）『社会保障の手引（平成19年版）』中央法規，2007年，p.55

図表 2 − 19　地域包括支援センター

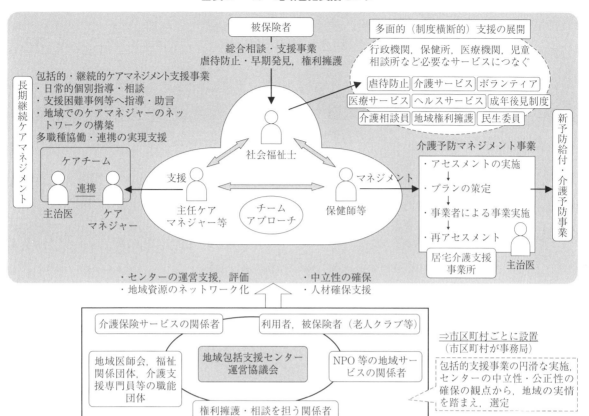

出所）図表2-14に同じ，p.137

民を対象とした健康診査，②要支援・要介護になる高齢者を対象に健康診査
　介護予防事業では，地域における高齢者の中で要支援・要介護状態になる恐れのある人びとに対する介護予防事業（栄養改善，口腔機能の向上，閉じこもり予防，うつ予防・支援等）の実施。
(2) 包括的支援事業（地域包括支援センターが行う事業）：① 要支援・要介護を防ぐ介護予防マネジメント，② 総合相談支援業務・権利擁護業務，③ 包括的・継続的マネジメント支援業務等
(3) 任意事業：介護給付費用適正化事業，家族介護支援事業等となっている。
　なお，地域包括支援センターの役割は包括的支援事業の実施にあるが，これらの業務を遂行するのは，社会福祉士，保健師等，主任介護支援専門員等の専門職である。地域包括支援センターの各専門職が効果的業務を遂行するには，チームアプローチが必要となる。また，同センターの中立性，公平性維持のため各市町村に地域包括支援センター運営協議会（介護保険サービス関係者，被保険者代表，地域サービス関係者，権利擁護・相談を担う関係者，医師会・介護支援専門員等の職能団体等によって構成されている）が各市町村に設置され，運営に関わっている（図表2−19参照）。

6 その後の介護保険制度の動向と課題

　介護予防を導入した2005（平成17）年の介護保険制度の改正以降，幾度か改正がなされた。

　最近では，2011（平成23）年に介護保険法改正（正式名称：「介護サービスの基盤強化のための介護保険法等の一部を改正する法律」）が行われた。そのポイントは，① 介護報酬改定の実施（第4回）と ② 第5期（平成24～26年）の介護保険事業計画のスタートである。

　ここで，この2点の内容について検討する。

　まず① 介護報酬の改定は，今回で4回目を迎えるが，その経緯についてみると第1回が2003年で改定率△2.3%（在宅 +0.1%，施設△4.0%），第2回は2006年で改定率△0.5%（在宅平均△1%，施設平均±0%），そして，2009年の第3回から+3%（在宅1.7%，施設1.3%）となり，2012年には+1.2%（在宅1.0%，施設0.2%）となっている。このように介護報酬の経緯をみると創設当初は介護保険制度利用者の増加とそれにともなう介護保険財政の逼迫化，介護サービスの質の向上と適正化，施設サービスの適正化，認知症ケアの確立等を図るため介護報酬改定率の切り下げを2003～2006年の介護報酬の改定期間に行った。しかし，介護従事者の離職率の抑制と優秀な介護職員を確保するため，

図表2－20　医療や住まいとの連携も視野に入れた介護保険事業（支援）計画の策定

○ 地域包括ケアの実現を目指すため，第5期計画（平成24～26年度）では次の取組を推進。
・日常生活圏域ニーズ調査を実施し，地域の課題・ニーズを的確に把握
・計画の内容として，認知症支援策，在宅医療，住まいの整備，生活支援を位置付け

日常生活圏域ニーズ調査（郵送＋未回収者への訪問による調査）

・どの圏域に
・どのようなニーズをもった高齢者が
・どの程度生活しているのか

地域の課題や必要となるサービスを把握・分析

調査項目（例）
○身体機能・日常生活機能（ADL・IADL）
○住まいの状況
○認知症状
○疾病状況

↓

介護保険事業（支援）計画

これまでの主な記載事項
○日常生活圏域の設定
○介護サービスの種類ごとの見込み
○施設の必要利用定員
○地域支援事業（市町村）
○介護人材の確保策（都道府県）など

地域の実情を踏まえて記載する新たな内容
○認知症支援策の充実
○在宅医療の推進
○高齢者に相応しい住まいの計画的な整備
○見守りや配食などの多様な生活支援サービス

出所）『国民の福祉と介護の動向（2014/2015）』厚生労働統計協会，2014年，p.162

「介護従事者等の人材確保のための介護従事者等の処遇改善に関する法律」(2008) が成立したこともあり、2009年以降の改定では介護報酬の改定が初めてプラスに転じた。そして、最近の介護報酬の改定である 2012 (平成24) 年の介護報酬の改定率はプラスとなった。その背景には 2011 年の介護保険法の改正による地域包括ケアシステム（図表12 - 9 参照）の強化、介護と医療の連携と役割分担等の明確化、介護職員の処遇改善加算と介護職員人件費の地域是正等の存在がある。

次に②第5期介護保険事業計画（平成24～26年度）であるが、この計画は地域包括ケアを視野に置いたもので日常生活圏域ニーズ調査を実施し、地域の課題・ニーズを的確に把握することを基本としている。これまでと異なって新たに認知症支援策の充実、在宅医療の推進、高齢者にふさわしい住まいの計画的な整備、見守りや配食などの多様な生活支援サービスをこの計画における新たな記載事項としている（図表2 - 21 参照）。

最後に今後の介護保険制度の課題であるが、同制度がスタートして10年以上を経過した。この間、高齢社会の下で高齢者数が大幅に増大した。なかでも後期高齢者の増加による認知症の罹患率の増加は、諸問題を露呈しているのである。とくに認知症ケアサービスにおいて高齢者の尊厳を支える視点をもった介護が必要となってくるのである。

ここで介護の課題を大別すると、①介護保険制度の継続性・持続性、②介護に従事する介護職員の処遇、③介護離職者等となる。①介護保険制度に関しては、制度の維持と継続を考慮する必要がある。そのためには、介護保険財政が健全でなければならない（収支均等）。そのためには、一定の保険料の負担とサービス量の抑制と自己負担が必要である。

次に②介護に従事する介護職員の問題であるが、ここには2つの問題が存在する。それは賃金と社会的評価の問題である。まず、賃金の問題であるが一般の企業に比較して、低賃金である。しかも、3K（きつい、汚い、危険）の職場であるため、若年者をはじめ就業希望者が年々減少している。今後、賃金・職場環境の改善が必要となる。

そして、③介護離職者の問題であるが、わが国の場合も欧米福祉先進国同様、家族に要介護者がある場合、育児・介護休業法（正式名称：「育児休業、介護休業等育児又は家族介護を行う労働者の福祉に関する法律」）(2009) のもとで介護休暇を取得することができる。しかし、その取得率は極端に低率である（厚生労働省調査：2012年度の労働者に占める介護休業の取得率は0.06%である）。その理由は、ア．企業等の同制度に対する理解が低い、イ．介護休暇取得中の賃金保障水準が低い、ウ．雇用環境の確保（賃金確保）、エ．国民間の介護に対する意識の低さ（家族介護、男尊女卑思想）、オ．短期間の介護休暇（通算93日）等が考えられるが、毎年10万人近くの労働者が離職していることを考慮すれ

図表2－21　サービス等の種類

平成24年（'12）4月施行

	予防給付におけるサービス	介護給付におけるサービス
都道府県が指定・監督を行うサービス	◎介護予防サービス 【訪問サービス】 ○介護予防訪問介護 ○介護予防訪問入浴介護 ○介護予防訪問看護 ○介護予防訪問リハビリテーション ○介護予防居宅療養管理指導 【通所サービス】 ○介護予防通所介護 ○介護予防通所リハビリテーション 【短期入所サービス】 ○介護予防短期入所生活介護 ○介護予防短期入所療養介護 ○介護予防特定施設入居者生活介護 ○介護予防福祉用具貸与 ○特定介護予防福祉用具販売	◎居宅サービス 【訪問サービス】 ○訪問介護 ○訪問入浴介護 ○訪問看護 ○訪問リハビリテーション ○居宅療養管理指導 【通所サービス】 ○通所介護 ○通所リハビリテーション 【短期入所サービス】 ○短期入所生活介護 ○短期入所療養介護 ○特定施設入居者生活介護 ○福祉用具貸与 ○特定福祉用具販売 ◎居宅介護支援 ◎施設サービス 　○介護老人福祉施設 　○介護老人保健施設 　○介護療養型医療施設
市町村が指定・監督を行うサービス	◎介護予防支援 ◎地域密着型介護予防サービス 　○介護予防小規模多機能型居宅介護 　○介護予防認知症対応型通所介護 　○介護予防認知症対応型共同生活介護（グループホーム）	◎地域密着型サービス 　○定期巡回・随時対応型訪問介護看護 　○小規模多機能型居宅介護 　○夜間対応型訪問介護 　○認知症対応型通所介護 　○認知症対応型共同生活介護（グループホーム） 　○地域密着型特定施設入居者生活介護 　○地域密着型介護老人福祉施設入所者生活介護 　○複合型サービス
その他	○住宅改修	○住宅改修

市町村が実施する事業	◎地域支援事業	
	介護予防・日常生活支援総合事業を実施する市町村 ○介護予防・日常生活支援総合事業 　(1) 要支援・二次予防事業 　　・予防サービス事業 　　・生活支援サービス事業 　　・ケアマネジメント事業 　　・二次予防事業対象の把握事業 　　・要支援・二次予防事業評価事業 　(2) 一次予防事業 　　・介護予防普及啓発事業 　　・地域介護予防活動支援事業 　　・一次予防事業評価事業	介護予防・日常生活支援総合事業を実施しない市町村 ○介護予防事業 　(1) 二次予防事業 　　・二次予防事業対象者の把握事業 　　・通所型介護予防事業 　　・訪問型介護予防事業 　　・二次予防事業評価事業 　(2) 一次予防事業　　同左
	○包括的支援事業 　・介護予防ケアマネジメント業務（介護予防・日常生活支援総合事業を実施する市町村は同事業のケアマネジメント事業の中で実施） 　・総合相談支援業務 　・権利擁護業務 　・包括的・継続的ケアマネジメント支援業務	
	○任意事業	

出所）『国民の福祉と介護の動向（2013/2014）』厚生労働統計協会，2013年，p.134

ば，抜本的対策として，介護保険制度の充実（24時間介護サービス等），企業の介護休暇取得の推進が必要であろう。

　図表2－21のようにわが国も介護サービスは多様化・多種化してきた。今後は，制度・政策，実践の充実並びに国民の介護に対する関心・思考の深化が望まれるのである。

　以上のように，介護保険制度を巡る諸改革が行われてきたが超高齢社会を迎えて，2014年6月18日に持続的な社会保障確立の一翼として介護・医療の大改革案である「医療介護総合確保推進法」（正式名称：「地域における医療及び介護の総合的な確保を推進するための関係法律の整備等に関する法律」）が成立した。同法の目的は地域における医療および介護の総合的な確保と推進である。その主たる改正点は，①介護保険の自己負担割合を現行の一律1割負担から年間の年金収入が280万円を超える者は2割負担（2015年8月から実施予定），②特別養護老人ホームの入所要件を要介護3以上とする，③要支援1～2の者に対する介護サービス（訪問介護：ホームヘルプサービス，通所介護：デイサービス）は段階的に各市町村事業とする，④特別養護老人ホームあるいは介護老人保健施設に入所者のホテルコスト（部屋代，食事代等）の認定基準が厳しくなる，⑤低所得者の介護保険料の軽減対象者を拡大する（ただし，高額所得者の介護保険料負担は重くなる），⑥病院の役割分担化等。以上が主な改正点であるが，問題点を整理すると，①介護保険制度の持続のための財政再建が最優先となっている，②負担の増加に対する給付の制限化，③要支援者に対する各市町村のサービスの量的・質的問題等をあげることができる。

注)
1) 成清美治「世界一の高度福祉国家」日本ニュージーランド学会編『ニュージーランド入門』慶應義塾大学出版会，1998年，p.27
2) 岡田藤太郎『社会福祉学の一般理論の系譜』相川書房，1995年，p.27
3) 広井良典『日本の社会保障』岩波新書，1999年，p.170
4) 広井良典『定常型社会―新しい「豊かさ」の構想』岩波新書，2001年，pp.31-33
5) B.エイベル-スミス著／多田羅浩三・大和田建太郎訳『英国の病院と医療―200年のあゆみ』保健同人社，1981年，p.43
6) 二木立『医療改革』勁草書房，2007年，p.169，170

参考文献
　健康保険組合連合会編『社会保障年鑑（2007）』東洋経済新報社，2007年
　成清美治『医療福祉論』日本福祉大学通信部，2007年
　安藤秀雄・栗林令子『公費負担医療の実際知識（2013年版）』医学通信社，2013年
　『保険と年金の動向（2013/2014）』厚生労働統計協会，2013年
　『国民の福祉と介護の動向（2013/2014）』厚生労働統計協会，2013年
　『国民衛生の動向（2013/2014）』厚生労働統計協会，2013年
　成清美治・加納光子編集代表『現代社会福祉用語の基礎知識（第11版）』学文社，2013年

ミネルヴァ書房編集部『社会福祉小六法（2014）』ミネルヴァ書房
『社会保障の手引（平成26年版）』中央法規，2014年

> **プロムナード**
>
> 2008年4月1日より，後期高齢者医療制度（長寿医療制度）がスタートしました。しかしながら，当事者である75歳以上の多数の高齢者から年金からの保険料徴収，負担増等の問題に対してクレームが厚生労働省に寄せられる結果となりました。厚生労働省の制度自体の説明不足もあり，波乱含みのスタートとなりました。この原因の所在は経済的負担増もさることながら，高齢者を前期高齢者と後期高齢者に区別したところに問題の核心があります。人間誰しもこの世に生を受けると同時に「老化」へのみちを歩むことになります。この人生の終末期に「後期高齢者」とあえてよばれることは，人生の「終焉」を感じざるを得ないのではないでしょうか。

学びを深めるために

若月俊一『若月俊一の遺言―農村医療の原点』家の光協会，2007年
　　故若月俊一は戦後の日本の農村医療の草分けであり，功労者でもある。彼は予防医療を農村で定着させることが，地域住民の生活全体の向上につながるとした。保健医療サービスを学ぶ人にとって必読の著書である。

福祉の仕事に関する案内書

糸川嘉則総編集，交野好子・成清美治・西尾祐吾編集『看護・介護・福祉の百科事典』朝倉書店，2008年
　　社会福祉専門職が日々の業務を遂行する上で必携の事典である。

第3章

診療報酬制度

1 診療報酬制度とはなにか

(1) 保険診療の仕組み

　国民は，国民皆保険制度によって，公的な医療保険制度に加入することが原則である。国民は病気やけがで医療機関に受診や入院する時にそれぞれ加入している医療保険証を提示しなくてはならない。医療保険証を提示して，初めて医療保険による診察や治療が受けられる。医療保険による診察や治療が行われた時に，医療機関が受け取る医療費（患者一部自己負担含む）が診療報酬（診療行為に対する対価）である。保険による診療を行うことができる医療機関を保険医療機関という。医療機関が保険診療を行うには，都道府県から保険医療機関の指定を受けなければならない。また保険診療を行う医師は，保険医として登録が必要になる。診療報酬が保険医療機関に支払われる仕組みを診療報酬制度という。診療報酬の請求の方法は，診療行為の量に応じて報酬が支払われる出来高払い制を原則としている。医療機関によっては，一定の範囲の診療行為をまとめて評価し一定額を支払う包括払い制がある。また 2003（平成 15）年から，特定機能病院や急性期病院を中心に出来高払い制と包括払い制を組み合わせた DPC（Diagnosis Procedure Combination：診断群分類別包括評価）という体系が取り入れられている。多くの特定機能病院や急性期病院は，DPC による請求方法を取り入れている。

　診療所や病院等の医療機関は，診療報酬による収入によって，運営されている。医療機関の職員の人件費，検査等の治療材料費，薬品，建物の維持管理費や建設費，医療機器等が診療報酬によって賄われている。

　2 年ごとに行われる診療報酬の改定は，医療機関の経営に大きな影響を与えるものである。医療保険証が提示されない場合には，保険診療は利用できないため，診察や治療は，自費扱いになり全額実費負担となる。医療費が自費になると膨大な医療費が請求されるため医療保険に加入しているかどうかは，国民が自ら命を守るためにも重要なことである。

(2) 医療保険からの給付

1）療養の給付（現物給付）

　療養の給付には，5 つの種類がある。療養の給付とは，患者が医療機関から直接 5 つの医療の行為を受けることである。

　① 診察
　　初診料，再診料，指導管理等，検査料
　② 薬剤または治療材料の支給
　　薬価基準，材料価格基準
　③ 処置，手術，その他の治療

処置料, 手術料, 注射料等
④ 在宅医療, 訪問看護
在宅療養指導管理料, 訪問看護・指導料
⑤ 入院・看護
入院基本料, 特定入院料, 入院時食事費

2) 療養費の支給（現金給付）

療養費の支給は，患者・家族が，全額一度に医療機関や業者に支払い後，それぞれの医療保険の加入先に請求して，一定の割合で償還払いされる。
① 訪問看護療養費
② 家族療養費
③ 療養費

(3) 診療報酬の仕組み
1) 診療報酬の法律規定

医療機関が行った療養の給付に対する費用の支払いを保障する制度を診療報酬制度という。支払われる費用の支払いの根拠が，診療報酬点数表である。

診療報酬は，健康保険法第76条2項において「療養の給付に要する費用の額は，厚生労働大臣が定めるところにより算定するものとする」という法律に規定されている。厚生労働大臣は，診療報酬点数表と薬剤の価格表である薬価基準，医療材料の価格表である材料価格基準を告示するが，告示する前に中央社会保険医療協議会（中医協）に諮問して，その答申を受けて診療報酬を決定する。これは全国同じ基準で計算しており，1点の単価は10円である。診療報酬の点数は2年ごとに見直しがされている。

2) 診療報酬点数表による保険請求

診療報酬点数表は，医科，歯科，調剤に分類される。診療報酬点数は，医療行為ごとにそれぞれの項目に対応した点数が加算されて計算される。診療報酬が支払われるためには，登録した保険医（登録医）が，保険医療機関において各関係法規を守り適切な診療を行って初めて診療報酬点数表に基づいて定められた請求を行うことができる。登録医が行った診療行為は，適切に診療録に記載されていることが原則である。

3) 具体的な診療報酬請求の仕組み

診療報酬請求の仕組みの保険診療の概念図は，図表3-1である。

診療報酬は，患者の自己負担を除いて保険者から保険医療機関に支払われる。保険者と保険医療機関の間に審査支払機関という第三者機関が存在する。審査

> **診療報酬**
> 保険医療機関および保険薬局が患者に医療・調剤行為を施行した代償として得る報酬のこと。社会保険における診療報酬は診療報酬点数表（点数表）とよばれる健康保険法の規定による療養に要する費用の額の算定方法により算出される。点数表は医科報酬，歯科報酬，調剤報酬に分類され，各医療行為を点数で表示し，現在1点単価10円として計算されている。保険診療を行った医療機関などの診療報酬の請求は，直接保険者に行わず，各都道府県の社会保険診療報酬支払基金および国民健康保険団体連合会に対して行う。

図表3-1 保険診療の概念図

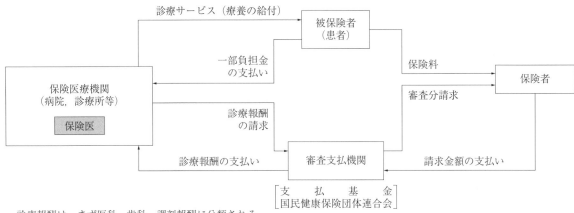

　診療報酬は，まず医科，歯科，調剤報酬に分類される。
　具体的な診療報酬は，原則施した医療行為ごとにそれぞれの項目に対応した点数が加算されて計算され（いわゆる「出来高払い制」），1点の単価は10円である。例えば，盲腸で入院した場合，初診料，入院料×入院日数，盲腸の手術代，検査料，薬剤料と加算され，医療機関は，その合計額から患者負担分を差し引いた額を支払基金等から受けとることになる。
出所）『厚生労働白書（平成19年版）』資料編，2007年，p.34

療養の給付

　健康保険における保険給付のひとつ。被保険者の業務以外の事由による疾病または負傷について，保険医療機関・保険薬局（以下，保健医療機関等）で，①診察，②薬剤または治療材料の支給，③処置・手術その他の治療，④居宅における療養上の管理およびその療養にともなう世話その他の看護，⑤病院または診療所への入院およびその療養にともなう世話その他の看護をうけることができる。被保険者は療養の給付をうける場合，保険医療機関等に被保険者証を提出し，定率や定額の一部負担金を支払い，治るまで治療を受けることができる。なお，75歳以上高齢者および65歳以上75歳未満の一定の障害がある者などは，後期高齢者医療制度の医療をうける。

　支払機関は，社会保険の健康保険では社会保険診療報酬支払基金とよばれ，国民健康保険は国民健康保険団体連合会とよばれている。保険医療機関は，毎月患者ごとに診療報酬明細書（レセプト）を作成して診療報酬請求書とともに審査支払機関に提出している。診療報酬明細書は，審査支払機関で点検を受けることになり，保険医療機関で診療報酬点数表と薬価基準で診療報酬を正確に請求しているかどうかを点検している。
　点検の結果，診療報酬明細書に疑義があると保険医療機関に返戻され，保険医療機関は，修正して再請求を行う必要が生じてくる。診療報酬明細書の診療報酬点数表と薬価基準とが合っていない場合は，査定されて減点されることとなる。

4）診療報酬点数の例

　患者が，医療保険証を提示し保険医療機関で診察，検査，処置，手術，投薬を受けると，診療報酬点数表に基づいて計算が行われて，患者は，それぞれ加入している医療保険に応じた自己負担を医療機関の窓口で支払う。医療機関は，それ以外の医療費を診療報酬として保険者に請求する。診療報酬点数は，保険で受けられる医療の範囲と価格が決められている。保険で決められている範囲の医療を超えると，診療報酬として請求しても査定又は，返戻される。診療報酬点数の例が図表3-2に記載されている。診療報酬点数の例は，基本診療料と特掲診療料，入院時食事療養である。

図表3-2 診療報酬点数の例

基本診療料	初診料			282 点
	再診料	再診料（200床未満の病院）		72 点
		外来診療料（200床以上の病院）		73 点
	入院料	基本料	○病棟等の類型別に9種類の入院基本料を規定 　（一般病棟入院基本料，療養病棟入院基本料，精神病棟入院基本料，結核病棟入院基本料，有床診療所入院基本料等） ○同一類型の入院基本料は看護配置基準，平均在院日数等により区分 　（例）一般病棟入院基本料7対1入院基本料（1日につき）	1,591 点
			○入院期間に応じて初期加算，長期減算 　（例）一般病棟入院基本料7対1入院基本料の場合 　　・入院後～14日以内 　　・15日以上～30日以内	450点加算／日 192点加算／日
		入院基本料加算	○医療機関の機能に応じて加算項目を規定 　（例）総合入院体制加算1	240 点
		特定入院料	○包括払いを原則とする20の入院料を規定 　（例）救急救命入院料1（1日につき）（3日以内）	9,869 点
特掲診療料	医学管理等	（例）特定疾患療養管理料（診療所の場合）		225 点
	在宅医療	（例）往診料		720 点
	検査	（例）尿中一般物質定性半定量検査 （注）検査の際の薬剤料等は別途加算		26 点
	画像診断	（例）写真撮影・診断（単純，胸部） （注）フィルム，造影剤等は別途加算		145 点
	投薬	（例）薬剤料 　　　調剤料　（外来）（内服薬・頓服薬） 　　　処方料（細分化されている） 　　　処方せん料 　　　調剤技術基本料（入院中の患者以外の場合（月1回））		別途薬価基準による 9 点 42 点 68 点 8 点
	注射	（例）注射料（皮下，筋肉内注射） 　　　薬剤料		18 点 別途薬価基準による
	リハビリテーション	（例）心大血管疾患リハビリテーション料（20分）		205 点
	精神科専門療法	（例）標準型精神分析療法		390 点
	処置	（例）創傷処理（100平方センチメートル未満） （注）薬剤料，材料費等は別途加算あり		45 点
	手術	（例）虫垂切除術（虫垂周囲膿瘍を伴わないもの） （注）薬剤料，材料費等は別途加算あり		6,210 点
	麻酔	（例）閉鎖循環式全身麻酔（2時間まで）		6,100 点
	放射線治療	（例）体外照射（エックス線表在治療（1回目））		110 点
入院時食事療養	入院時食事療養（Ⅰ）（1日につき） 標準負担額（患者負担金）（1食につき）			640 円 260 円

注）1点の単価は10円
出所）清水尊『診療点数早見表』医学通信社，2014年をもとに作成

5）保険医療機関の登録取り消し

　診療報酬の請求の不正や療養担当規則違反があった場合，都道府県は，保険医療機関の指定，保険医の登録を取り消すことができる。

2 診療報酬と医療機関の関係

　医療費適正化（抑制）政策により，医療機関は急性期と慢性期に分けられてきた。急性期においては，診療報酬により在院日数が短縮された。慢性期においては，診療報酬が包括制になり患者の医療依存度や投薬の種類や量によって入院に限界があり，入院期間が制限されている。急激な医療機能分化により，患者や医療関係者は，2年ごとに改定される診療報酬の変化に大きな影響を受けているのが実情である。医療機関の機能分化と在院日数の短縮は，診療報酬を複雑にして医療現場は混乱を起こしている。

(1) 医療施設の分類
1) 病　院
　病院は，20人以上の患者を入院させる施設と決められており，一定の設備や職員の配置基準がある。医療施設に入院すると入院料があり，入院料には，入院基本料がある。入院料は，1日の入院の入院基本料に手術，処置，投薬，検査等の点数を計算して算定する。入院基本料は，入院医療の環境と看護を評価したものである。入院基本料は，病棟の類型，平均在院日数，看護配置と看護師比率で決まる。

2) 介護老人保健施設
　介護老人保健施設は，介護保険法に規定される施設である。介護保険の認定を受け要介護度が，1から5でないと入所できず，一定の設備や配置基準がある。この施設は，病状が安定し，入院治療の必要はないが看護やリハビリ等の医療を必要とする要介護者に必要とされる医療ケアと生活ケアを提供する。施設で提供される医療ケアと生活ケアは，「介護保険施設サービス」といい具体的には①看護，②医学管理の下の介護・機能訓練，③その他必要な医療，④日常生活の世話である。療養病棟から療養型介護老人保健施設に転換した場合，医療ニーズの高い入所者が多いので①看護職員による夜間の日常的な医療処置，②看取りへの対応，③急性憎悪時の対応等の必要な機能が付加されている。

3) 診療所
　診療所は，患者を入院させる施設をもたない所（無床診療所）と19人以下の患者を入院させる施設（有床診療所）の2種類がある。

4）助産所

助産師が，妊婦，産婦を対象に業務を行う所であり，9人以下の人が入所する施設である。

（2）病院分類
1）特定機能病院

特定機能病院は，1993（平成5）年に，医療法に位置づけられ，厚生労働大臣の承認が必要であり，大学医学部付属病院がほとんどである。承認の要件は，① 高度な医療を提供する能力，② 高度な医療技術の開発，評価を行う能力，③ 高度な医療の研修を行う能力等を有する。その他に入院施設を有し人員，施設，設備，記録等が定められている。

2）地域医療支援病院

1997年第3次医療法改正で医療の機能分化が進められてきたが，その時に法的に位置づけられたのが，地域医療支援病院で，都道府県知事の承認が必要である。地域医療支援病院の目的は，かかりつけ医やかかりつけ歯科医の支援を通じて地域医療の充実を図ることである。地域医療支援病院として認定される要件は，① 原則，200床以上である，② 他の医療機関からの紹介率と逆紹介率が次の条件のひとつに該当すること。ア．紹介率80％以上，イ．紹介率65％以上かつ逆紹介40％以上，ウ．紹介率50％以上かつ逆紹介70％以上である。③ 地域の医療機関の医師が，病院の施設や設備を共同で利用できる，④ 24時間の救急医療体制がとられている，⑤ 地域の医療従事者に研修を行う能力がある，⑥ 要件を満たした設備を有することである。かかりつけ医やかかりつけ歯科医は，地域医療支援病院と連携するためには，登録する必要があり，登録することにより，初めて地域医療支援病院と連携することができる。地域医療支援病院には，地域医療連携室という窓口があり，地域連携係（事務），看護相談係（看護師），医療福祉相談係（MSW）等の担当が配置されている。

（3）病棟の分類
1）一般病棟

一般病棟は，治療を必要とする患者を入院させる病棟である。一般病棟入院基本料は，図表3-3のとおりである。一般病棟入院基本料は，平均在院日数，看護配置，看護師比率，入院日数で入院基本料が変わる。入院日数が延びると入院基本料が低額になっていくので，患者を効率的に退院させることが病院の目標になる。2006年に入院基本料の7対1（看護7に患者1）病床が制度化された。7対1病床が，36万床に増加したため医療費が膨張した。国は，7対1病床を削減するために2014年度の診療報酬改定で資格条件を厳しく設定した。

図表3-3　入院基本料及び入院基本料への加算（1日につき）

入院基本料		算定点数				看護必要度	急性期看護補助体制(14日限度)・看護補助加算	看護職員夜間配置加算(14日限度)	外泊点数
		救急・在宅初期加算	14日以内	30日以内	30日超				
7対1入院基本料		2,041	1,783		1,591	15%以上（基本料届出要件）	25:1(5割以上) +160 25:1(5割未満) +140 50:1 +120 75:1 + 80 夜間補助 25:1 + 35 50:1 + 25 100:1 + 15	12:1 +50	239
10対1入院基本料		1,782	1,524		1,332	15%以上 +30 10%以上 +15 （看護必要度加算※）			200
13対1入院基本料		加算有 1,701 加算無 1,551	1,313		1,121	+5（看護必要度評価加算※）	30:1 +109 50:1 + 84 75:1 + 56	—	168
15対1入院基本料	看護師7割以上	加算有 1,572 加算無 1,422	1,164		972	—			144
	看護師4割以上	加算有 1,560 加算無 1,410	1,152		960	—			
特別入院基本料		884	739		584	—	—		88

注）1. 上記「算定点数」は，入院期間による加算，看護配置加算（15対1のみ），救急・在宅等支援病床初期加算を加えた点数である。
2. 13対1，15対1入院基本料で，他院で新生児特定集中治療室退院調整加算1又は2を算定した患者を入院させた場合は，重傷児（者）受入連携加算（2,000点・入院初日）が算定できる。
3. 90日超患者は，①上記30日超の点数を算定して平均在院日数の計算対象とするか，②届出を行い，療養病棟入院基本料1を算定して平均在院日数の計算対象としないか，を病棟単位で選択する。ただし，2014年9月30日までは，この取扱いは13対1と15対1病棟に限られ，その他の病棟では，特定患者は特定入院基本料（939点（特別入院基本料の場合は790点））を，特定除外患者は届出入院基本料を算定する。

出所）全国保険医団体連合会『点数表改定のポイント』2014年，p.501

主な条件は，①看護職員が入院患者の70%以上，②平均在院日数が18日以内，③重症度，医療・看護必要度の基準を満たす患者が15%以上入院，④常勤医師が入院患者の10%以上，⑤退院患者の内，自宅，回復期リハビリテーション病棟，地域包括ケア病棟，療養病棟（在宅復帰機能加算届け出）居住系介護施設，介護老人保健施設（在宅強化型・在宅復帰・在宅療養支援機能加算届け出）に退院した割合75%以上等である。

2）療養病棟

長期にわたり療養の必要な患者が，入院して医療，看護，介護リハビリテーションを受けている。療養病棟は，医療保険型と介護保険型に分かれている。療養病棟は，一定の施設基準（病室は，一般病棟の1.5倍の広さ）や人員配置等の規定がある。2004（平成16）年4月からは，一般病棟から医療保険適用の療養病棟まで，入院期間が原則180日以上の長期に入院している患者は，一部実費の自己負担がある。2006（平成18）年からは，2つの包括の診療報酬から，医療3区分，ADL（activities of daily living：日常生活動作）3区分に診療報酬が

分類された。このことで療養病棟の運営は，厳しくなっている。2006（平成18）年厚生労働省は，全国の療養病床約38万床を2012（平成24）年までに約15万床削減を決定した。介護型の療養病床約13万床は全廃の予定である。介護型の療養病棟は，介護老人保健施設等への転換を図るよう進めているが，部屋の広さ等に問題があり転換は進んでいない。2008（平成20）年全国の療養病床の現状を調査したところ，療養病棟の必要性が高いとの理由で削減の数を見直す方向になっている。

3）地域包括ケア病棟新設

亜急性期病棟は，2004（平成16）年に新設されたが，2014（平成26）年9月30日をもって廃止された。地域包括ケア病棟は，2014（平成26）年度の改定で，亜急性期病棟に代わり，急性期の医療機関から，急性期後の患者を受け入れるために新設された。地域包括ケア病棟は，60日を限度として算定され，7割以上の在宅復帰率があること等が条件になっている。地域包括ケア病棟入院料1は，1日2,500点，入院料2は，2,000点である。

4）回復期リハビリテーション病棟

2000（平成12）年4月の診療報酬で回復期リハビリテーション病棟（以下，回復期リハ病棟）が新設された。回復期リハ病棟は，集中的に訓練することにより，早期の身体の機能の回復と寝たきりの予防，自宅への社会復帰を早めることを目的としている。回復期リハ病棟は，医師，看護師，理学療法士（以下，PT），作業療法士（以下，OT），言語療法士（以下，ST）がチームを組んで共同でプログラムを作成している。

回復期リハ病棟は，①リハビリの必要な患者が8割以上入院している，②リハビリテーション科の医師，OT，PT，看護師が適切に配置されている等の入院料に関する施設基準が，規定されている。

開設当初の回復期リハ病棟は，診療報酬点数が高かったため医療機関は，次々に増やしていった。2006（平成19）年からは，疾患別に入院期間が限定された。2008（平成21）年からは，急激な高齢化で脳卒中の患者の増加に対応するために質の評価を行うために成果主義が取り入れられた。回復期リハ病棟の対象は，①脳血管疾患・脊髄損傷・頭部外傷，くも膜下出血のシャント手術後，脳腫瘍，脳炎，急性脳症，脊髄炎，多発性神経炎，多発性硬化症，腕神経叢損傷病等の発症後もしくは手術後の状態，または義肢装着訓練を要する2ヵ月以内の状態（算定開始日から150日限度），②大腿骨・骨盤・脊椎・股関節もしくは膝関節の骨折または二肢以上の多発骨折の発症後又は手術後2ヵ月以内の状態（算定開始日から90日限度），③外科手術または肺炎等の治療時の安静により廃用症候群を有しており手術後または発症後の2ヵ月以内の状態（算定開始

日から90日限度),④大腿骨・骨盤・脊椎・股関節の神経,筋又は靭帯損傷後1ヵ月以内の状態(算定開始日から60日を限度)である。⑤股関節または膝関節の置換術後の1ヵ月以内(算定開始後90日を限度)回復期リハ病棟の入院料は,施設基準で入院料1は1,690点,入院料2は1,595点,入院料3は1,657点が設定されている。

5) 緩和ケア病棟

緩和ケア病棟は,悪性腫瘍又は後天性免疫不全症候群の患者が対象である。入院期間は,約2から3カ月間である。在宅への円滑な移行も支援する病棟としても位置づけられている。告知されていることが前提となる。緩和ケアを必要としない患者は,対象にならない。がんに対する積極的な治療は行わないので患者・家族の理解が必要である。有料の個室が半数あるため経済的な負担の了解も必要になる。緩和ケア病棟は,常勤の医師が1名以上で看護配置は,常時7対1以上(夜勤看護師2名以上)である。病室の面積は,患者1人当たり30㎡以上あることが条件になる。緩和ケア病棟の診療報酬1は,1日,4,926点(～30日),診療報酬2は,4,412点(31～60日),診療報酬3は,3,384点(61日以上)である。

(4) 入院時食事療養費

1994(平成6)年入院時の食事代が,医療費抑制のため診療報酬から切り離される。入院時食事療養費と入院時生活療養費一覧表は,図表3－4のとおりである。入院時の食事療養にかかる標準負担額(自己負担額)一覧表は,図表3－7のとおりである。療養病床入院時の生活療養に係わる標準負担額(自己負担額)一覧表は,図表3－5である。疾病を治療する直接手段として,医師が発行する食事箋に基づく治療食については,保険が適用される。入院食事療

療養病床

病院の病床または診療所の病床のうち一群のものであって,主として長期にわたり療養を必要とする患者を収容することを目的とする病床。1992(平成4)年の医療法の改正により設けられた。一般の病院の基準よりも看護師や介護スタッフの数が多く,1人当たりのベッドスペースが広くとられており,また談話室や浴室を備えるなど,長期療養患者に対する配慮がなされている。介護保険制度の導入により,介護保険制度適用の「介護療養型医療施設」と医療保険制度適用の「療養病床」に分けられた。なお,今後介護療養型医療施設は廃止,療養病床は削減されることとなっている。

図表3－4 入院時の食事療養にかかる標準負担額(自己負担額)一覧表(1日につき3食を限度)

2014年4月現在

一般(70歳未満)	70歳以上の高齢者	標準負担額(1食当たり)	
上位所得者(限度額区分A)	現役並み 一般	260円	
一般(限度額区分B)			
低所得者(限度額区分C)	低所得者Ⅱ	90日目までの入院	210円
		91日目以降の入院(長期該当者)	160円
該当なし	低所得者Ⅰ(老齢福祉年金受給権者)	100円	

注)1. 低所得者に該当する場合は,(減額対象者の)申請に基づき,保険者(後期高齢者の場合は広域連合)が「標準負担額減額認定証」を交付する。
　2. 長期該当者となる場合は,新たに申請を行う。
　　長期該当者の要件:「減額申請を行った月以前の12ヵ月以内の入院日数が90日を超える者」をいう

出所)『診療報酬点数早見表』医学通信社,2014年,p.838

図表3-5 療養病床入院時の生活療養にかかる標準負担額（自己負担額）一覧表

70歳未満	70歳以上（高齢受給者・後期高齢者）		標準負担額
上位所得者（限度額区分A）一般の患者（限度額区分B）	①現役並み所得者・一般の患者（②に該当しない者）	入院時生活療養（Ⅰ）を算定する保険医療機関に入院している者	320円（1日）+ 460円（1食）
		入院時生活療養（Ⅱ）を算定する保険医療機関に入院している者	320円（1日）+ 420円（1食）
	②重篤な病状又は集中的治療を要する者（低所得者Ⅱ・Ⅰ以外）		0円（1日）+ 260円（1食）
低所得者（限度額区分C）	③低所得者Ⅱ（④に該当しない者）		320円（1日）+ 210円（1食）
	④低所得者Ⅱ（重篤な病状又は集中的治療を要する者）	規則第105条の規定による申請を行った月以前の12月以内の入院日数が90日以下の者	0円（1日）+ 210円（1食）
		規則第105条の規定による申請を行った月以前の12月以内の入院日数が90日を超える者	0円（1日）+ 160円（1食）
	⑤低所得者Ⅰ（⑥⑦に該当しない者）		320円（1日）+ 130円（1食）
	⑥低所得者Ⅰ／老齢福祉年金受給者（⑦に該当しない者）		0円（1日）+ 100円（1食）
	⑦低所得者Ⅰ（重篤な病状又は集中的治療を要する者）		

備考）1. 70歳未満の「低所得者」は、70歳以上の「低所得者Ⅱ」に相当する。「低所得者Ⅰ」は70歳以上のみ適用。
2. 「重篤な病状又は集中的治療を要する者」〔「厚生労働大臣が定める者」（平18.9.8告示488）〕とは、①A101療養病棟入院基本料の入院料A～Fを算定する患者、②A109有床診療所療養病床入院基本料の入院料A・B・Cを算定する患者、③A308回復期リハビリテーション病棟入院料を算定する患者、④A400短期滞在手術基本料2を算定する患者。
出所）図表3-4に同じ、p.839

養費及び入院生活療養費に特別食が加算される。

（5）診断群分類別包括評価（DPC/PDPS）

2014（平成26）年の改定で、DPC対象の診断群分類は、2309分類ある。診断群ごとに1日の一定の基本医療費が設定される。基本医療費は、最も効果的・効率的な診療でその疾患を治療した多くの病院の実績で厚生労働省が設定している。DPCは、従来の出来高の計算方法から包括評価と出来高評価を合計する方法で計算を行う。出来高計算方法は、診療内容である入院基本料、投薬料、注射料、検査料、画像診断料、処置料、手術・麻酔料、リハビリ、放射線治療を積み上げて計算する方法である。

包括評価の計算方法は、包括評価部分である入院基本料、投薬料（退院時処方除く）、注射料、検査料（一部除く）、画像診断料（一部除く）、処置料（一部除く）、に出来高評価部分である処置料（1,000点以上）、手術・麻酔料、リハビリ、内視鏡、放射線治療をプラスする。

包括評価の部分は、診療内容に関係なく疾病群別に1日の包括金額が設定される。包括評価には、医療機関別係数があり、調整係数と機能評価係数がある。包括対象患者1人ごとに1日当たりの点数に医療機関別係数、入院期間、10円をそれぞれ掛けて算定される。

3 診療報酬制度改正の動向と課題

　2005（平成17）年，政府は，急速な少子高齢化，経済の低成長，国民の意識の変化等で国民皆保険を維持するために医療制度改革大綱を作成した。2006（平成18）年医療制度改革関連法規が国会で決定した。その後，リーマンショックによる不況，少子高齢化の進展，税収不足により2008（平成20）年，2010（平成22）年，2012（平成24）年，2014（平成26）年の診療報酬改定によって医療費の適正化（抑制）が進められている。

(1) 持続可能な医療制度への再構築
1) 医療費の適正化（抑制）
　医療費が増大しないよう経済財政と均衡がとれたものにしていくことが必要である。そのためには，国民が負担可能な保険料や医療費を自己負担にしていく仕組みを導入する必要がある。

　生活習慣病の糖尿病，高血圧症，高脂血症等の患者や予備群をいかに予防し減らしていくかという取り組みが必要になってくる。平均在院日数の短縮を図る等計画的に医療費を適正化してくことが求められている。

2) 地域連携体制の強化
　2006（平成18）年，大腿骨頚部骨折の地域連携パスによる医療機関の連携が，地域連携診療計画管理料として評価された。地域連携パスを活用することで，より医療機関同士の情報を共有し効率的な連携を行うことが進みつつある。2008（平成20）年の大腿骨頚部骨折とともに脳卒中も地域連携診療計画管理料（900点）が対象疾患になったが，今後は糖尿病やがんの疾患等にも拡大される方向である。

(2) 都道府県単位の医療保険者の再編統合
1) 国民健康保険
　国民健康保険は，市町村単位で運営されているが，都道府県単位の保険運営を推進する。

2) 協会けんぽ
　協会けんぽは，国と切り離し全国単位の公法人を保険者として2008（平成20）年10月に設立された。都道府県の医療費の実情に応じて保険料率を設定し，財政運営は，都道府県単位を基本とする。

3) 健康保険組合

　健康保険組合は，企業ごとに運営されているが，都道府県内における健康保険組合を再編・統合して企業・業種を超えた地域型保険組合の設立を認める。

(3) 2008（平成20）年診療報酬の主な改定

1) 産科・小児科等の病院勤務医の負担軽減を行った。急性期病院の医師の労働時間は，長時間に及ぶため過労状態になり退職者が増加してきた。勤務医の負担軽減を図るため①産科・小児科へ診療報酬を重点評価した。②診療所の「夜間・早朝等加算」を新設した。軽症の救急患者を診療所で対応するようにした。③勤務医の事務作業の負担を軽減するために外来クラーク（事務員）病棟クラークを配置できるように医師事務作業補助体制加算を新設した。

2) 新たな高齢者医療制度の創設を行った。2008（平成20）年より高齢者の心身の特性，生活実態等を踏まえ，新たな高齢者医療制度がはじまった。70歳から74歳を前期高齢者と呼び75歳以上を後期高齢者と呼ぶ。

3) 前期高齢者医療制度を新設した。前期高齢者は，国民健康保険や全国健康保険協会（協会けんぽ）の制度に加入する。

4) 後期高齢者医療制度を新設した。後期高齢者の保険料，国民健康保険や全国健康保険協会（協会けんぽ）からの支援と公費を財源とする独立した保険である。今後は，後期高齢者の増加で保険料の総額の負担割合を高めた。現役世代の負担の軽減を図った。

　保険料は，市町村で徴収し，財政運営は，都道府県単位で全市町村が加入し広域連合で行った。保険料は，高齢者の年金から天引きを行う。保険料の年金からの天引きは，高齢者から多くの批判があり，見直しが検討された。

(4) 2010（平成22）年診療報酬の主な改定

1) 救急医療の評価の充実を図った。充実した救急救命センターの評価，二次救急医療機関における入院医療の充実，手厚い急性期入院医療を評価する。

2) 産科・小児医療の評価を充実させた。ハイリスク妊産婦管理の充実・拡大，緊急搬送された妊産婦の受け入れの評価を行った。

3) 介護支援専門員（ケアマネジャー）との連携を評価した。入院中の医療機関の医師等とケアマネジャーが共同して患者に対し，退院後に利用可能な介護サービス等について指導を行った場合の評価を新設した。

(5) 2012（平成24）年診療報酬の主な改定

1) 2025（平成37）年の医療提供体制は，病床を増やさないで乗り切ることを目標にしているため，在院日数の短縮や在宅医療への誘導が診療報酬で政策的に行われた。
2) 医療の機能分化をより進めるための点数設定，入院患者を速やかに在宅等に退院させるために，機能及び連携強化に点数が設定された。
3) 入院点数では，「看護必要度」「平均在院日数」「重症者受け入れ率」「在宅復帰率」などの施設基準が強化された。
4) 在宅での看取りを含めた在宅医療推進のために機能を強化した在宅療養支援診療所・支援病院を新設した。
5) 退院調整加算を算定する条件として入院7日間での退院困難者を抽出し，その間に退院支援計画書を着手することが必要となった。
6) 患者サポート体制の充実した医療機関の評価を新設した。患者からの相談窓口を設置し，専任の看護師，社会福祉士等を配置していることが条件となっている。

(6) 2014（平成26）年診療報酬の主な改定

1) 7対1病床が増加し，9万床削減することが方針になった。
2) 急性期病院からと地域の二次救急患者の受け入れを円滑に進めるために，亜急性期病棟を廃止して地域包括ケア病棟を新設した。
3) 在宅医療で不適切と考えられる在宅者訪問診療料の算定が厳しくなり，同一建物居住者の場合の点数が大幅に引き下げられた。

4 診療報酬制度の実施

(1) 多様な居住の場における在宅療養

　介護保険の対象である施設も，看取りを増やすため往診や訪問看護の対象になった。自宅以外の多様な居住の場での在宅医療が，2006（平成18）年の診療報酬で対象が拡大された。対象は，末期の悪性腫瘍及び難病等でケアハウス，有料老人ホーム，グループホーム，介護老人福祉施設等に入所している高齢者に，往診や訪問看護の診療報酬の算定ができることとなっている。

(2) ターミナル・ケアを支援する診療報酬制度

　高齢者ができる限り住み慣れた自宅や地域の施設で療養しながら生活でき，また自宅で最後を迎えることも選択できるよう，ターミナル・ケアを支援する在宅療養支援診療所の診療報酬が2006（平成18）年に新設された。

ターミナル・ケア（terminal care）

終末期ケアとも呼ばれる。死が間近に迫った末期患者と，その家族・近親者を対象とする。ケアの内容には，①身体的苦痛を緩和する，②死に対する不安や葛藤，恐怖などをやわらげて精神的安定を促す，③自己実現と生活の質の向上に向けて援助する，④家族にケアへの参加を促し，患者との別れの受容を援助する，ことなどがある。医師，看護師，ソーシャルワーカー，カウンセラー，宗教家などで構成された対人援助の学際的なチームが編成されなければならない。ホスピスだけでなく，一般病棟や，施設，在宅などで死に臨む場合でも，こうしたケアの必要性は高い。

1）在宅療養支援診療所

　在宅療養支援診療所は，在宅医療で中心的な役割を担う。必要に応じて他の病院，診療所，薬局，訪問看護ステーション等と連携して，24時間往診及び訪問看護等を提供できることが条件となり，この条件を満たすと緊急の往診や終末期の看取りの診療報酬が引き上げられることになる。

2）退院に関わる診療報酬

　退院に関わる診療報酬として次の診療報酬がある。2008（平成20）年，退院支援計画書の作成，退院支援調整，後期高齢者総合評価，後期高齢者退院調整の加算等の算定が評価された。施設基準として病院には，入院患者の退院に関わる調整・支援に関する部門が設置された。2014（平成26）年までの診療報酬改定で退院調整の経験を有する専従の看護師，専従の社会福祉士が退院調整の業務に従事していることが条件になっている。社会福祉士等が退院調整できる主な退院に関わる診療報酬を，図表3－6にまとめた。

3）訪問看護に関わる診療報酬

　訪問看護のターミナル・ケアの支援体制を充実することを評価した。

図表3－6　MSWの関係する主な項目と点数一覧

(2014（平成26）年4月現在)

A238　※注 1．退院調整加算	退院調整加算1	イ	14日以内	340点
		ロ	15日以上30日以内	150点
		ハ	31日以上	50点
	退院調整加算2	イ	30日以内	800点
		ロ	31日以上90日以内	600点
		ハ	91日以上120日以内	400点
		ニ	121日以上	200点
	地域連携計画加算		退院後の医療機関や訪問看護ステーション等と地域連携診療計画と同等文書の共有	300点
A238-3 2．新生児特定集中治療室退院調整加算	新生児特定集中治療室退院調整加算1（退院時1回）			600点
	新生児特定集中治療室退院調整加算2	イ	退院支援計画作成加算（入院中1回）	600点
		ロ	退院加算（退院字1回）	600点
	新生児特定集中治療室退院調整加算3	イ	退院支援計画作成加算（入院中1回）	600点
		ロ	退院加算（退院時1回）	600点
B005-1-2　3．介護支援連携指導料（入院中に2回算定可能）				300点
B005 4．退院時共同指導料2				300点
	入院中の医師と在宅療養を担う医師加算			300点
	入院中の医師と在宅療養を担う対三者加算			2,000点
B005-2 5．地域連携診療計画管理料				900点
	B005-3 地域連携診療計画退院時指導料（Ⅰ）			600点
		地域連携診療計画退院計画加算		100点
	B005-3-2　地域連携診療計画退院時指導料（Ⅱ）			300点

注）診療報酬点数表における区分番号
出所）向山憲男監修，黒木信之編著『診療科別医療福祉相談の本 第6版』日総研，2014年，p.188

① 訪問看護ターミナル・ケア療養費
② 在宅患者訪問看護・指導料・在宅ターミナル加算

おわりに

　診療報酬は，医療機関の経営を大きく左右する。国の財政危機から，ここ10年の間の診療報酬の改定は，マイナス改定の歴史である。医療機関は，機能に応じて，経営努力をしないと赤字経営となり，縮小や倒産を余儀なくされる。MSW が医療機関に雇用される数は増えており，医療機関の機能分化の中で，医療費の未収の防止，権利擁護支援や退院支援のための連携の中心者として経営戦略の大きな役割を担っている。MSW が退院支援を行う時に診療報酬の理解なしに業務を行うことはできない。消費税が，2014（平成26）年4月より5％から8％に引き上げられたが，診療報酬はマイナス改定であった。国は，社会保障・税の一体改革により，団塊の世代が75歳を超える2025（平成37）年に向けて医療費の抑制を行うために「病院完結型から地域完結型」に医療提供体制を構築する方針である。地域完結型は，地域包括ケアシステムを構築することである。地域包括ケアシステムは，ニーズに応じた住宅が提供され，生活上の安全・安心・健康を確保するために，医療，介護，予防，福祉サービスを含めた様々な生活支援のサービスが日常生活の場で適切にできるような地域での体制である。診療報酬は国の医療政策を具体化していることでもあり，MSW が診療報酬について学ぶことで，国の医療政策を学ぶことができ，医療機関や患者・家族からどのような業務を期待されているか理解することができる。

参考文献
　全国保険医団体連合会『医療保険と診療報酬』東銀座印刷出版，2002年
　村上須賀子・大垣京子編『実践的医療ソーシャルワーク論（改訂第2版）』金原出版，2009年
　厚生労働省『厚生労働白書（平成26年）』2014年
　青山美智子『診療報酬完全攻略マニュアル08－09年版』医学通信社，2008年
　全国保険医団体連合会『点数表改定のポイント』2008年，2012年，2014年
　『国民衛生の動向（2013/2014）』厚生労働統計協会，2013年
　向山憲男監修，黒木信之編著『診療科別医療福祉相談の本　第6版』日総研，2014年
　清水尊『診療点数早見表』医学通信社，2014年4月版

> **プロムナード**
>
> 　病院の機能分化と退院援助　ここ10数年間の医療機関の変化はめまぐるしく，まず1998年の診療報酬改定によって，入院患者の「平均在院日数」は一般病院全体に「守るべき必須項目」として登場し，これを守らなければ病院全体が減収を受ける仕組みになってきました。また患者側からは，2002年の「特定療養費」の一つとして，通算180日以上入院すると，患者個人の事情による入院とされ（選定療養），診療報酬の入院基本料の15％は自己負担となりました。退院は自宅への軽快退院よりも転院が多く，転院先は（機能分化された，高度先進医療を司る特定機能病院や地域医療支援病院等，その対極にある）療養病床等となります。患者の側に立つ退院援助が困難な現状です。

学びを深めるために

『社会保障の手引（平成26年版）』中央法規，2014年
　社会保障に関するすべての事柄を解説している好著。

福祉の仕事に関する案内書

向山憲男監修，黒木信之編著『診療科別医療福祉相談の本　第6版』日総研，2014年
　将来にMSWを目指す方にとって医療相談の実践がわかる良書である。

第4章

保健医療サービス関係者との連携と実際

1 医師，保健師，看護師等との連携の方法

(1) 保健・医療の専門職と連携

近年，保健医療福祉の領域では，職種や機関を越えた連携の重要性が認識されるようになり，チーム医療が推進されるようになった。医療の仕事の専門分化が進んだことで多くの専門職が生まれ，その地位を確立していったこと，また医療の中でも患者主体の考え方が浸透するようになり，患者の多様で複雑なニーズを満たす必要が生まれたこと等が，その背景にある。そうしたニーズに対応するため，一人の患者に多くの職種が携わるようになったことで，職種間の連携が欠かせないものとなった。

チーム医療とは，医師の指示によって業務を行う立場にある保健・医療の専門職が，医師と対等な関係のチームを作り，連携し協力しあって治療に関わっていくことを意味している。それぞれの専門的な視点から支援ができるよう，専門性を尊重したチームを作ることが何より重要である。

かつては医師と看護師がほとんどを占めた病院組織の中には，現在，理学療法士，作業療法士，言語聴覚士といったリハビリテーションを担当する専門職や，薬剤師，放射線技師，臨床検査技師など，医療職だけでも多くの有資格者が働いている。これらの職種のほとんどは，国家資格を有しその役割も明確である。これに加えて，近年は栄養士の他，診療情報管理士，臨床心理士等，さらに多くの専門職が配置されるようになっている。

ソーシャルワーカーはこれらの専門職とは別の系譜をもち，発展してきた職種であるが，保健医療の領域でも長く専門職として貢献してきた歴史を有している。近年，この領域でのソーシャルワーカーの配置が進み，保健・医療と福祉との連携の必要性が高まっている。しかし医療の専門職と同様にチームの一員として認知され，必要性が認識されるようになってから日が浅いこともあり，その役割や専門性が周囲に十分理解されていない面がある。

また在宅の患者を支援する場合には，上述の保健医療の専門職に加えて，ケアマネジャー（介護支援専門員）やホームヘルパーをはじめ，さらに多くの職種や機関とともに仕事を進めていかなければならない。フォーマルな組織だけでなく，ボランティア団体やセルフヘルプ・グループ等のインフォーマルな組織も含めると，ソーシャルワーカーの連携の範囲はますます広がっており，多くの職種や団体と協働する態勢を整えることが求められている。そこでまず必要となるのは，お互いがそれぞれの職種の役割と専門性について，十分な理解をもつことである。

(2) 保健・医療の組織の特性とソーシャルワーカーの位置づけ

社会福祉を専門領域とするソーシャルワーカーは，連携に影響を与えるもの

ケアマネジャー
介護支援専門員。居宅介護支援事業者や介護保険施設に所属し，ケアマネジメント業務や要介護認定の訪問調査の代行，保険支給限度額管理などを行う専門職。保健・医療・福祉分野などの資格を有する5年以上の実務経験者に受験資格が与えられる。

として,保健医療サービスを提供する機関,中でも病院の組織の特性や,そこでのソーシャルワーカーの位置づけ等についても知っておく必要があろう。

病院の組織は,一般にライン型で形成されることが多い。これは,院長や理事長,事務部長等の病院管理者を頂点とするピラミッド構造で,院内の各部門への指揮命令系統が縦に一元化されている点に特徴がある。

病院は,職員のほとんどが専門職で占められることもあり,もともと縦割りの構造になりやすい性質をもっている。医師はその中にあって,病院長や各診療部門を統括する診療部長,各診療科の科長といった管理職としての役割をもつことが多い。加えて医療専門職のほとんどは,医師の指示がなければ医療行為を行うことができない仕組みであるため,医師を頂点としたピラミッド構造が生まれやすい。

病院にソーシャルワーカーが配置されている場合には,他部署と同様に病院長等の病院管理者に直接指示を受ける独立した一部門とされることもあるが,事務部門や診療部門等の一組織として位置づけられることも多い。

事務部や診療部,看護部等に所属した場合,それぞれの部門の長の指示を受けて業務を進めるので,事務職員やリハビリスタッフ,看護師など同じラインに属する職員との関係が築かれやすい。ソーシャルワーク部門としての独立性はやや低くなるが,病院内の組織としてしっかりとラインに組み入れられることで,他職種にも仕事の流れがわかりやすく,チームを形成しやすい面がある。

一方,このラインに属さず,独立した位置づけを与えられる場合もある。たとえば院長付きや,看護部(長),事務部(長)付きといった形式で,ラインの系統の横に例外的にソーシャルワーカーの組織を置くものである。新たにソーシャルワーカーを採用する病院などでよくとられる形式で,組織としての独立性を保ちやすい反面,他の部門のスタッフと直接のつながりをもたないため,チームを作りにくい面もある。

(3) 連携の方法

組織の特性からもうかがえるように,病院内では,さまざまな職種がそれぞれの指揮命令系統の中で仕事をしており,患者に対しても,自身の担当する領域からはたらきかけることに専心することになる。そのため治療や社会復帰をどのように進めてゆくかについて,患者に関わる多数の職種が一堂に会して,情報を共有し,方針を検討する機会が必要となる。

そこで多くの病院では,カンファレンス,またはケースカンファレンスという会議を定期的に開いている。医療チームに属する職種が現在の状況を報告し合い,情報を共有して,一人ひとりの患者の病状や生活上のニーズを確認し,それをふまえて今後の対応を検討する機会である。

ここで医師からは,患者の疾病についての所見や治療内容など,看護師から

> **ケースカンファレンス**
> 「ケース会議」と同義語に使われ,事例報告・検討会議を意味する。1人のクライエントに複数の援助者が関与する場合に不可欠な,援助内容や援助過程に関する共通認識をもつための協議の場である。

はADLレベルや病棟での日常の様子等が報告される。リハビリテーションを受けている患者であれば，理学療法士が運動機能のレベル，作業療法士が生活行動に関わる運動機能のレベル，言語療法士は言語障害の性質や程度についてなどを報告し，さらに患者によっては，他に視能訓練士や栄養士，薬剤師などの職種が関わっていることもあろう。ソーシャルワーカーは，家族の状況や社会的な関係，経済状況などを報告し，たとえば在宅への退院か施設入所かなどの選択にあたっては，患者，家族の希望を代弁する立場に立つこともある。

医療チームのスタッフは，このカンファレンスによって，患者の現在の状況を総合的に把握することが可能となる。そのうえで各職種は，その専門性に基づいて意見を出し合い，治療や社会復帰に向けての支援方針を検討し，決定してゆくのである。

またこうした機能の他に，カンファレンスには，その過程でスタッフ間のコミュニケーションが促進され，協働のための関係が築かれる効果もある。困難な事例に対するストレスは，カンファレンスの場で吐露することで緩和され，またよい結果を得た場合には，その喜びを共有することで，チームの力も高められてゆく。

なお，最近では，このケースカンファレンスに，患者本人や家族が同席することも多くなっている。インフォームド・コンセントの考え方が浸透し，患者，家族が治療チームと直接話し合いながら，自身の病状や予後をよく認識し，どのような治療を受けるのか，どのような生活を送るのかを自ら選択，決定することが尊重されるようになってきた。このような場合，ソーシャルワーカーは専門職の集まる席で，患者，家族がその意思をしっかりと表明できるよう配慮する役割も担っている。

もうひとつ連携の方法として重要なのは，専門職間の記録の共有である。ソーシャルワーカーをはじめ，病院内の専門職はそれぞれの実践を部署ごと記録し，管理してきたが，近年診療録（カルテ）の電子化が進み，他職種の対応についての情報も容易に得られる仕組みを有する病院が多くなっている。

患者に関わるすべての専門職が，それぞれの実践をこの共通の診療録（カルテ）に記すことにより，情報の集約が可能になった。これによって，複数の診療科にまたがる治療や，各職種の対応が一覧できるようになったことの意味は大きい。お互いの動きが把握できれば，医療チームとしての連携がとりやすくなる。この記録を十分に活用できるよう，ソーシャルワーカーも保健・医療に関する専門用語の理解はもちろん，POR（Problem Oriented Record）など記録の方法についても熟知していることが求められる。

このほかに，入院期間の短縮化や治療の平準化のために，多くの病院で導入されているクリティカルパス（クリニカルパス）も，チーム医療を助けるものとされている。これは主な疾病ごとに，入院から退院までの期間をたとえば1

インフォームド・コンセント (informed consent)
患者またはその家族が，医療行為の性質や結果について十分な情報を得る権利，医療行為をうけるかどうかを自ら判断する権利，およびそれを可能にするための医師による十分な説明義務を前提とした医療行為に関する両者の合意。

POR
問題志向型記録。利用者の問題を ①主観的データ，②客観的データ，③アセスメント，④援助計画の4つ（頭文字をとってSOAPと表記）に分解して記録する方法。医療，とくに看護の分野で用いられることが多い。

クリティカルパス（クリニカルパス）
⇒P.9参照

週間単位に区切り，各段階で行う治療や検査などを表したフローチャートのようなものである。医療チームのスタッフそれぞれが，その時期に担う役割が明確にされ，これを基に医療が進められる。他職種についても，どの時点でどのような仕事を行うのかが容易に理解できる点が優れている。

これは患者や家族に対しても示されるので，これからの治療がどのように進められるのかが具体的にわかり，展望をもつことに役立つ。また自らの治療経過を理解することが可能になることで，患者，家族が主体性をもちやすいというメリットもある。

ソーシャルワーカーもチームの一員として，このパスに自らの役割を書き入れ，これから行うべきことを示す必要がある。しかし現状では，クリティカルパスは，多くが治療のための医学モデルを念頭に作られており，ソーシャルワーカーの支援を組み込むためには，不都合な点もある。患者を生活者として包括的にとらえる，生活モデルの視点を加えたパスに取り組む病院やソーシャルワーカーも出ているが，まだ一般的なものとはなっておらず，この点が今後の課題である。

2　医療チームアプローチの実際

ここでは，ソーシャルワーカーが病院内の医療チームの一員として，他職種と連携して退院支援を行っている様子を事例を通して紹介する。

(1) クライエントの紹介，家族構成

伊藤さん（仮名）は74歳の男性で，妻（68歳）と2人で，穏やかな老後の暮らしを送っていた。長くガラス店を営んでいたが，3年前に廃業してからは，預金と国民年金で生活していた。子どもはおらず，頼りにできる親類も近くにはないが，夫婦仲はとてもよく，特に妻は伊藤さんを頼りに思ってきた。

(2) 支援計画及び経過

① 発症から入院，手術

知合いのガラス店の仕事を手伝いに行った伊藤さんは，足場から転落して脳内出血を起こした。救急車でA市立病院に搬送され，脳外科に入院となる。血腫除去手術を受け，間もなく容体は落ち着いたが，左半身に麻痺が生じた。言語障害はないが，ときどき妻のことがわからなくなったり，意味不明の言葉を発したりすることがある。ベッド上のリハビリから始め，歩行訓練に入ったところで，B病院の回復期リハビリテーション病棟に転院することになった。

回復期リハビリテーション病棟は，受け入れ可能な疾患や入院期間が定められており，伊藤さんのような頭部外傷や脳血管疾患は，180日までとされてい

地域連携クリティカルパス

発症後間もなくの急性期から、リハビリ等を行う回復期、生活機能の維持をはかるための維持期まで、切れ目のない治療を受けられるようにするための診療計画表。転院先の病院に送ることで、患者の情報を共有し、同じ目標に向かって治療を進めることができる。また、大腿骨頸部骨折、脳卒中の患者については、これを作成する医療機関が平均在院日数等の条件を満たせば、診療報酬の対象となる。

る。また、A市立病院では転院にあたり地域連携クリティカルパスを作成し、B病院に送った。これにより地域連携診療計画管理科の請求ができる。

② B病院入院時カンファレンス

伊藤さんの転院後、B病院では、早速、主治医、看護師、理学療法士、作業療法士、言語療法士、栄養士、薬剤師、ソーシャルワーカーが参加して、伊藤さんについての最初のカンファレンスが開かれた。主治医から、発症から現在までの経過の説明があり、リハビリテーションの計画が検討された。

ソーシャルワーカーは、可能なら自宅退院したいという現時点での妻の希望を伝え、歩行器などを使用しての室内歩行が可能な状態をゴールとすることになった。入院期間は6ヵ月を目途とし、その間に各職種が行うべきことをクリティカルパスに示し、主治医から患者本人と妻に説明する予定が組まれた。

③ 回復期リハビリ病棟入院後の経過

B病院では、ほぼ毎日入院患者に対するカンファレンスが行われており、リハビリの進行や入院期間などによって、その日取り上げる患者が選ばれている。伊藤さんについてのカンファレンスは、月に1度の頻度で行われていった。

入院後のリハビリは、クリティカルパスに沿って順調に経過していた。3ヵ月程で歩行器を使用しての歩行が何とか可能になり、少しずつ歩行距離を延ばすための訓練を行っていた。妻は、病棟の看護師から着替えや清拭の指導を受け、徐々に夫の世話を積極的に行うようになっていた。薬剤師からは、処方されている薬について詳しく説明を受け、栄養士から誤嚥を防ぐための食事の工夫について指導を受けるなど、在宅介護のための知識を増していった。カンファレンスでは、妻が少しずつ自信をつけていることが報告された。

見当識障害

見当識とは、自分と他者あるいは周囲との関係や自分が何者であるかについての基本的認識である。これに障害があると、今日が何年何月何日か、今は昼か夜か等がはっきりしない時間的失見当や身近な家族がわからない人物誤認などが起こる。

ただ伊藤さんは、いまだにしばしば見当識障害がみられ、入院中であることがわからなくなったり、妻が誰なのかわからない状態になった。以前のような意思疎通ができないことが、妻にはつらい様子であった。

こんな状態で自宅で暮らすのは難しいと、ソーシャルワーカーに訴えることも度々あったが、相談室でしばらく話をすると気持ちが落ち着き、また前向きに夫の世話にもどっていった。ソーシャルワーカーは、妻のつらさを受けとめつつ、少しずつ妻が強さをもってきたことを感じていた。

④ 4度目のカンファレンス

入院から3ヵ月が過ぎた時点で、いよいよ具体的に自宅退院の準備を始めることになり、4度目のカンファレンスには妻も参加した。まず自宅の状況を確認し、必要なら改修を行うことが決められた。自宅は古い木造家屋で、以前営んでいたガラス店が1階にあり、住居部分は2階のため、階段の昇降が困難な伊藤さんの移動手段が課題であった。理学療法士、作業療法士、ソーシャルワーカーが自宅を訪問することになる。

退院後は介護保険を利用するため、自宅近くの居宅介護支援事業所のケアマ

ネジャーに，要介護認定と必要な在宅サービスについての調整を依頼することになった。また伊藤さんは，近所の内科医と懇意にしており，妻は退院後はその先生に診てほしいと希望した。この診療所が在宅療養支援診療所であったので，主治医から往診と訪問看護を依頼することとなった。B病院は，地域連携クリティカルパスを作成し，この診療所に依頼することで，地域連携診療計画退院時指導料（Ⅰ）等の請求ができる。また診療所も同様にパスを作成することで，診療報酬を得られる仕組みになっている。

さらにソーシャルワーカーは，伊藤さんの住む地域を担当するA市の保健師にも連絡をとり，退院後の定期的な訪問を依頼した。

> **在宅療養支援診療所**
> 平成18年度の医療法改正で設けられた，在宅療養を受けている患者からの連絡を24時間体制で受け，往診や訪問看護サービスを行う診療所。終末期や慢性疾患の患者への対応が期待されている。

⑤ 退院準備

ケアマネジャーが病室を訪れ，伊藤さんは要介護度4で介護保険を申請することになった。退院後は，デイサービスを利用して週2回入浴し，それ以外は自宅でシャワー浴，そのためのヘルパーの派遣を受けることとした。これに往診と訪問看護を加えた体制で，しばらく様子をみることになった。ここでケアマネジャーとソーシャルワーカー（社会福祉士）が共同で退院後の介護サービスについて，伊藤さんに情報提供を行ったことに対し，B病院は介護支援連携指導料の請求ができる。

また，ソーシャルワーカーは住宅改修のため，リハビリスタッフと伊藤さん宅を訪問した。2階までの移動のために，階段昇降機の取り付けを検討し，取扱業者を同行したが，柱や壁の強度が足りず困難という結果だった。やむを得ず，デイサービスのため外出する際は，送迎の職員が両側から支えて昇降することとしたが，緊急時に対応できないという問題が残った。

浴室は十分な広さがあり，手すりを取り付け段差を埋めることで，シャワー浴は可能と判断された。トイレについては手すりと段差解消，ドアを引き戸に換えることが提案され，業者に見積もりを依頼した。介護保険による改修の上限額は20万円だが，妻は，夫のために多少の費用がかかってもできるだけのことをしたいと，介護保険の枠を超えても必要な改修を希望した。また寝室や居間を確認し，介護用ベッドや車椅子など必要な物品をレンタルで整えることとなった。

⑥ 最終カンファレンス

こうした準備を経て，伊藤さんの退院準備を確認するための，最終カンファレンスが開かれた。ここには，病院内の医療チームに加えて，これから地域で伊藤さんを支えてゆくことになる人たち，そして伊藤さん本人と妻も出席することになり，病棟の会議室では手狭なため，病院の大会議室を使用して行われた。

院外からの出席者は，ケアマネジャー，往診を担当する診療所の医師と併設の訪問看護ステーション看護師，社会福祉協議会のホームヘルパー，デイサー

ビス利用を予定している特別養護老人ホームの生活相談員，市の保健師であった。ソーシャルワーカーは伊藤さん夫妻の緊張を和らげるよう配慮しながら，退院への意思を述べてもらった。伊藤さんはにこにこ笑うばかりだが，妻は「家に帰ったら，きっと今より良くなると思います，皆さんよろしくお願いします」と頭を下げた。ここで伊藤さんの退院後の生活を支える体制が確認され，担当者との顔合わせもできたことで，妻は安心した様子であった。

その後，身体障害者手帳の申請など諸手続きにも目途が立ち，住宅改修工事の終了を待ってベッド等を搬入し，退院日が決定した。また保健師は，非常時の対応のため，本来，単身の高齢者を対象とする市の緊急通報システムの取り付けを担当課と交渉し実現した。

⑦ 退院後の生活

予定通りに，入院から約6ヵ月後に自宅にもどった伊藤さんは，往診と訪問看護を受け，ホームヘルパーらの助けを借りながら静かな生活を送っていた。在宅では，ケアマネジャーが定期的に様子を確認し，状況の変化に合わせて利用するサービスを増減するなどして対応し，その都度ソーシャルワーカーに報告があった。風邪をこじらせてB病院に再入院したときには，ソーシャルワーカーがケアマネジャーに治療経過を伝えて，スムーズな自宅退院が可能となった。

また保健師は，月に一度自宅を訪問し，妻に地域の介護者の会を紹介するなどして，妻の精神的な負担の軽減にも努めている。夫婦の年齢から，あとどれくらい自宅で共に生活できるかわからないが，2人は可能な限りこの暮らしを続けたいと希望している。

> **緊急通報システム**
> 介護予防・生活支援事業の市町村事業の1つで，65歳以上の単身者を対象に緊急システム装置を取り付けるもの。家庭から電話回線により協力員宅に自動通報するものと，24時間体制のセンターを仲介した双方向システムの2種がある。

(3) 考 察

事例にみるように，ソーシャルワーカーは病院内の医療チームの一員として，他職種とともに患者・家族の課題を解決するための支援を行っている。同時に，医療チームと在宅福祉サービスなど院外の施設・機関との間を結ぶ窓口として，ケアマネジャーと密に連携しており，退院にあたっての調整だけでなく，退院後の状況についても直接・間接に情報を収集している。必要なときには医療チームにそれを伝えて，病院が速やかに対応できるよう働いており，それが病状の変化しやすい患者にとっては，安心して在宅で生活できる基盤ともなる。

近年の医療制度改革によって，多くの患者の治療がひとつの病院では完結しなくなり，発症から在宅にもどるまでの間に，複数の病院や施設を経ることがあたりまえになっている。在宅にもどってからも，その生活を維持してゆくためには，必要に応じて入院，入所ができる環境が整えられなければならない。

治療，療養の場が変わっても，必要なサービスが途切れることなく円滑に提供される体制が整えられることが何より重要であるが，ソーシャルワーカーが

情報を集約し，チームにそれを伝える機能を果たすことで，その基盤がつくられるのである。

3 医師，保健師，看護師等との連携の実際

(1) クライエントの紹介，家族構成

　河村さん（仮名）は58歳の男性で，妻（57歳）と2人，街から離れた山の中に建てた家で静かに暮らしていた。妻は2年前に階段から転落して骨折，軽度の歩行障害が残り，肢体不自由で5級の身体障害者手帳を交付されている。

　妻は手帳の等級は低いが，以前から患っている変形性膝関節症（膝の関節のクッションの役割をしている軟骨のすり減り等によって起り，炎症により痛みが生じる）が悪化しており，また肥満のためもあって，つかまり立ちがやっとの状態である。トイレや入浴には夫の手を借りている。河村さんは長く製鉄所に勤めていたが，一昨年会社が早期退職者を募集した際によい機会だと退職し，自宅で妻の介護と家事に専念する生活に入っていた。

　2人の子どもがいるが，長女は遠方に嫁いでおり，以前は盆暮に帰省するのみだった。しかし，母親がけがをしてからは2ヵ月に一度訪れて，家事を手伝うなどしている。長男は車で20分程の距離に住んでいるが，河村さん夫婦と嫁との折り合いが悪いことから疎遠である。

　以前に民生委員から，自費でヘルパーを利用してみてはと勧められたこともあったが，夫婦が他人が家に入ることを好まなかったこと，また人の手を借りなくとも何とか生活可能であったことから，特に在宅サービスを利用せず，市の保健師の定期的な訪問のみを受けて暮らしてきた。

　ある時河村さんは体に不調を感じ，保健師の勧めで近くの病院で検査を受けたところ，前立腺がんがみつかった。市内のC総合病院で，さらに詳しい検査を受けるよういわれ受診した結果，すぐに入院するよう指示された。しかし河村さんは，妻を残して入院できないとこれを断り，主治医からの連絡でソーシャルワーカーが対応することになった。

(2) 支援計画及び経過

① 夫の入院まで

　C総合病院のソーシャルワーカーは，河村さんの事情を聴き，入院中の妻の生活について検討した。妻は，夫の手を借りなければ室内の移動も不自由な状態であるが，手帳の等級が軽度であることから，市のヘルパー派遣事業など公的なサービスの対象とはならなかった。夫婦ともに年齢も50代で，介護保険の適用にもならないことから，サービスの利用はすべて自費で賄うことになる。

　市の保健師に連絡をとり，妻の状態を詳しく聞いたソーシャルワーカーは，

ヘルパーの家事援助，入浴介助等を利用し，歩行器やポータブルトイレなどの用具を整えれば，短期間なら一人で自宅で生活することも可能であると，保健師とともに判断した。ただ，入院期間が長くなれば，妻の身体的・精神的負担と，経済的負担が大きくなるため，長男宅で生活することも選択肢として，家族で相談するよう河村さんに伝えた。

　翌日保健師とともに自宅を訪問したソーシャルワーカーに，妻は，不安はあっても自宅で生活したいと希望を述べた。「病院で夫の世話をしたいのに，何もできずつらい」といい，子どもたちには迷惑をかけないよう，費用がかかってもヘルパーの手を借りたいという意向であった。この時点では，入院期間の目途が立っていなかったため，入院が長期に及ぶ場合は改めて相談することとし，至急ヘルパーを手配して入院を急ぐこととなった。

　市内には，ヘルパーの派遣を行っている事業所が複数あり，社会福祉協議会や民間企業，NPOなどが運営している。ソーシャルワーカーは各事業所に問い合わせたが，費用負担が比較的少なく，街の中心部から遠い河村さん宅まで毎日の派遣が可能なのは，NPOによる事業所のみであった。月曜から土曜まで，毎日訪問し家事と入浴介助などを行うよう依頼し，早速自宅を訪問してもらった。

　保健師は，地区の民生委員に事情を伝えて見守りを依頼し，また市役所に寄贈された介護用品の中から，ポータブルトイレや歩行器など，当面必要なものを調達して運んできた。河村さんは長男に電話して，留守中毎日仕事帰りに自宅に寄って，妻の様子をみてほしいと頼んだ。長女は自宅に来て，病院で父に付き添い世話することになった。

　こうして，とりあえず最低限必要な準備だけを整えて，河村さんは慌しく入院した。

② 一時帰宅まで

　河村さんは入院後の検査で，がんがすでに骨盤内に広がっており，骨と肺にも転移していることがわかった。本人が主治医に対して，病状を隠さず告知してほしいと希望していたため，主治医は長男，長女に病状説明をした後，2人の同意も得て告知した。抗がん剤による治療，放射線治療と合わせ，外科手術でできるだけがんを取り除くことになり，入院期間は当面3ヵ月とされた。

　その間，長女は嫁ぎ先の理解を得て，病院で河村さんに付き添い，ときどき自宅にもどって母の世話をした。ヘルパーとの人間関係もでき，生活上の困難はなかったが，妻は夫の病状を聞いてたいへんなショックを受け，すっかり元気を失ってしまっていた。ソーシャルワーカーと保健師は話し合い，仕事で外に出る折には，手分けしてできるだけ妻の様子を見に行き，そのつらさを受けとめるよう努めた。またソーシャルワーカーは，河村さんの具合のよいときを選んで病室を訪ね，妻の様子を伝え，その暮らしには心配いらないことを伝え

NPO (NonProfit Organization)
「民間非営利組織」のことで，「利益拡大のためではなく，その使命実現のために活動する」という組織原理をもつ。狭義には，特定非営利活動法人（NPO法人）として設立された組織をさす。

た。

　しかし予定の3ヵ月が近づいても、河村さんは退院できず、さらに骨転移のため下半身に麻痺が起こった。手術は行われたが、がんの広がりが予想以上であったため、開腹しただけでそのまま閉じられていた。主治医からは、余命約1ヵ月と宣告があり、河村さんは自宅に帰りたいと強く希望した。家族は、痛みも強く自宅での看取りは難しいが、外泊だけでもできないかと相談を寄せた。

　ソーシャルワーカーと主治医、病棟の看護師長の3者で協議し、2泊3日の外泊を行うことになった。これが最後の機会だからと、主治医が予定をやりくりして夜間に往診の時間をとり、ソーシャルワーカーは保健師とともに、自宅で患者を迎えるための環境を整え、送迎用の寝台車の手配を行った。

　短時間ではあるが、自宅で妻とひとときを過ごせることを、河村さんは非常に喜んだ。家族は、服薬やIVH（Intravenous Hyperalimentation）の管理について病棟で看護師から指導を受けて、外泊に備えた。長女、長男の家族も全員が自宅にそろって、河村さんを迎えることになった。保健師も自宅を整えて河村さんを待った。

　当日は病棟の看護師が付き添って帰宅し、夜には主治医と看護師長が往診、ソーシャルワーカーも同行した。翌日も日中に保健師とソーシャルワーカーが訪問し、容態に変化がないことを主治医に報告、その後夜に主治医と看護師長が往診して、外泊は無事に終えられた。

③逝去とその後

　河村さんは、短い時間ではあったが、自宅で家族とともに過ごせたことにとても満足した様子で病院にもどってきた。その後間もなく意識が混濁し、戻らぬまま死亡した。

　妻は長女とヘルパーに助けられながら、葬儀から納骨までの諸々の役割をしっかりと果たし、周囲を驚かせた。その後1年程自宅での生活を続けた間、ソーシャルワーカーと保健師は定期的に訪問して共同でグリーフケア（Grief care）を行った。やがて妻は、60歳を迎えたのを機に、娘宅の近くにできたケアハウスに入所したが、友人もでき新しい環境になじんだと便りがあった。

(3) 考　察

　この事例で、ソーシャルワーカーは医師、看護師と連携して、患者が安心して治療を受けられるよう、最後の時間を家族とともに過ごせるよう支援したが、ここでは市の保健師が大きな役割を果たしている。保健指導のために以前から患者宅を訪れ信頼関係を築いていた保健師との連携が、時間の制約がある中で進められる支援の助けとなった。妻を支えるための度々の訪問なども、ソーシャルワーカーだけでは対応できないもので、保健師が積極的に動いたことで、夫の死後も安定した状態が保たれたといえる。

> **IVH**
> **(Intravenous Hyperalimentation)**
> 中心静脈栄養法。必要な栄養量を経口摂取できない患者のために、鎖骨下の大静脈に管を挿入し、そこから高カロリー輸液を送る方法。

> **グリーフケア**
> 家族や大切な人を亡くして、深い悲しみに沈む人の回復を助ける心のケアをさす。近年自助グループも数多く作られるようになり、ピアカウンセリングなどさまざまな活動が行われている。

また患者と妻は，介護保険の対象にならず，妻の身体障害は在宅サービスの対象となるレベルでもなかった。このような障害者や児童など，支援のためのケアマネジャーがいない人たちにとっては，地域の保健師の存在が大きな力となっている。

保健師は，地域で生活する高齢者や障害者について，行政の立場で情報を集約しており，また長期にわたる指導を行うので，在宅支援での連携は欠かせない。ただ，保健師がどのような業務を行うかについては，市町村によって対応が異なるので，地域ごとに確認の必要がある。

4 多職種連携と地域包括ケアシステム

急速な高齢化が進展する中で，高齢者が可能な限り住み慣れた地域で自分らしい暮らしを最後まで継続できる社会を目指して，国は「地域包括ケアシステム」の構築をめざしている。これは，医療・介護・予防・住まい・生活支援を一体的に提供される仕組みで，団塊世代が75歳以上になる2025年を目途に実現することを目標として，医療・介護の基盤整備が始められている。

高齢化で増大する医療と介護のニーズへの対応が，地域包括ケアシステムの中心的課題であり，とくに在宅医療と介護の連携を強化することが重要である。

急性期病院と亜急性期・回復期病院，日常的な健康管理を行うかかりつけ医や地域の連携病院が，適切に役割を分担するとともにいっそうの連携をはかることが求められている。さらにこれらの医療機関が，地域包括支援センターやケアマネジャー，在宅医療連携拠点等との連携を強化することにより，退院後の在宅あるいは施設での生活まで，医療から介護への円滑な移行を促進することが可能になる。すなわち，これからの保健・医療・福祉の各機関は，この地域包括ケアシステムの一員として，所属機関の利害を超えて，高齢者の在宅生活の継続のために機能しなくてはならないのである。

ソーシャルワーカーの業務も，さらに多職種，多機関との協働，連携の比重が高まることが予想され，またこれまで以上に深い関係が求められる。所属する機関内のチームに加えて，インフォーマルな支援も含む地域のネットワークの中でチームを形成し，情報を共有するためには，ネットワーク構築やケースカンファレンスの進め方など，協働のための技術の向上とともに，他職種の有する知識や技術，視点をよく知り，さらに相互理解を深めていかなければならない。

とくに，ソーシャルワーカーにとって，保健・医療に関する知識の不足は否めない現実である。その多くが，実践の場に出て初めて，身体機能や疾病の理解などの知識の不足に気づき，他職種との連携に戸惑うのが現状である。とりわけ病院・診療所などの保健・医療領域のソーシャルワーカーは，現場で必要

とされる医学的な知識を身につけるまでは十分な仕事ができず，患者の支援に支障をきたす恐れもある。

　近年，看護師をはじめとする他職種の養成課程の中で，社会福祉や社会保障制度についての教育が行われるようになっており，隣接する領域への理解が深められている。ソーシャルワーカーにも，同様の努力が必要である。

参考文献

西谷裕監修『医療福祉論』嵯峨野書院，1997年
佐藤俊一・武内一夫編著『医療福祉学概論』川島書店，1999年
鷹野和美編著『チーム医療論』医歯薬出版，2002年
鷹野和美『地域医療福祉システムの構築』中央法規，2005年
『国民の福祉と介護の動向（2013/2014）』厚生労働統計協会，2013年

プロムナード

　保健・医療・福祉の連携が求められるようになって久しいが，保健・医療の領域はもともと近接しており，そこで働く人たちの多くも医療の専門職としての教育を受けています。共通基盤を有する職種の間では，お互いの理解も比較的容易であるが，福祉は社会科学の領域で発展してきたため，連携の苦労は福祉専門職と保健・医療の専門職の間に生ずるものが特に大きい。
　これを解決する方策の1つとして注目されるのは，近年多く開設されている看護やリハビリの専門職と福祉専門職を合わせて養成する保健福祉学部，医療福祉学部等の教育です。そこでは，学生は学科ごとの専門科目を除き，他の専門職に関わる講義を受講する機会に恵まれます。福祉を学ぶ学生にとっては，保健・医療に関する科目の充実は大きな力となるでありましょう。また学生時代からともに学び，サークル活動などを通して人間関係を深める経験ができることは，互いの専門性の理解の助けとなります。
　さらに近年は，医療・福祉の全学科でチームを作って病院などで実習を行ったり，共同で事例検討を行うなど，各大学で連携機能を高めるための授業方法が開発されるようになっています。養成教育の課程で，こうした体験をもった人たちが現場に巣立ってゆけば，連携のあり方にも変化が現れるものと期待されます。

学びを深めるために

野中猛・高室成幸・上原久『ケア会議の技術』中央法規，2007年
　多領域，多職種によるケア会議（ケースカンファレンス，事例検討会とも呼ばれる）に必要な実践的技術について解説している。会議の計画，進行や，その実践化に必要な方法を学ぶことができる一冊である。実際の会議の事例も豊富に収められており，多職種の協働，連携の実際の姿にふれながら，その価値や効果を知ることができる。

福祉の仕事に関する案内書

中村雪江『静かなる愛　ソーシャルワーカーの日記から』中央法規，1998年
　ベテランの医療ソーシャルワーカーが，30年余りの実践で出会った人たちへの思いを綴ったもの。一人ひとりについての記述は短く，医療ソーシャルワークの知識のない読者にも読みやすい構成であるが，読了後はその仕事の価値を深く心に感じることのできる一冊である。

第 5 章

保健医療サービスにおける専門職の役割と実際

1 医師・医療関係職種の動向

(1) 医師・医療関係職種の実態

医師・医療関係職種の実態（性，年齢，担当診療科，従事場所など）は，医師は医師法，歯科医師は歯科医師法，薬剤師は薬剤師法の規定により隔年保健所に届出がなされている（医師・歯科医師・薬剤師調査）。また保健師，助産師，看護師，准看護師，歯科衛生士，歯科技工士，あん摩マッサージ指圧師，柔道整復師の実態は隔年「衛生行政報告例」により報告されている。

以下において，厚生労働省「医師・歯科医師・薬剤師調査」・「衛生行政報告」より医師，歯科医師，薬剤師，保健師・助産師・看護師等の概況について示す（図表5－1)[1]。

図表5－1 届出医療関係者数と比率（人口10万対）
(平成24年12月31日現在)

	実数	対平成22年増減率(%)	人（人口10万対）
医師	303268	2.8	237.8
歯科医師	102551	1.0	80.4
薬剤師	280052	1.3	219.6
保健師	47279	5.0	37.1
助産師	31835	7.3	25.0
看護師	1015744	6.6	796.6
准看護師	357777	△ 2.8	280.6
歯科衛生士	108123	4.8	－
歯科技工士	34613	△ 2.3	－
あん摩マッサージ指圧師	109309	4.4*	－
柔道整復師	58573	16.0*	－

注）医師・歯科医師・薬剤師数以外は就業者数である
　　*の増減率は平成22年実数には，東日本大震災の影響により宮城県が含まれていない
出所）厚生労働省「医師・歯科医師・薬剤師調査」「衛生行政報告」より作成

1) 医 師

2012（平成24）年末における全国の届出医師数は30万3,268人で2010（平成22）年に比べ2.8％増し，人口10万対の医師数は237.8人となっている。施設の種別にみた医師数では，病院の従事者が62.1％，診療所の従事者33.2％，介護老人保健施設の従事者1.1％，医療施設・介護老人保健施設以外の従事者2.8％となっている。医師の主としている診療科別では，多い順に内科21.2％，整形外科7.1％，小児科5.7％となっている。

1961（昭和36）年の国民皆保険後，医療需要が急増し医師不足が深刻となった。このため医学部の増設などにより医師養成が図られた結果，1983（昭和58）年には人口10万人当たり150人を確保するという国の目標は達成された。しかし逆に医師の過剰が懸念され，医学部の定員の削減などの方針が打ち出された（1984年）。

一方，2005（平成17）年頃より，医療の高度化・専門化にともない，一人の

医師がさまざまな分野・領域を担当することの困難性，医師全体の働き方に対する意識の多様化，さらに受診ニーズに関する患者意識の多様化などの要因により，医師不足問題が顕在化してきた。そのために政府は「緊急医師確保対策について」(2007)，「安心と希望の医療確保ビジョン」(2008)，「地域の医師確保対策 2012」(2012) など，矢継ぎ早に対策を打ち出している。

2) 歯科医師

2012 (平成 24) 年末における全国の届出歯科医師数は 10 万 2,551 人で 2010 (平成 22) 年に比べ 1.0％増し，人口 10 万対の歯科医師数は 80.4 人（医療施設従事歯科医師数では 72.6 人）となっている。医療施設に従事する歯科医師が 97.2％とほとんどである。

3) 薬剤師

2012 (平成 24) 年末における全国の届出薬剤師数は 28 万 52 人で 2010 (平成 22) 年に比べ 1.3％増し，人口 10 万対の薬剤師数は 219.6 人である。業務の種別では，薬局の勤務者が 54.6％と多く，病院・診療所で調剤業務に従事するものは 18.8％である。医薬分業の推進がなされていることが薬局勤務者の割合が増えている要因と考えられる。

なお，2006 (平成 18) 年より，学部教育 6 年の大学（薬学）において履修課程を修めて卒業する者に薬剤師国家試験受験資格を与えること等を内容とする薬剤師法の一部を改正する法律が施行されている。

4) 保健師，助産師，看護師等

2012 (平成 24) 年末における就業保健師数は 4 万 7,279 人で 2010 (平成 22) 年に比べ 5.0％増し，人口 10 万対の保健師数は 37.1 人である。就業先別では市町村に 56.1％が勤務し，保健所は 15.8％となっている。

就業助産師数は 3 万 1,835 人で，就業先別では，病院・診療所に勤務するものが 86.2％を占め，助産所で就業するものは 5.5％となっている。

看護師の就業者数は 101 万 5,744 人であり，病院，診療所に 86.0％，介護老人保健施設などの介護保険施設で 6.2％が勤務している。また准看護師の就業者数は 35 万 7,777 人であり，病院，診療所に 76.8％，介護老人保健施設などの介護保険施設に 18.1％が勤務している。

(2) 病院における職種別従業員の状況

医療機関における職種別にみた従業員数は，厚生労働省が「医療施設調査・病院報告」により毎年発表している（図表 5 − 2)[2]。

2012 (平成 24) 年 10 月 1 日現在の病院の従事者総数（常勤換算）は 195 万

図表5-2 病院の職種別にみた従業員数（常勤換算）と対前年（2011年）増減率

		2012（平成24）年10月1日現在		
		従業員数	100床当たり	対前年増減率
総数		1958017.8	124.1	2.5
医師	全体	202825.2	12.9	1.7
	常勤	163528	10.4	2.2
	非常勤	39297.2	2.5	△ 0.6
歯科医師	全体	10115.2	0.6	0.0
	常勤	7863	0.5	△ 3.0
	非常勤	2252.6	0.1	12.3
薬剤師		44353.9	2.8	3.6
保健師		4959.2	0.3	4.5
助産師		21072.4	1.3	4.7
看護師		725559.8	46.0	3.0
准看護師		147800.5	9.4	△ 3.8
看護業務補助者		198343.3	12.6	0.7
理学療法士（PT）		56851.2	3.6	9.8
作業療法士（OT）		35577.7	2.3	7.7
視能訓練士		3633.4	0.2	5.8
言語聴覚士		11530.5	0.7	8.3
義肢装具士		62.9	0.0	△ 1.3
歯科衛生士		4850.1	0.3	4.6
歯科技工士		753.0	0.0	0.4
診療放射線技師		40603.2	2.6	2.5
診療エックス線技師		231.2	0.0	△ 5.4
臨床検査技師		50665.4	3.2	1.8
衛生検査技師		148.0	0.0	4.5
臨床工学技士		15504.6	1.0	6.3
あん摩マッサージ指圧師		1905.7	0.1	△ 9.4
柔道整復師		536.4	0.0	△ 5.0
管理栄養士		19745.4	1.3	4.9
栄養士		5299.6	0.3	△ 3.4
精神保健福祉士		8090.7	0.5	4.8
社会福祉士		7649.9	0.5	13.0
介護福祉士		38200.0	2.4	9.3
その他の技術員		17334.5	1.1	3.8
医療社会事業従事者		9118.7	0.6	3.2
事務職員		194005.7	12.3	4.4
その他の職員		80690.1	5.1	△ 0.1

出所）厚生労働省「医療施設調査・病院報告」より作成

8,017.8人であり，そのうち医師が20万2,825.2人，薬剤師4万4,353.9人，看護師72万5,559.8人，准看護師14万7,800.5人，さらに理学療法士5万6,851.2人，作業療法士3万5,577.7人，言語聴覚士1万1,530.5人，視能訓練士3,633.4人である。栄養士関係では，管理栄養士が1万9,745.4人，栄養士が5,299.6人である。また，いわゆる医療ソーシャルワーカーは精神保健福祉士，社会福祉士，医療社会事業従事者を合わせ2万4,859.3人となる。ちなみに病院で従事する介護福祉士は3万8,200人である。

　病院の100床ごとの主な職種別の従業員数は，医師12.9人，薬剤師2.8人，看護師46人，准看護師9.4人，さらに理学療法士3.6人，作業療法士2.3人，言語聴覚士0.7人，視能訓練士0.2人である。栄養士関係では，管理栄養士が1.3人，栄養士が0.3人である。また，いわゆる医療ソーシャルワーカーは精

神保健福祉士，社会福祉士，医療社会事業従事者を合わせ1.6人となる。ちなみに介護福祉士は2.4人である。

2 医師と医療関係職種の法的位置づけ

(1) 医行為は医師の独占業務～医師法

医師は法的にも，実態としても医療行為に関して絶対的な責任を負っている。医師法第1条において，医師は「医療と保健指導を司ることによって，公衆衛生の向上と増進に寄与し，国民の健康的な生活を確保する」ことをその任務としている。また第17条では，「医師でなければ，医業をなしてはならない」とされ，医業は医師の独占業務とされている。すなわち，医業を医師以外の者が行うことは，国民の生命，健康に危険を及ぼすおそれが大きいことから禁止されている。

ところで，医業とは，法的に「医行為を反復継続の意思をもって行うこと」

> **医行為**
> 厚生労働省医政局長通知（2005年）によると，医行為とは「医師の医学的判断及び技術をもってするのでなければ人体に危害を及ぼし，又は危害を及ぼすおそれのある行為」とされている。医行為のうち，診療の補助業務として看護師が補助できるものは相対的医行為とし，医師でなければ行うことのできないものは絶対的医行為とされている。

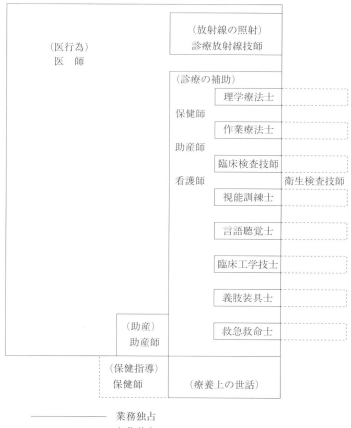

図表5-3 医師と医療関係職種の法的位置づけ

出所）福祉士養成講座編集委員会編『新版社会福祉士養成講座13 医学一般』中央法規，2005年，p.275

とされている。医行為は広義には「人の疾病の診察または治療，予防を目的とする行為」と解され，狭義には「医師の医学的判断及び技術をもってしなければ人体に危害を及ぼし，または危害を及ぼすおそれのある行為」とされる。

(2) 医行為の一部を補助行為として担う～保健師助産師看護師法

医業は，医師の独占業務ではあるが，その医行為がすべて医師の手で行われなければならないとはされていない。医療の管理上危害が生じるおそれがない限度において，つまり法律的，社会的に認められることを要件に医行為の一部を医師以外の他のものに補助させることが法律上認められている。その法律が保健師助産師看護師法である。

保健師助産師看護師法第5条では，「この法律において『看護師』とは，厚生労働大臣の免許を受けて，傷病者若しくはじょく婦に対する療養上の世話又は診療の補助を行うことを業とする者をいう」とされている。また同法第37条では「保健師，助産師，看護師又は准看護師は主治の医師又は歯科医師の指示があった場合を除くほか，診療機械を使用し，医薬品を授与し，医薬品について指示をしその他医師又は歯科医が行うのでなければ衛生上危害を生ずるおそれのある行為をしてはならない」とされ医師又は歯科医師の指示のもとに限定的に診療の補助行為が看護職の業務として認められている。なお，この診療補助業務と療養上の世話は看護職の独占業務である。

> **保健師助産師看護師法**
> 1948年に「保健婦助産婦看護婦法」として法律化された。2001年に「保健師助産師看護師法」として改題された。この法律の目的は「保健師，助産師及び看護師の資質を向上し，もつて医療及び公衆衛生の普及向上を図ること」（法第1条）とされている。

(3) 保健師助産師看護師法による診療補助業務を一部解除して成り立つその他の医療関係職種

前述のように，保健師助産師看護師法により診療の補助行為が看護師等の独占業務とされているため，その後に制度化された医療関係職種である理学療法士，作業療法士，臨床検査技師，視能訓練士，言語聴覚士，臨床工学技士，義肢装具士，救急救命士の業務は，それぞれの職種ごとに保健師助産師看護師法に基づく診療の補助業務の禁止を一部解除するという形で医業への参加ができるよう規定されている。

たとえば，理学療法士及び作業療法士法第15条では「理学療法士又は作業療法士は保健師助産師看護師法第31条第1項及び第32条の規定にかかわらず，診療の補助として理学療法又は作業療法を行うことを業とすることができる」とされている。

> **理学療法士及び作業療法士法**
> 1965年に法制化された。この法律の目的は「理学療法士及び作業療法士の資格を定めるとともに，その業務が，適正に運用されるように規律し，もつて医療の普及及び向上に寄与すること」（法第1条）とされている。

(4) 業務独占と名称独占

「業務独占」とは，特定の者のみにその業務を行うことが許されることである。たとえば医業は医師以外のものは排除され医師の独占業務となっている。

「名称独占」とは，その資格をもっていない者に，その名称の使用を禁止す

ることである。たとえば医師法第18条では「医師でなければ，医師又はこれに紛らわしい名称を用いてはならない」と規定されている。これは一定の条件を満たした者のみにその名称を独占させ，無資格者が名称を使用することにより生じる弊害を防止するためにある。

つまり，医師は「業務独占」と「名称独占」の双方を有する資格である。他に，双方を有する資格としては，歯科医師，診療放射線技師，歯科衛生士がある。また，「業務独占」のみを有するものとして，助産師，看護師，准看護師などがある。

なお，医療関係職（理学療法士，作業療法士，臨床検査技師，視能訓練士，言語聴覚士，臨床工学技士，義肢装具士，救急救命士など）の多くは形式的には名称独占資格であるが，名称を使用して行う業務の一部について保健師助産師看護師法を解除して行えるようになっているので，限定的に業務独占を有した資格といえる。

(5) チーム医療をめぐる法的用語としての「指示」と「連携」

医療の近代化の過程で医業を分業するさまざまな医療関係職種が登場してきた。その中で，医師は分化して登場してきた関係職種よりなる「チーム医療」の責任者として医療サービス全体の責任を負う立場となる。法律では，医師または歯科医師は医業の特定の部分を，それらの医療関係職種に「指示」（法律により「指導」「指導監督」「同意」）に基づき行わせることが規定されている。とくに危険度の高い特定の行為は「医師の具体的な指示のもとになされなければならない」とされている。

一方，医師の「指示」が医師と医療関係職のタテのチーム医療を推進する用語であることに対して，関係職種の専門的役割や独自性を認めたうえでの協働を推進するチーム医療を意図する用語として「連携」が用いられる。

たとえば，言語聴覚士法第43条では，「言語聴覚士は，その業務を行うに当たっては，医師，歯科医師その他の医療関係者との緊密な連携を図り，適正な医療の確保に努めなければならない」とされている。また，社会福祉士及び介護福祉士法第47条では「社会福祉士は，その業務を行うに当たっては，その担当する者に，福祉サービス及びこれに関連する保健医療サービスその他のサービス（次項において「福祉サービス等」という）が総合的かつ適切に提供されるよう，地域に即した創意と工夫を行いつつ，福祉サービス関係者等との連携を保たなければならない」とされている。

> **言語聴覚士法**
> 1997（平成9）年に法制化された。この法律の目的は「言語聴覚士の資格を定めるとともに，その業務が適正に運用されるように規律し，もって医療の普及及び向上に寄与すること」（第1条）とされている。

3 保健医療サービスにおける専門職の役割と実際

(1) 医師の役割
1) 医師の責務

医師は医業において独占的な権能が認められているが、一方で義務も数多くの法律にまたがって課せられている。たとえば、患者情報の守秘義務などは刑法によって定められている。医師法においても、①応招義務（治療の求めがあった場合は、正当な事由がなければ拒めない）、②保健指導義務、③診療録記載、④処方箋交付義務、⑤無診療治療禁止、などが義務として課せられている。

日本医師会は「医師の職業倫理指針」を2004（平成16）年に示している。その後、急速な医学・医療の進歩、社会状況の変化に応じて見直すことが必要とされ、2008（平成20）年6月、「医師の職業倫理指針（改訂版）」に改定されている。

ここでは、医師の責務を5分野（①医師の基本的責務、②患者に対する責務、③医師相互間の責務、④医師以外の関係者との関係、⑤社会に対する責務）40項目にわたり定めている。図表5－4に「医師の責務」項目を抜粋し列記する（図表5－4)[3]。

図表5－4 医師の責務
日本医師会「医師の職業倫理指針（改訂版）」（平成20年6月）目次より抜粋

1. 医師の基本的責務 　(1) 医学知識・技術の習得と生涯教育 　(2) 研究心、研究への関与 　(3) 品性の陶冶と品性の保持 2. 患者に対する責務 　(1) 病名・病状についての本人への説明 　(2) 病名・病状についての家族への説明 　(3) 患者の同意 　(4) 患者の同意と輸血拒否 　(5) 診療録の記載と保存 　(6) 守秘義務 　(7) 患者の個人情報、診療情報の保護と開示 　(8) 応招義務 　(9) 緊急事態における自発的診療（援助） 　(10) 無診察治療の禁止 　(11) 処方せん交付義務 　(12) 対診、またはセカンド・オピニオン 　(13) 広告と宣伝 　(14) 科学的根拠のない医療 　(15) 医療に含まれない商品の販売やサービスの提供 　(16) 患者の責務に対する働きかけ 　(17) 医療行為に対する報酬や謝礼 　(18) かかりつけ医の責務	3. 医師相互間の責務 　(1) 医師相互間の尊敬と協力 　(2) 主治医の尊重 　(3) 患者の斡旋や勧誘 　(4) 他の医師に対する助言と批判 　(5) 医師間の意見の不一致と争い 　(6) 医師間での診療情報の提供と共有 4. 医師以外の関係者との関係 　(1) 他の医療関係職との連携 　(2) 医療関連業者との関係 　(3) 診療情報の共有 5. 社会に対する責務 　(1) 異状死体の届出 　(2) 医療機関内での医療事故の報告と原因の究明 　(3) 公的検討機関への医療事故の報告 　(4) 医療事故発生時の対応 　(5) 社会に対する情報の発信 　(6) メディアへの対応 　(7) 公衆衛生活動への協力 　(8) 保険医療への協力 　(9) 国際活動への参加

出所）日本医師会ホームページ内「医師の職業倫理指針（改訂版）」
http://www.med.or.jp/doctor/member/000250.html

2）インフォームド・コンセントにおける医師の役割

　インフォームド・コンセント（Informed Consent）とは，直訳すると「（医師の）十分な説明の上での（患者の）同意」ということになる。

　ここでは，若干古い資料であるが，現在においても重要であるので，1995（平成7）年，厚生省（現・厚生労働省）が公表した「インフォームド・コンセントの在り方に関する検討会報告書」[4]から，インフォームド・コンセントにおける医師の役割を中心にまとめた。

　インフォームド・コンセントに際しての医師の役割としては，まず，検査内容，診断結果，治療方針，見通し，投薬内容等についての十分な説明が求められることである。この説明は，単に病名や病状，予後といったものだけでなく，検査や治療行為にともなって生じる生活上の変化，療養のために利用可能な各種の保健・福祉サービスについての情報，かかる費用等についても含まれる必要がある。

　また，説明の際には，患者の年齢，理解度，心理状態，家族的社会的背景を配慮し，説明の時期については，患者の要望，信頼関係の構築，患者の受容にかかる期間，患者の不安除去の観点を考慮して，できるだけ早い時期に行われることが重要である。さらに，必要に応じて説明の文書や疾患別のガイドブックを用いることや，繰り返し説明することが必要とされる。

　また，医師は患者が説明した内容を十分に理解したかどうかに注意を払うとともに，患者の側にも知りたいことを遠慮なく申し出るといった態度が必要である。「何が起こっても不服の申し立てをしない」といった手術等における慣習化した同意書は，医療従事者側の自己防衛的な性格が強く，十分な説明とそれに基づく同意とはかけ離れたものであり，同意書を交わすことだけではインフォームド・コンセントに該当するものではない。

　さらに，下記の具体的な配慮が医師のインフォームド・コンセントの際に必要である。

・検査の目的や内容について不必要な恐怖感を取り除くような説明
・診断確定後早期の病気・病態の説明
・説明の内容や時期の工夫
・医学用語や外来語を用いない平易な言葉・表現による説明
・プライバシーへの配慮のため，診察場所や相談場所の工夫
・必要に応じ，平易な解りやすい説明文を示し，そのうえで説明を加えるという説明方法の工夫

　なお，医師はチーム医療の責任者として，関係する医療関係職種などに対して，チーム医療の一員としての役割分担と説明における同一性を確保するため，重要な説明の段階では関係するスタッフを同席させることや，説明文や同意書がある場合には診療録にこれを添付すること，診療情報をすべての医療従事者

間で共有するための情報管理の工夫が求められる。

(2) 保健師, 看護師, 助産師の役割
1) 看護職共通の役割

保健師, 看護師, 助産師の看護職としての共通の役割を日本看護協会の「看護者の倫理綱領」(2003) からみておく[5]。この倫理基準は15項目にわたり看護職の倫理とすべき事柄が整理されている。看護職の利用者, 同職種, 他の保健関係職あるいは社会との関係性や役割が表されていることから, 以下, 項目を抜粋し列記しておく。

① 看護者は, 人間の生命, 人間としての尊厳及び権利を尊重する。
② 看護者は, 国籍, 人種・民族, 宗教, 信条, 年齢, 性別及び性的指向, 社会的地位, 経済的状態, ライフスタイル, 健康問題の性質にかかわらず, 対象となる人々に平等に看護を提供する。
③ 看護者は, 対象となる人々との間に信頼関係を築き, その信頼関係に基づいて看護を提供する。
④ 看護者は, 人々の知る権利及び自己決定の権利を尊重し, その権利を擁護する。
⑤ 看護者は, 守秘義務を遵守し, 個人情報の保護に努めるとともに, これを他者と共有する場合は適切な判断のもとに行う。
⑥ 看護者は, 対象となる人々への看護が阻害されているときや危険にさらされているときは, 人々を保護し安全を確保する。
⑦ 看護者は, 自己の責任と能力を的確に認識し, 実施した看護について個人としての責任をもつ。
⑧ 看護者は, 常に, 個人の責任として継続学習による能力の維持・開発に努める。
⑨ 看護者は, 他の看護者及び保健医療福祉関係者とともに協働して看護を提供する。
⑩ 看護者は, より質の高い看護を行うために, 看護実践, 看護管理, 看護教育, 看護研究の望ましい基準を設定し, 実施する。
⑪ 看護者は, 研究や実践を通して, 専門的知識・技術の創造と開発に努め, 看護学の発展に寄与する。
⑫ 看護者は, より質の高い看護を行うために, 看護者自身の心身の健康の保持増進に努める。
⑬ 看護者は, 社会の人々の信頼を得るように, 個人としての品行を常に高く維持する。
⑭ 看護者は, 人々がよりよい健康を獲得していくために, 環境の問題について社会と責任を共有する。

⑮ 看護者は、専門職組織を通じて、看護の質を高めるための制度の確立に参画し、よりよい社会づくりに貢献する。

2）保健師

「保健師助産師看護師法」によると「保健師とは、厚生労働大臣の免許を受けて、保健師の名称を用いて、保健指導に従事することを業とする者」と定められている。

厚生労働省の「保健師活動調査」[6]によると、保健師の業務は、① 保健福祉事業（家庭訪問、健康相談、健康教育等の実施と準備、整理等）、② 地区管理（地区管理のための情報収集・分析・管理・提供、保健福祉計画の策定と進行管理、保健師活動計画、事業の企画・管理等）、③ コーディネート（ケースへのサービスが総合的なものとなるための調整や地域ケア体制構築、準備、維持のための連携・調整等）、④ 業務管理（保健師業務を統括する者の管理業務）、⑤ 業務連絡・事務（業務に関係する連絡や保健福祉事業における助成・交付等の処理事務）、に区分されている。保健師は保健所や市区町村、病院、企業において活動の拠点を置くが、地域保健法において市町村保健センターの設置が明確に位置づけられて以来、市町村の保健師が増えている。2012（平成24）年度の厚生労働省「保健師活動領域調査（活動調査）」結果によると、直接的なサービス提供である保健福祉事業の活動時間は51.0％と活動の多くを占めている。病院の保健師は、看護業務を看護師などと連携し行い、また企業の保健師は従業員とその家族の健康管理を中心的な業務とする。

> **保健師**
> 保健師助産師看護師法に規定されている専門職で、1993（平成5）年の改正により男子も認可された。保健師国家試験に合格し厚生労働省の免許を受け、保健師の名称を用いて保健指導にあたる。勤務先は大半が保健所や市町村保健センターで、ついで病院、診療所、学校、事業所等である。健康の保持増進、疾病の予防、早期発見・早期治療などを主な役割として、具体的な活動内容は健康相談、健康教育、家庭訪問による育児指導、在宅患者の看護指導、高齢者援助等でその活躍が期待されている。

3）看護師

前節でも述べたが、看護師は「保健師助産師看護師法」において、「傷病者などの療養上の世話、または診療上の補助をすることを業とする者」と定められている。

看護師は、医師の指示のもとで、診療や治療の補助を行い、病気やけが、障害のために不自由な療養生活を送っている患者に看護上の世話を行う。

今後の若年労働力人口の減少により、新卒就業者の確保の困難や離職率の高さが課題となっている。1992年に成立した「看護師等の確保を促進するための法律」以来、看護師の受給見通しを策定し、離職の防止や再就業促進のための施策が講じられているところである。

看護師の分野も専門化、高度化している。日本看護協会は、1996年から、医療や看護の高度化によって、より専門的で高い知識や技術をもった看護のスペシャリストが必要とされ始めたことにより資格認定制度を設けている[7]。その認定看護師制度の専門領域は、① 救急看護、② 皮膚・排泄ケア、③ 集中ケア、④ 緩和ケア、⑤ がん性疼痛看護、⑥ がん化学療法看護、⑦ 感染管理、

⑧訪問看護，⑨糖尿病看護，⑩不妊症看護，⑪新生児集中ケア，⑫透析看護，⑬手術看護，⑭乳がん看護，⑮摂食・嚥下障害看護，⑯小児救急看護，⑰認知症看護，⑱脳卒中リハビリテーション看護，⑲がん放射線療法看護，⑳慢性呼吸器疾患看護，㉑慢性心不全看護の21分野となっている。

4）助産師

「保健師助産師看護師法」によると「助産師とは，厚生労働大臣の免許を受けて，助産又は妊婦，じょく婦若しくは新生児の保健指導を行うことを業とする女子をいう」と定められている。

助産師は，母胎の医学的な観察・指導・ケアを行う助産，新生児の観察，へその緒の切断と傷口の処置，沐浴など，妊娠から出産・育児まで母子の健康を守る活動を行う。分娩後は新生児のケアや保健指導，産後の女性に対しての授乳教育や育児相談など幅広く母子を支援する。

(3) 理学療法士，作業療法士，言語聴覚士の役割

1）理学療法士

理学療法士及び作業療法士法で，理学療法士とは，「医師の指示のもとで理学療法を行うことを業とする者」とされている。また理学療法とは「身体に障害のある者に対して，主としてその基本的動作能力の回復を図るため，治療体操そのほかの運動及び電気刺激，マッサージ，温熱その他の物理的手段を加えることをいう」とされている。

理学療法の具体的内容は，①物理療法（熱，水，光，電気，機械，徒手などの物理的エネルギーを人体に用い，鎮痛，血流の改善，変形の改善に利用する。温熱療法，水治療法，電気療法，マッサージなどがある），②運動療法（理学療法士が徒手または機械を用いて行う。関節可動域訓練，筋力増強訓練，歩行訓練，バランス訓練，呼吸訓練，腰痛体操，車椅子訓練などがある），③日常生活動作訓練（生活していくために毎日繰り返される身体的動作のうち，主として歩行や車椅子動作など移動訓練）などである[8]。

2）作業療法士

理学療法士及び作業療法士法で，作業療法士とは，「医師の指示の下に作業療法を行うことを業とする者」とされている。また作業療法とは「身体又は精神に障害のある者に対して，主としてその応用的動作能力又は社会的適応能力の回復を図るため，手芸，工作その他の作業を行なわせることをいう」とされている。

作業療法の具体的内容は，①機能的作業療法（作業を介した協同動作を加味した機能訓練を行う。工芸，陶芸，家事訓練，ゲーム，スポーツ，遊戯など

を取り入れる。上肢の切断者に対する義手訓練，麻痺などに対する装具装着訓練が含まれる），②日常生活動作訓練（移動のための動作訓練を除く日常動作訓練を行う），③心理的支援（作業場面を介して対象者の心理面を支える），④職業準備訓練（職業リハビリを受けるための指導や職業能力の評価をする業務）などである[9]。

3) 言語聴覚士

　言語療法は従来，難聴児，先天聾に対する治療として用いられてきたが，近年，事故などによる頭部外傷や脳血管障害が増加し，中枢神経麻痺による後天性言語機能障害の需要が急増してきた[10]。

　そのような背景から，1997年に言語聴覚士法が成立した。その法によると，言語聴覚士は，「音声機能，言語機能または聴覚に障害のあるものに対して，その機能の維持向上を図るため，言語訓練そのほかの訓練，これに必要な検査及び助言，指導そのほかの援助を行うことを業とする」（同法第2条）とされている。また，業務内容として，同法第42条で「診療の補助として，医師又は歯科医師の指示の下に，嚥下訓練，人工内耳の調整その他厚生労働省令で定める行為を行うことを業とすることができる」とされている。

(4) 管理栄養士，栄養士の役割

　栄養士法第1条において，栄養士とは，「都道府県知事の免許を受けて，栄養士の名称を用いて栄養の指導に従事することを業とする者をいう」とされ，また管理栄養士とは，「厚生労働大臣の免許を受けて，管理栄養士の名称を用いて，傷病者に対する療養のために必要な栄養の指導，個人の身体の状況，栄養状態に応じた高度の専門的知識及び技術並びに特定多数人に対して継続的に食事を供給する施設における利用者の身体の状況。栄養状態，利用の状況等に応じた特別の配慮を必要とする給食管理及びこれらの施設に対する栄養改善上必要な指導等を行うことを業とする者をいう」とされている。

　なお，栄養士になろうとする者は，厚生労働大臣の指定した栄養士の養成施設において2年以上栄養士として必要な知識技能を修得する。管理栄養士は栄養士であって管理栄養士国家試験に合格し，厚生労働大臣の管理栄養士名簿に登録されたものをいう。

　栄養士の働く場は，学校，病院，保健所，給食センター，企業と幅広くある。病院においては，入院患者の「給食管理」と入院・外来患者の「栄養指導」を主として行う。「給食管理」では，患者一人ひとりに合わせた献立の作成から，業者への食材の発注，伝票処理まで食事に関わる作業が含まれる。食事は病院においては治療の一環であり，一般食の他に，病気や状態に応じエネルギー制限食，脂肪制限食，減塩食，高たんぱく食，たんぱく制限食などの治療食や，

> **保健所**
> 　地域における保健，衛生活動の中心的役割を担う機関。医師，薬剤師，保健師，助産師，看護師，精神保健福祉士など，各領域の専門家がおり，療育指導，療育相談，健康診断，伝染性疾患の予防，訪問活動，個人や家族に対するカウンセリングなどを行う。地域保健法第5条に規定するもので，市または特別区が設置することとなっている。その目的は，地域における保健，衛生活動を行う。

流動食や全粥食などといった献立が必要になる。「栄養指導」は，医師や看護師と連携をとり患者に対しては検査の数値や病状に応じて，栄養指導書を作成し指導する。

4 医療ソーシャルワーカーの役割

(1)「医療ソーシャルワーカー業務指針」から

2002（平成14）年に改定された業務指針（厚生労働省）によると，医療ソーシャルワーカーの業務の範囲は，①療養中の心理・社会的問題の解決，調整援助，②退院援助，③社会復帰援助，④受診・受療援助，⑤経済的問題の解決，調整援助，⑥地域活動とされている。そしてその採るべき方法・留意点としては，①個別援助に係る業務の具体的展開，②患者の主体性の尊重，③プライバシーの保護，④他の保健医療スタッフおよび地域の関係機関との連携，⑤受診・受療援助と医師の指示，⑥問題の予測と計画的対応，⑦記録の作成等をあげ管理者の監督の下で行うとしている。また業務を適切に果たすために，①組織上の位置づけ，②患者，家族などからの理解，③研修等の環境整備が必要とされている[11]。

(2) 医療におけるソーシャルワーカーの意義

医療ソーシャルワーカーの存在は，医療において患者や家族の生活の安心を実現することにあるといえる。医療におけるソーシャルワーカーの具体的な意義について以下にまとめた。

1) 疾病・障害の生活的影響にかかわる

産業社会において疾病・障害の生活的影響は大きい。とくに近年は，人の生活，人生の節目－生老病死－が医療の場で営まれている。また，医療の判断が，生活条件や社会保障の資格要件，稼動条件に深く結びついていることから，医療機関はおのずから生活への関与をしている。また，その責任も求められているといえる。いうならば，生活の課題の対処，支援も医療機関の機能となっている。ソーシャルワーカーは専らその役割を引き受ける存在である（堀越，2001）[12]。

2) 社会資源を活用し生活の再編成を支援する

現代人は，多様な社会関係，社会制度（資源）により生活が支えられているといえる。とくに疾病を契機にその社会関係や社会資源との関係を再構築，調整をせまられることになる。ソーシャルワーカーは社会保障制度をはじめとしたあらゆる社会関係，資源を活用し，利用者の生活の再編成を支援していくこ

3）ソーシャルワーカーの情報提供が医療の質の向上につながる

　疾病の要因や治療は，生活環境が大きく影響している。ソーシャルワーカーは専門的関係から収集した心理社会的背景についての情報を，医師をはじめ医療関係職種に提供する。その情報やかかわりは適切な診断や治療方法，すなわち医療の質に貢献することにつながることになる。

4）連携の要として機能する

　近年の医療状況において，専門分化，病院の機能分化，在宅指向によりさまざまなレベルの「連携」（つなぐ機能）が必要とされている。個人とシステム間，システム間同士（資源と資源）をつなぐ媒介機能（work to linkage）を専門機能とするソーシャルワーカーは「連携の要」としての役割が期待される。

5）治療関係でない援助関係の構築が可能である

　本質的に，医療における治療は「患者」に「患者」としての役割期待を求めるものである。医療行為に参加しないソーシャルワーカーは，医療の場においても「治療関係」にとらわれない関係構築の可能性があるといえる。患者をありのままの「人」として受けとめる専門的援助関係から，治療者－患者関係でない人間関係から「体験としての病」，「共感」が可能となると考えられる。また，その視点から利用者の立場にたったアドボケートが可能となる（西尾，2005）[13]。

注

1) 厚生労働省「医師・歯科医師・薬剤師調査」及び「衛生行政報告」より
2) 厚生労働省「医療施設調査・病院報告」より
3) 日本医師会ホームページ「医師の職業倫理指針（改訂版）」
　　http://www.med.or.jp/doctor/member/000250.html
4) 厚生省（現・厚生労働省）「インフォームド・コンセントの在り方に関する検討会報告書」より
5) 日本看護協会「看護者の倫理綱領」2003年
6) 厚生労働省「保健師活動調査」より
7) 日本看護協会ホームページ「資格認定制度」
　　http://nintei.nurse.or.jp/nursing/qualification/cn
8) 福祉士養成講座編集委員会編『新版社会福祉士養成講座13　医学一般』中央法規，2005年，pp.173-174
9) 同上書，pp.174-175
10) 同上書，pp.175-176
11) 厚生労働省保健局「医療ソーシャルワーカー業務指針」2002年
12) 堀越由紀子「病院にソーシャルワーカーがいる意味」日本医療社会事業協会編『保健医療ソーシャルワーク原論』相川書房，2001年，p.47

13) 西尾祐吾「ソーシャルワークの固有性をめぐって」西尾祐吾・橘高通泰・熊谷忠和編『ソーシャルワークの固有性を問う―その日本的展開をめざして』晃洋書房, 2005年, pp.1-20

> **プロムナード**
>
> ソーシャルワーカー（社会福祉士）は，連携の"要"（かなめ）といわれます。マサチューセッツ総合病院（MGH）ではじめてソーシャルワーカーを採用したのはキャボット医師（Richard C. Cabot, M. D.）でした（1905）。キャボット医師は，ソーシャルワーカーの仕事を「繋ぐ仕事 work to linkage」であるとしました。ソーシャルワーカーは患者と家族，患者と医師，患者と関係職種の間に立ち相互理解が図られるよう機能します。そして患者のケアの質を高めていくために医師をはじめとする医療関係職種間さらに他機関の関係者との連携／協働の"要"として役割を果たしていくことになります。このようなソーシャルワーカーの機能や役割が果たされていくためには，本章で紹介したような多職種の機能や役割についての理解がとても大切であるといえます。

学びを深めるために

『厚生の指標増刊・国民衛生の動向』厚生労働統計協会
　　月刊誌『厚生の指標』の臨時増刊として1950年から毎年発行されている。人口動態や国民の受療状況などの主要指標，保健医療の政策動向さらに医療関係者や医療施設の現状などが最新の統計データと多様な資料に基づき詳細に解説されている。

ジョンソン, J. L. ほか編／村上信・熊谷忠和訳『医療ソーシャルワーク理論と事例検討』晃洋書房, 2008年
　　アメリカで注目されているソーシャルワークの理論アプローチ「マルチ・システミック・アプローチ（AMS）」とその理論をもとに展開されている典型的な4事例が紹介されている。AMSは，わが国の医療ソーシャルワークの展開にも活用が可能である。

ハウ, D. 著／杉本敏夫監訳『ソーシャルワーク理論入門』みらい, 2011年
　　各国のソーシャルワーク実践において活用されている理論アプローチが網羅されている。ソーシャルワーク実践や研究の入門書である。

福祉の仕事に関する案内書

ドラン, J. A. 著／小野泰博・内尾貞子訳『看護・医療の歴史』誠信書房, 1995年
　　看護，医療，歴史を学ぶための好著である。

パーカー, J. 著／村上信・熊谷忠和監訳『これからのソーシャルワーク実習―リフレクティブ・ラーニングのまなざしから』晃洋書房, 2012年
　　英国のソーシャルワーク大学で活用されているソーシャルワーク実習における事前・事後指導のためのテキスト本である。

第6章 保健医療ソーシャルワークの歴史的展開

第6章 保健医療ソーシャルワークの歴史的展開

保健医療ソーシャルワークの歴史を学ぶことは，医療分野においてソーシャルワークの生み出されてきた過程とその社会的背景を知り，歴史的展開の中で医療ソーシャルワーク実践の意義とその限界を理解し，これから取り組むべき課題に対して，新たな示唆を得ることができる。ここでは，イギリス，アメリカ，日本の医療福祉の歴史を理解し，疾病を抱える生活者を支える保健医療福祉のあり方の相違性と共通性を理解したい。

1 保健医療ソーシャルワークの前史

医療と福祉のつながりは，第1に宗教があげられる。周知のとおり，慈善社会事業は宗教と歴史的に密接な関係をもっており，いずれも宗教的思想から多大な影響をうけている。当然，保健医療福祉の実践活動も同様である。すなわち，西欧圏の福祉思想はギリシャの博愛（フィロソフィー），キリスト教の慈善（チャリティ・カリタス），イスラム圏ではイスラム教のコーランの教えをもとにした慈善事業のあり方をみることができる。わが国では中国から伝来された仏教の慈悲思想が基盤であり，慈善事業は愛の実践行為として展開されてきた。

第2に人間が単に生物学的な存在ではなく心理社会的な存在であるということがあげられる。病気は肉体だけではなく社会生活にも結びついている。このように疾病と社会との関係に着目した医学が社会医学である。その起源は，すでに古代ギリシャのヒポクラテス（Hippokrates, B.C., 460-377）の時代に始まったとされているが，体系化されたのは19世紀になってからである。医療と社会が結びついているという考えは，保健医療福祉の存在意義を示している。その実践活動は今日でも病院を中心に行われる。

中世期ヨーロッパにおける病院の前身は救貧などの社会事業施設であった。それは救貧院（Almshouse）とよばれ，病人を保護することが目的であった。周知のとおり，「病院」の語源は中世ヨーロッパでの聖地巡礼の旅人を対象として，疲れや癒しやもてなすことの意味として，今日のHospitalの概念，すなわち病人を暖かくケアするという考えが含まれている。当時の施設は当然，療養が必要な者が入所していたが，そこは閉鎖，不潔，汚濁な環境で隔離的な性格をもっていた。このように歴史の古い現存の大病院の多くは，ロンドンの王室施療病院，アメリカベルビュー病院，フィラデルフィアの総合病院のように，その前身は，Poor House（救貧院）であった。

医療の発達や社会の複雑性が増すことにより，医師以外の職種として登場したのが19世紀中期のナイチンゲール（Nightingale, F.）に代表されるような看護師であった。また，保健師の登場は，イギリスのリバプールの博愛家ラスボーン（Rathbone, W.）が，地域の貧しい人びとの窮状を救うため看護師を地

ヒポクラテス（ギリシア）
Hippokratès B.C. 460年頃-375頃）

紀元前460年頃，地中海のコス島（ギリシャ）のアスクレピオス学派の家系に生まれたとされる。医師である父から幼少の頃より医学教育をうけ，それまでの古い病人の治療法であった神や呪術から解き放ち，人間の自然治癒力を基本とした治療法である「自然治癒」の考え方を広めた。その結果，「医学の父」とうたわれるまでになり，今日の西洋医学の基礎を築いた。しかし，ヒポクラテスの自然治癒の考え方は，19世紀以降の近代西洋医学の台頭によってその影響力を失っていったのである。ただ，現代医学の功罪が問われている中にあって再び彼の医学観が見直されている。

区へ派遣したのが始まりといわれている。また，彼はナイチンゲールの助言のもと，リバプール王立病院に看護婦養成学校をつくり，病院内の看護ケアの改善と地域社会の病人に対する看護婦の養成を1862年に開始した[1]。

精神病院退院患者のケアを目的とした家庭訪問はすでに19世紀に行われていた。とくに1880年に精神病アフターケア協会も設立されていることを鑑みると，精神疾患患者のアフターケアの重要性が早期から認識されていた。

後に述べるアメリカの医師キャボット（Cabot, R.C.）は，医療のあり方をフランスから学んだことを述べている。これは，保健医療ソーシャルワークの発展にもかかわることである。彼はフランスの医師カルメット（Calmette, L.C.A.）とグランシェ（Grancherr, J. J.）の2人の功績を評価している。前者のカルメットは，結核対策診療センターの重要な規定の中に，家庭訪問員（visite domiciliaire）の必要を認めた。これは，医療ソーシャルワーカーの前身である。彼は，結核という病気が病院での治療と家庭での療養のあり方も考慮しなければ治療効果が上がらないことに最初に気づいた人である。また，細菌学的教育をもとに予防医学の見地から寝具の消毒や投薬以外での治療などを考慮し，公衆衛生と公衆のために尽くした。その家庭と診療所とを関連づけてくれた存在が家庭奉仕員であったとしている。

後者のグランシェは結核対策を通して，専門職としてのソーシャルワーク確立のために貢献した一人としてあげられている。彼の仕事は，細菌学の見地にたって進められていた。当時，結核は社会的問題でもあった。その結核の蔓延を防ぐための必要な手段として，結核に罹患したおとなから子どもを離した。これは，この時代においては非常に画期的なことであった。また，医療は必要としている人にのみ提供するのではなく，とくに感染性の疾患は発見すること，すなわちアウトリーチすることが予防につながることの重要性も指摘した。この場合，結核に関する細菌学的知識に基づいて隔離することが必要であった。その際に，家庭訪問員は，経済的問題に対する援助や安心して療養できるように支援する役割を担っていた。つまり現在のソーシャルワーカーの前身は，この家庭訪問員であった。

2 イギリスの保健医療ソーシャルワークの歴史

イギリスにおける保健医療ソーシャルワークの萌芽として注目すべき点は，今日のケースワークや地域組織化運動の先駆である慈善組織化協会（Charity Organization Society）の存在である。19世紀後半に産業革命後の貧困者の増大を防ぐ救済が行われた。しかし，篤志家による無秩序な慈善事業は濫救や漏救の弊害を生む結果となった。これを機に，友愛訪問はクライエントの個別ニード把握や，貧困者に対して必要な援助を提供することにより，濫救の防止を見

キャボット，R.（米 Cabot, Richard 1865-1939）

1905年に医師として，アメリカにおける最初の医療ソーシャルワーカーであるソーシャル・アシスタントを設置。1892年，ハーバード大学医学部卒業後，ボストン児童援護協会と関わり専門的社会事業に触れる。1893年よりマサチューセッツ・ジェネラル・ホスピタルの外来診療所医師となり，日々の診療業務の中で，患者の生活歴，経済状況，心理面，社会的環境条件の情報を診断と治療へ活用することの必要性を感じ，看護婦出身のガーネット（Garnet, P.）を採用。2代目の社会事業を学んだアイーダ（Ida, C.）らとともにケースにチーム医療で関わり，医療社会事業を発展させた。

慈善組織（化）協会（Charity Organization Society：COS）

19世紀後半のイギリスにおいて，慈善事業による救済の重複や漏れをなくすことを目的として，慈善事業の組織化・合理化を図るために設立された。方法としては貧困者に対する調査と慈善団体間の連絡・調整を図るとともに，貧困者に対してその自立を促すための個別訪問指導活動（友愛訪問）を実施した。この協会の活動は，各国に少なからず影響を与え，とくにアメリカにおいては大きく普及した。また，その活動方法は，個別訪問指導活動がケースワークの，調査および連絡・調整がコミュニティ・オーガニゼーションの先駆的な実践となった。

出した。これと同様に病院の中にも多くの問題が生じていた。当時の病院の機能は救貧法に基づく病気や貧困者の収容の場であった。その実態は，入院選定が曖昧であったり，患者が無知のために医師の指示に従わなかったり，病院の機能を理解していない患者，家よりも居心地がよくて来院する者，退院しても病状が急速に悪化するなど多くの問題を抱えていた。このような貧困，無知，不衛生の悪循環が社会問題として病院内においても顕在化することになる。そうした中での医療救済は，慈善組織化協会の重要な仕事になっていったことは当然の流れである。

こういった時代に貧困患者を救済するための専門的援助者が登場したことは，歴史的に大きな意義がある。1895年，ロンドンの王室施療病院（Royal Free Hospital）で慈善組織化協会（Charity Organization Society）の書記をしていたスチュアート（Stewart, M.）が外来診療部に採用され，援助活動を開始した。その当時，王室施療病院では貧困患者が外来にあふれ，入院設備が少なく，対応に苦慮していた。そこでチャールズ・ロック卿（Rock, C.）は，あふれかえる貧困患者の中で本当に治療が必要な患者とそうでない患者の選別の仕事をする専門従事者が必要であるということを発案した。このようにして，初の専門職が組織の中に組み込まれたのであった。

いずれにせよ，当時のイギリスでは量的限度のある医療サービス機関の中で，本当に医療サービスが必要な者をどのように選定していくのかということが問題であった。専門的視点で援助を行う者をアルモナー（almoner）とよんだ。そのゆえんは，Charity（慈善）である。その語源ともいえるヘブライ語（Zadākāh）は神の正義を意味し，英語ではjustice（正義）とalmsgiving（施与）両方の意味に訳されて[2]いる。このアルモナーは，14世紀初頭の修道院や王室の城内において，貧困者に施しを与えた役人のことを称し，また入院の是非を決める病院長の称号でもあった。すなわち，その名称には「選ばれし者，貧困者に施す者」という意味を含んでいる[3]。

スチュアートは自らの働きを通して医療費を払える人の無料診療を防ぎ，生活状況と病気回復の関連の重要性を説いていった。具体的には無料診療を受けている150人の患者を調査することにより現状を客観的に把握した。そこで真に無料診療を必要としているものとそうでないものを明らかにし，それを病院管理委員会に報告した。また，1898年に彼女は患者の索引を5,000枚も作った。これは援助を行う上で必要な患者の管理を適切に行うための工夫をしていたことになる。このような発想と実践は，現代の医療ソーシャルワーク業務の上でも非常に評価できる点である[4]。

こうした活動は，ロンドンの他の病院にも影響を与えた。1898年にウエストミンスター病院がナンシー（Nunssey, H.）を採用。1901年にセントジョージ病院にマッド（Mudd, E.）が採用された。1905年にセント・トーマス病院はカ

アルモナー（almoner）

1895年にイギリスのロイヤルフリー病院で発生した医療ソーシャルワーカーの当初の名称。初代アルモナーはメアリー（Mary, S.）。その後10年の間に7つの病院で採用される。1903年に病院アルモナー協会（Hospital Almoner's Association），1906年には病院アルモナー協議会（Hospital Almoner's Council）が組織され，病院で働く以前は慈善組織協会で働いていたアルモナーの訓練計画，スーパービジョン，採用の促進を進めた。1922年，病院アルモナー研究所（Institute of Hospital Almoners）を設立し，1945年には協会の約600名，研究所の研修生120名を合体させ，アルモナー研究所（Institute of Almoners）を設立。1963年からは医療ソーシャルワーカー研究所（Institute of Medical Social Workers）となり，訓練，採用の促進，業務の発展と調査研究を行った。1975年，英国ソーシャルワーカー協会へ合併。

ミンス (Cummins, A.) を採用した。スチュアートをはじめとする王室施療病院のアルモナーたちは、他のアルモナーたちの指導を行い、専門家育成に貢献していた。

初期のアルモナーたちの共通するところは、人に関心があり、患者と適切な援助関係をつくっていく能力、地区の関連機関との連携を図り業務が円滑にいくように努力を惜しまなかったこと、その当時の社会的環境の中で生じていたクライエントの問題に対して必要な会や指導を行ったこと、医師との相互の理解や協力が得られるように努めていったことなどがあげられる。当時の保健医療ソーシャルワークにはケースワーク、グループワーク、コミュニティワーク技法が潜在的に息づいていたことも注目される点である。1954年には医療ソーシャルワークの最初の大学コースがエディンバラ大学で開始[5]された。その後、1973年にはNHS（国民保健サービス）再組織法（NHS Reorganization Act）により、NHSのソーシャルワーカーは地方自治体部門へ移り、地方自治体の医療看護スタッフがNHSへ移動することが規定された[6]。それ以降、「ソーシャルワーカー」としての呼称が一般的になり今日に至っている。

今日的見解としてイギリスの医療社会福祉の特徴は医療組織や医療の質を高めるために発生したというよりも、むしろ社会的問題や社会事業活動との絡みの中で、それに応える形で登場したということであろう。

3 アメリカの保健医療ソーシャルワークの歴史

アメリカの医療社会福祉活動は、1880年代から1900年初期にかけてコミュニティ中心に公衆衛生の問題、たとえば、結核、高い新生児死亡率、梅毒、ポリオ、また未婚の妊婦の問題等を抱えた人びとが援助の対象となっていた。医師であるブラックウェル (Blackwell, E.) は、ニューヨーク市の診療所の一角を女性や子どものための社会サービス提供部門として発展させた。その後、1866年に黒人医師コールによって家庭訪問が行われ、衛生面の指導を行った。周知のように、1893年にアダムス (Adams, J.) によるハル・ハウスのセツルメント活動によっても、診療所が開設されるが、ソーシャルワーカーが配属されるのはその後になる。救貧院から病院に移行していく過渡期である1891年にクリーブランド市民病院 (City Hospital in Cleveland) においてソーシャルワーク的な活動が行われていたことが記録されて[7]いる。

具体的な医療福祉実践活動のはじまりは、1905年にキャボット (Cabot, R. C.) によって導入された。彼は、1892年にハーバード大学医学部を卒業し、その後1893年から数年間、診療所の医師として勤務している。その後、母校で教鞭をとりながらマサチューセッツ総合病院 (Massachusetts General Hospital) の外来の医師として勤務している。そのほか、1905年から10年間、ボストン

小児援護協会の理事となった。このような豊富な経歴の中で，彼は医学的診断の限界を感じ，効率的な治療には社会的情報や心理・社会的な援助が必要であることを認識していった。とくに小児援護協会での仕事の中で問題を抱えた子どもたちに対して，協会の職員が子どもの生活歴を含む詳細な情報収集を行い，その問題を明確にし，その問題に対して他からの助言や資源を有効に利用し，問題解決を図っていた。彼はその援助方法こそ，これまでの自らの医学的診断・治療をよりよいものにする方法を含んでいると考えるのである。彼は著書，*Social Work: Essays on the Meeting-ground of Doctor & Social Worker*（1919／森野郁子訳，1969）の中で「くる日もくる日も自分の失敗に直面し，必要な治療ができないという理由で，診断に時間をかけたのがむだになり，診断が無用であるのをみて，私は自分の仕事に殆ど耐えられなくなった。……このとき，家庭訪問員，またはソーシャルワーカーが私の診断を全うするために，患者の病と経済状況について，もっと詳しく調査し，私が以前，病院の外で共に協調的に仕事をしているのをみた。いろいろな機関の力，博愛的な慈善事業，地域社会の資源を組織化することを通じて，私の治療を遂行するために必要なことを知ったのである」と記している。そこで，彼は，マサチューセッツ総合病院に専任有給の医療ソーシャルワーカーを導入し，よりよい医療のあり方を追求したのである。

　彼は，医療ソーシャルワーカーの役割を，①医師と協力し，患者の情報を収集しそれを理解し，それが医師にとって患者のより深い理解につながり，適切な診断へと貢献するもの。②患者の経済的，精神的，道徳的なニーズを明確にし，他の機関や社会資源を導入し，援助すること。このようなことが医師との協働で患者のニーズに対応できる援助者として彼は期待していたようである。さらに，カルメットやグランシェの結核対策から学んだように，患者の家庭訪問を行い，治療が必要な家族の中に治療の必要なものを発見するという予防的な役割を担うものであるとしている。

　そのキャボットが，1905年に最初に医療ソーシャルワーカーとして雇用したのがセツルメントの看護師として従事していたペルトン（Pelton, G. I.）であった。彼女は，残念ながらわずか8ヵ月で病に臥してしまうのであるが，その間，彼女の主な仕事は結核患者が安心して治療・療養できるように援助することであった。その後，この仕事は訪問看護師であったキャノン（Cannon, I. M.）に引き継がれ，さらにそれを発展させた。正式には1919年に医療ソーシャルワーカーが病院組織部に位置づけられたようである。前述したように，マサチューセッツ総合病院を含むアメリカの医療ソーシャルワーカーの発展においてキャボットの力は，偉大であった。彼は，常にソーシャルワーカーの働きに対し，医師の立場から理解を示し，また教育にも力を注いだ。これらの成果により1906年にニューヨーク市ベルビュー病院，1908年にはバルチモア市

ジョン・ホプスキン大学付属病院に社会事業部が設置された。当時の病院社会事業は Hospital Social Work とされイギリス同様，結核，梅毒，淋病，未婚の妊娠ケースや貧困患者に対する物質的援助などを通して安心して療養できるように援助することが主な目的であった。

1918年頃から20年間は医学も生物学的なリサーチ志向から技術志向へと大きく発展した時期である。同様に医療ソーシャルワークも大きく発展していった。とくに1918年から1948年までの間は，これまでの一連のソーシャルワーク実践の基礎的知識や技術の発展および体系化が行われてきた時期である。物質的援助や環境調整が中心であった援助も心理・社会的にも深く関わって援助することになる。制度面では，1935年の連邦緊急救済法や同年の社会保障法の成立がなされた。

その後，精神病院にソーシャルワーカーが採用され，1919年に米国病院ソーシャルワーカー協会結成，1925年には情緒障害児治療機関がソーシャルワーカーの採用をするようになった。1926年には米国医療ソーシャルワーカー協会，精神ソーシャルワーカー協会が結成された。1920年代には300の病院にソーシャルワーカーが配属され，1930年代には1,000以上の病院にソーシャルワーク部門ができ，発展していった。1955年に各団体が全米ソーシャルワーカー協会に統合され，職能団体としての地位を築き，今日に至っている。とくにアメリカはめざましい医療技術の発展，専門分化，また，専門医や他の専門医療スタッフの発展と増加により，医療ソーシャルワーカー自身も他の専門職とともにチーム医療を担う専門職としての役割が一層期待されている。今日的見解としてアメリカの医療社会福祉実践活動は，よりよい医療のあり方を問う中で生まれてきたものである。したがってチームの一員としての役割を担う専門家として専門性が追究され，技術，理論とも医療に貢献することが使命とされている。

このようにイギリス，アメリカの医療福祉実践の歴史は共通して産業革命をきっかけに大きく発展していった。その理由は，第1に，工業化が急速に進展し，そこから派生して都市人口が増加したこと。第2に，人びとの生活も長時間の過酷な労働，栄養不良，不衛生な環境が生じたこと。第3に，そのため結核をはじめとするさまざまな疾病が蔓延して大きな社会問題となったこと。第4に疾病から貧困に陥るものが多く存在したことである。当時の資本主義の発展，とくに国家独占主義段階の確立・移行期に生じた多数の貧困者の発生は無産貧民を生み出した。また都市のスラム化などは，大きな社会問題として顕在化していた。

一方，医療技術の革新とそれにともなう病院が設立されてきた時代でもある。そういった中で深刻化していった医療社会問題の解決を未熟な医療保障を補完する意味で医療福祉実践活動が，その代替機能としての保護事業を中心に行わ

れていた。また、医療のあり方を問う過程で医療ソーシャルワーカーは医師と協働することにより、よりよい医療へと発展するために生起してきた専門職であるといえよう。このような過程を経て、今日の医療福祉実践活動は貧困者ばかりではなく、広く一般の人びとを対象とし、疾病を機に派生するさまざまな生活上の困難に対する専門的援助が行われるようになったのである。

その後の英米の保健医療ソーシャルワークの発展は、イギリスでは1973年のNHS（国民保健サービス）法により、病院内ソーソーシャルワーカーは地域を拠点にコミュニティワークを展開し、サービス供給方法としてケアマネジメントのあり方を定着させた。一方、アメリカでは専門性の追究とともに治療的アプローチが開発されてきた。1972年の社会保障法改正（Amendments to Social Security Act）では、医療サービスの適正化が問われることとなり、医療ソーシャルワーカーは専門職としての説明責任や業務の評価が求められた。さらに、サービスの質の保証が求められるようになった。また診断別定額医療費支払い制度（Diagnosis Related Groups：DRGs）の導入により、短期の入院期間に医療ソーシャルワーカーの行う退院計画がその後の生活を左右することから主要な業務として認識されている。

4　わが国の保健医療ソーシャルワークの歴史

わが国の医療福祉実践活動の始まりは宗教にその端を発し、その問題は人生の老病死苦への対決であった。前述したごとく西欧における病院の歴史がキリスト教の慈善施設から発展したものに対して、日本における社会事業は中国からもたらされた仏教の慈悲に発している。このことは、聖徳太子の四箇院設立（593年）の事実を物語っている。聖徳太子が推古天皇のために講義せられた勝鬘経中の中で老病死苦に対しての援助を述べている。その具体的実践として四天王寺建立の際に四箇院をつくった。聖徳太子は、①施薬院、②療病院、③悲田院、④敬田院を建立し、鰥寡孤独貧窮及び病者を救済した。また、四箇院の維持費として、摂津・河内領国の官稲各三千束があてられた[8]。

光明皇后（701～760）は聖武天皇とともに仏教を通して、慈善活動に務めた。たとえば、天平2年、皇后職に施薬院を設け、老病僧のための施設、興福寺内に病気の貧困者のために治療できるような場を設けた。また、皇后の勧めで聖武天皇も日本の各地の国分寺・国文尼寺を創設し、僧や尼による患者の世話を行っていた。

わが国の保健医療ソーシャルワークの発展は仏教だけの影響ではなく、キリスト教精神に基づく事業もカトリックのザビエル（Xavier, F.）の来朝によって広がっていった。その当時の仏教は、一向一揆を指導した浄土真宗を除いては国民生活に密着していなかったといわれている。そのような中でザビエルたち

国民保健サービス法（National Health Service Act）

イギリスの保健医療制度。ベヴァリッジ報告に基づき、1946年に労働党政権のもとで制定され、1948年より施行される。その後、効率化促進のため制度改革が行われ、1990年サッチャー保守党政権のもと、NHSおよびコミュニティ・ケア法への改革が行われた。制定当初の主な原則は、財政は保険料でなく国税、すべての人に医療保障をし、原則無料、疾病予防からリハビリテーションを含む包括的医療サービスを提供、家庭医（General Practitioner）を設ける、実質的には病院スタッフは国家により雇用するというものであった。

ケアマネジメント（care management）

介護支援サービス。介護保険法で認定された要介護者に対して、介護サービス計画（ケアプラン）の作成や、市町村や居宅サービス事業者、介護保険施設との連絡調整、権利擁護（advocacy）などを行うこと。また、ケアマネジメントを行う専門職をケアマネジャー（介護支援専門員）という。具体的な援助の流れとしては、要介護者やその家族による申請〜認定調査のための訪問〜給付の決定と要介護認定〜アセスメントと介護サービス計画作成〜介護サービス計画実施（サービス提供）〜再アセスメントの実施、となる。

は，貧困者の窮状をみて収容し保護した。キリスト教の伝道の根底に流れていたものは，神の前では人間はみな平等であり，それは国籍，人種，身分を超えたものであり神の愛そのものであった。とくに，医療修道士アルメーダ（Almeida, L.）は伝道とともに西洋医術を広め，豊後府内に救治院を2ヵ所（1556），捨子や間引き寸前の児童の収容施設を1ヵ所設立している。

1858年に5ヵ国との通商条約の締結後はとりわけ，プロテスタントの宣教師や洋学者によるヒューマニズムと日本の慈善との接点の中で社会事業が発展していった時期に入る。たとえば，ヘボン博士（Hepburn, J. C.）などの宣教師たちは医療と教育を中心に日本人の社会意識の向上に力を注いだ。ヘボンは横浜宗興寺の施療所（1861），マクドナルド（Macdonald, D.）は静岡病院（1868），ベリー（Berry, J. C.）は神戸病院（1883）設立とともに監獄改良事業の先駆的業績を残した。またヨーロッパ人のシーボルト（Siebold, P. F. von）をはじめとする蘭学者は救済のあり方を検討し，ポンペ（Pompe, V.M.）は身分制にとらわれない医療を提供している。さらに松本良順らに臨床教育を行いコレラ予防のために科学的医療を施した。

その後，明治から大正にかけては，周知のとおり慈善事業から社会事業へと移行していく時期である。当時，産業革命の波と資本主義の発展とともに，労働問題，とりわけ婦人・児童労働者の酷使による労働災害や多くの伝染病，呼吸器疾患などの社会環境問題が発生した。そのような中で，保健医療ソーシャルワークの先駆的な働きが生まれた。医療ソーシャルワーカーの前身として代表的なものが，三井家によって開設された泉橋慈善病院（現・三井記念病院）では1921（大正10）年に，東京市立中野療養所では患者の相談を施設内にとり入れたという報告が[9]ある。

近代的保健医療ソーシャルワークの始まりは1926（大正15）年の済生会本部病院，1929（昭和4）年の聖ルカ病院の事業である。済生会病院の事業は生江孝之（1867〜1957）が1919年に渡米した際にキャボットの病院で行われている医療福祉実践活動をみて，その必要性を痛感し，その事業にふみ切ったのである。生江は1926年済生会本部病院を済生社会部と命名し，病院外の独立機関として設立[10]した。

聖ルカ病院は，東京築地にあるキリスト教の財団法人総合病院である。この病院は貧困者の診療に従事した聖公会宣教医師，アメリカ人のトイスラー（Tousler, R. S.）が1901年に創立した。初期より優秀な看護婦養成に務めたことで知られているが，その中で医療社会事業部が設置された。1924年にアメリカシモンズ女子大学社会事業学校を卒業した浅賀ふさが，一時は帰国した当時の院長トイスラー博士に会い，その必要性を強調したことから社会事業部が開設された[11]。

医療に関する社会事業としてつけ加えておきたいのが，1923年，関東大震

四箇院（しかいん）

聖徳太子が，仏教思想に基づいて建立したとされている宗教施設であるが，日本最初の慈善救済施設としての意味をもっている。聖徳太子は593（推古1）年に仏教寺院「四天王寺」を建立し，そのさい，仏教布教のための敬田院（きょうでんいん），貧窮者や孤児を収容する悲田院（ひでんいん），貧窮者の入院のための療病院（りょうびょういん），貧窮者に薬の提供を行う施薬院（せやくいん）の4種類の施設を創設したとされている。

生江孝之（なまえたかゆき 1867-1957）

宮城県に生まれる。青山学院神学部卒業後，1900（明治33）年から4年間渡米し，ディバイン（Devine, E.）等に師事する。1909（明治42）年，内務省の嘱託として慈善救済事業に従事する。また，中央慈善協会『慈善』の編集にあたる。内務省を退職後は日本女子大学等で社会事業の教鞭を執る。著書に，『社会事業綱要』や『細民と救済』などがある。

> **浅賀ふさ**
> **(あさがふさ**
> **1894-1986)**
> 愛知県生まれ。日本女子大学卒業後，1919年に兄の渡米に同行，シモンズ女子大学社会事業専門学校に入学。渡米中はキャボット(Cabot, R.C.)医師や医療ソーシャルワーカーのアイーダ(Ida, C.)に師事。1929年に帰国後，現在の聖路加国際病院に社会事業部を設置し，医療ソーシャルワーカーとなる。その業務を医療チームの一員として，患者・家族の抱える心理・社会的問題への援助と考え，院内外の幅広い実践に取り組む。戦後，厚生省（現厚生労働省）で児童福祉専門官となり，1953年，現在の日本福祉大学へ赴任。日本医療社会事業家協会設立とともに1973年まで初代会長となり，医療分野の専門職養成とその組織化に従事する。また，朝日訴訟第二審では原告の証人として証言を行った。

> **日本医療社会事業協会**
> 医療ソーシャルワーカーや医療社会事業の普及・発展を支援することを目的としている団体。1953年に全国組織として結成されたわが国におけるソーシャルワーカーの団体としては最も古い歴史をもっている。

災後の震災救護事業の報償金や寄付金をもとに本所区柳島に東京帝大セツルメントが開設されたことである。セツルメントの事業としては市民教育部，調査部，児童部，医務部，法律相談部，労働学校，消費組合部に分かれていた。活動の一環として地域住民の診療調査なども行われ，地域住民の大きな力となり共鳴をよんだが，その後，軍国主義が強まる中で，干渉弾圧を受けることになる。

戦後の混乱期の中では，多くの国民が，衣食住に困り，結核の蔓延，孤児の問題，売春問題などが社会問題となった。当時は，治療にあたる医師やスタッフが不足しているうえに，入院できる施設も不足し，医療が受けられない多くの貧困者が存在していた。そのような中でGHQは進駐軍兵士の衛生面を考慮して，公衆衛生に力を注いだ。そのために1947年に結核対策を含んだ保健所法の改正を行った。その新保健所法では第2条第6項に「公共医療事業の向上及び増進に関する事項」とうたわれ，医療社会事業の増進が保健所の事業のひとつとして加えられた[12]。しかし，当時は，予算措置も確立しないままであった。その後，1948（昭和23）年に新しい保健所法の精神を具現化したものとして，全国各都道府県に1ヵ所宛もうけられたモデル保健所に，1名宛の専任の医療社会事業職員が配属された[13]。国立国府台病院の村松常雄院長は1948年に，環境を重視する精神医学実践の試みに専門のソーシャルワーカーを配属した。また，1949（昭和24）年に全国社会福祉協議会（当時・中央社会事業協会）を中心として，日赤，済生会，結核予防協会等が後援し第1回医療社会事業従事者養成講習会が開かれた[14]。特殊法人である日本赤十字社は民間医療施設として最初に医療社会事業を導入することとなった。その後，1950年に東京都衛生局医務課に医療社会事業係の設置がなされた。このように50年代に入って，医療社会事業従事者は増加し，1953（昭和28）年には養成講習会の終了者150名が中心となって，職能団体としての日本医療社会事業協会（現・日本医療社会福祉協会）が発足した。2年後の1955年，厚生省（現・厚生労働省）の医療社会事業従事者調査では2,109人を数えたが多くは兼務者であった。

このように，戦後，保健医療ソーシャルワークの普及時期においては，前述したように講習会が開かれ，専門書も刊行され専門的知識や技術の向上や専門性にも目が向けられた。しかし医療福祉実践は医療に関わる生々しい生活の相談が主であり，どのように医療費を工面するか，適切な入院施設を探すか等に関する相談援助が中心であった。この時期，日本医療社会福祉協会は社会保障予算削減反対の街頭署名運動の実施や結核予防法，生活保護法，健康保険法の改善のために総会決議をしている。

林直道は1955年から始まった経済の高度成長は，設備投資と重化学工業化，輸出競争の強化，低賃金，低福祉とする国民生活の犠牲から成り立っていたと指摘しているが[15]，それとともに過疎過密問題，核家族化，出稼ぎ問題，労

働災害の多発，全国各地で起こっていた公害や環境破壊など生活不安が深刻化していった。このような激しい経済社会の変動にともなう国民生活の変化があらわれると，社会福祉に対するニードも変化し多様化してきた。社会保障に関しても，救貧対策としての公的扶助から防貧対策として社会保険や社会福祉に移行していった。1958年には「国民健康保険法」が全面改正され，1959年には国民年金法が成立した。いわゆる，「皆保険体制・皆年金」が達成されたのである。この時期はまた生活の多様化・複雑化にともない福祉三法から福祉六法と社会福祉法の対象者の拡大をみせた。

一方，疾病構造は公衆衛生の整備や抗生物質の普及により，戦後混乱時の感染症流行や結核死亡率や乳児死亡率が低下した。それに代わって疾患の特徴も癌・生活習慣病等の増加による患者数（入院，外来）が増加した。70歳以上の高齢患者数の割合が増加し認知症，寝たきり老人問題の増加の兆しがみえる時期に突入していった。

医療福祉援助業務は，そうした高度経済成長のひずみとして複雑かつ多様な生活問題の対応に迫られる。また，対応する患者の疾患も心身症，精神疾患，アルコール依存症に対するアプローチ，リハビリテーションソーシャルワークのあり方の検討もされるようになった。

このように患者や家族の生活問題に対応しながら，一方では専門性の追究がなされるようになってきた時期であるといえる。その中で，医療ソーシャルワーカーが充実してきた制度を活用し，生活問題の改善を図るといった役割と，一方では，いわゆる心身医学，精神医学，心理主義的な志向をともなった治療的役割も果たしていくことになる。

1960年代から1980年にかけては，さまざまな形で保健医療ソーシャルワークの業務内容や指針の検討，調査などが行われた。そして資格制度の確立のために努力していった時期でもある。しかしながら，1987年の社会福祉士及び介護福祉士法が制定された際に，医療ソーシャルワーカーは当時の厚生省担当部局の問題や職能団体内部の事情により，その法からは除外されてしまった。しかし諸外国の動向をみても医療ソーシャルワーカーの資格は社会福祉学を基礎として資格が一本化されていることが一般的である。日本医療社会福祉協会の会員のうち約9割が社会福祉士資格を取得している（2014年8月現在）。

現在では　今日，わが国は少子・高齢社会という社会環境とバブル経済崩壊後の長期経済活動の低迷期を迎え厳しい経済環境に置かれている。そうした中で社会保障・社会福祉の基礎構造改革による社会保障制度の見直し，医療法改正，後期高齢者医療制度など「改革」が次々と施行されてきた。その中で診療報酬制度では退院支援など社会福祉士による行為の点数化が認められた。今後の医療・保健・福祉は病院から在宅や施設へと移行していくことになるが，地域において質の高い効率的なサービスを提供するためには，地域の実情，つま

国民健康保険法
わが国の医療保険制度の中心をなすものとして国民健康保険法と健康保険法がある。現行の国民健康保険法の前身は，1938（昭和13）年に制定された。その後，国民皆保険達成のために1958（昭和33）年に全面改正された。国民健康保険法の対象となる者（被保険者）は，職域医療保険（被用者保険）の適用をうけない地域住民（農民や自営業者など）である。保険者には市町村および特別区と国民健康保険組合がある。保険給付は，被保険者の疾病，負傷，出産，死亡などである。なお，被用者保険の退職者が加入する退職者医療制度は国民健康保険制度の中で行われる。

国民年金法
1959（昭和34）年制定・施行。このときの国民年金法に基づく制度は現在一般に「旧制度」とよばれている。すなわち，現在のような全国民を対象とする「基礎年金」を規定した法律であったのではなく，被用者年金の加入者以外の国民（自営業者，農林水産業従事者等）を対象とする各種年金給付を規定した法律であった。1985（昭和60）年，全面改正が行われ，国民年金は全国民を対象とする各種年金の基本的部分を担う「基礎年金」と位置づけられることとなり，今日に至る。

> **社会福祉士及び介護福祉士法**
>
> 1987 (昭和62) 年に成立・施行された法律。多様化・高度化した福祉ニーズに適切に対応し,介護の充実強化を図ること,民間シルバーサービス事業を健全に発展させ国民の福祉を向上させること等を目的としている。社会の急速な高齢化にともない福祉ニーズが増大し,適切な相談援助活動には高度な専門的対応が求められるようになったため専門的マンパワーの育成と確保が必要となったこと,また,国際的にも福祉専門職制度の確立の必要性が求められていたことなどが同法制定の背景にある。なお,2007年11月に同法は改正された。

り地域の個別性に応じて適切な機能分化や連携を図り,患者の生活の質を高めることが重要である。そもそも患者の抱える疾病は医療だけでは解決しないため,医療・保健・福祉の協働により支えるものであるが,地域全体を含めた医療の継続性を含め今後ますます医療ソーシャルワーカーにその実践力が求められる。また,患者が今までの生活の中でどのような家族,人びと,地域,つまり社会資源とつながってきたのかをアセスメントし,それとかけ離れた支援にならぬよう整合性を保つことも忘れてはならない。そして,医療ソーシャルワーカーはいまや病院をはじめとする組織の経営に影響を与えるほどの存在になっており,その中で医療ソーシャルワーカーに求められるものは在院日数の短縮や退院促進などの効率性である一方で,患者や家族のニーズを最大限に尊重し,いかに個別的な関わりができるかではないだろうか。その効率性と尊厳を重視した支援の結果として医療費の適正が図られることも期待されている。

(本稿は,拙稿「医療福祉の歴史的展開」『現代医療福祉概論』学文社,2003年より一部改編して掲載した。)

注)
1) ドラン,J. A. 著/尾野泰博・内尾貞子訳『看護・医療の歴史』誠信書房,1995年,p.301
2) 吉田久一・高島進『社会事業の歴史』誠信書房,1964年,p.28
3) 中島さつき『医療ソーシャルワーク』誠信書房,1975年,p.28
4) 中島さつき『医療社会事業』誠信書房,1967年,pp.29-30
5) バラクロー,J. ほか編著/児島美都子・中村永司監訳『医療ソーシャルワークの挑戦』中央法規,1999年,p.46
6) 同上訳書,p.129
7) *Encyclopedia of Social Work*, 18thed, NASW, 1987, pp.1365-1366.
8) 保健医療ソーシャルワーク研究会編『保健医療ソーシャルワークハンドブック(理論編)』中央法規,1990年,p.18
9) 日本医療社会事業協会編『25年のあゆみ―日本医療社会事業協会史』日本医療社会事業協会,1978年,p.8
10) 前掲書8),p.24
11) 同上書,pp.24-25
12) 同上書,p.26
13) 前掲書9),p.23
14) 前掲書4),pp.56-57
15) 林直道「70年代と日本資本主義」『講座現代資本主義2』青木書店,1973年,pp.15-66

参考文献

児島美都子『新医療ソーシャルワーカー論』ミネルヴァ書房，1991年
中島さつき『医療ソーシャルワーク』誠信書房，1975年
成清美治・加納光子編『現代社会福祉用語の基礎知識（第8版）』学文社，2008年

プロムナード

　医療ソーシャルワークの歴史は周知のとおり，イギリスに端を発し，次いで米国で発展しました。以来，専門職としての主体性と自立性を勝ち取るために多くの先駆者たちがその活動を支え発展させてきた経緯を持っています。医療ソーシャルワークはそれぞれの時代の政治，経済，文化，社会によって規定されながら，その時代的制約の存在する中，人びとの生活の支援を基軸として変化し発展してきました。歴史は物の見方を養う学問であるが，歴史を学ぶ意義は過去の経験を受け継ぐことにあります。過去と切り離された自己は存在しないであろうし，人間存在は歴史的存在です。そして歴史的存在としての人間とは，今生きている「現在」を絶対化することなく，相対化できることです。過去から学び得たものを現在に継承し，次代によりいいものを作り出し，発展させていける医療ソーシャルワークであることを期待したいです。わが国の動向は，社会福祉に関する法律の改正，医療法改正，そして後期高齢者医療制度の施行などにより，医療ソーシャルワーカーの意義がますます問われています。「人が尊厳を持って生きていく」そのために「医療」，「保健」と「福祉」がそれぞれの固有の領域を保持しながら，医療ソーシャルワーカーは人間の生命や生活に深くかかわる分野として医療機関，地域社会，そして患者に貢献できる専門職として大いに期待されています。

学びを深めるために

内田守・岡本民夫『医療福祉の研究』ミネルヴァ書房，1980年
　　これは医療福祉の領域では歴史的に価値ある書物の一つである。岡村重夫，孝橋正一，竹内愛二，吉田久一をはじめとする各研究者がそれぞれの立場から医療福祉に関する論文を書いている。医療社会事業論争で残された課題や各研究者が提示している医療ソーシャルワークの課題が過去のものでなく，われわれが今後どのように取り組んでゆくのかを問いかけている。

S. J. ライザー著／春日倫子訳『診断術の歴史』平凡社，1995年
　　医療とテクノロジーの支配とサブタイトルがついているが，患者の病気を確定する診断という手順は医療にとって重要な意味を持つ。医療の進歩による診断方法の発展が医師と患者の関係や医療システムを変化させた。科学や診断技術が淘汰されることは，一方では人間性を排除しなければならない。人を「もの」として発展してきた自然科学である医学に対し，ソーシャルワークは社会科学に帰属する応用科学として発展してきた。科学性に対する認識が不十分とされながらも，医療にとって医学だけでは完結できない人間に必要なCareを医療ソーシャルワークは心理社会的側面，社会環境側面を支援する重要な分野であることを考えさせてくれる。

福祉の仕事に関する案内書

日本医療社会事業協会編『医療と福祉』（各巻）
日本医療社会福祉学会編『医療社会福祉研究』（各巻）

第 7 章

保健医療ソーシャルワークの方法と技術

1 ケースワーク

(1) ケースワークとは

　ケースワークとは、さまざまな社会生活問題を抱える個人もしくはその家族を対象とし、個別的に支援を行い自立を促す相談援助の技術である。

　「ケースワークの母」とよばれるリッチモンド（Richmond, M.）は、ケースワークについて「人間と社会環境との間を個別に、意識的に調整することを通してパーソナリティを発達させる諸過程からなり立っている[1]」と定義している。リッチモンドの定義における重要なポイントは、問題を抱える個人のみならず、その人を取り巻く社会（環境）にも注目し、個人と社会（環境）との関係性を個別的かつ意識的に調整することが必要であるとした点である。リッチモンドの思想は、現在にいたってもソーシャルワーク実践に多大な影響を及ぼしている。

　また、『ソーシャル・ケースワークとは何か』（1957）を著したパールマン（Perlman, H.H.）は、ケースワークを問題解決の過程としてとらえ、その過程に必要となる基本的要素として、人（Person）、問題（Problem）、場所（Place）、過程（Process）をあげ、これらの頭文字を取って「4つのP」と名づけた（その後、「専門家（Professional Person）」、「制度（Provisions）」の2つのPを加えて「6つのP」とした）。これらのPは、援助過程において必要不可欠なものであり、かつ、それぞれが深く関係しあって全体を構成している。また、パールマンは、問題解決にむけたクライエントの力である「ワーカビリティ」を提唱している。

(2) ケースワークの構成要素

　パールマンは、「6つのP」によってケースワークの基本的要素をあらわした。今日では、ケースワークの基本的な構成要素として、① 利用者、② 支援者、③ 目標及び援助過程、④ 支援関係、⑤ 社会資源の5つをあげることができる。利用者とは、さまざまな社会生活問題を抱え、支援を求めてくる人のことであり、ソーシャルワークでは、クライエントとよばれる場合が多い。支援者とは、専門的価値・知識・技術をもって、クライエントに対して支援を行うソーシャルワーカーのことである。目標とは、クライエントが抱える問題を解決することであり、ソーシャルワーカーにとってはクライエントに対する最善の支援を行うことである。支援関係とは、クライエントとソーシャルワーカーの間で構築されるべき信頼関係（ラポール）のことである。社会資源とは、目標達成のために利用できる施設、機関、人、物、制度等のことである。なお、社会資源については、本章第5節にて詳しく述べる。

ワーカビリティ（workability）
パールマン（Perlman, H.H.）によって指摘された「クライエント（福祉サービス利用者）自身が援助を活用する能力」のことであり、クライエントのもつ情緒的・知的・身体的な能力等からなる。クライエントは、提供される援助を活用しながら、自分自身が直面する問題に対して、適切な機会（opportunity）に、適切な動機づけ（motivation）をもって、適切な能力（capacity）を発揮することにより問題を解決していく。したがって、支援関係において、クライエントのワーカビリティを支援者が的確に評価していくことは非常に重要である。

(3) ケースワークの展開過程

ケースワークの展開過程は，① 受理面接（インテーク；intake），② 事前評価（アセスメント；assessment），③ 支援計画（プランニング；planning），④ 介入（インターベンション；intervention），⑤ 事後評価（モニタリング；monitoring, エバリュエーション；evaluation），⑥ 支援の終結（termination），の6段階に分けることができる。しかしながら，この支援過程はかならずしも一方通行的ではなく，状況に応じて各段階を行き来しながら支援を展開させるものである。なお，支援を展開していくうえで，クライエントとの支援関係を築く基本的要素であるバイステックの7原則を理解しておくことが重要である。

① 受理面接（インテーク）

支援過程の初期段階であり，初期面接ともよばれる。クライエントの意向や気持ちを十分に配慮しながらクライエントの状況や問題を把握したうえで，所属する施設・機関において対応が可能なのかを判断しなければならない。

所属施設・機関での対応が可能な場合，具体的なサービス内容について説明を行う。クライエントがソーシャルワーカーの説明を理解したうえで所属施設・機関が提供するサービスを希望した場合，クライエントとの間に支援契約が成立することになる。

所属施設・機関ではクライエントの問題解決は困難であり，ほかの施設・機関のほうがクライエントの問題解決に有効と判断された場合には，より適切な施設・機関を紹介することが必要である。

② 事前評価（アセスメント）

問題解決のための支援計画をたてる前に，クライエントやクライエントの抱える問題の把握と理解のための情報収集，分析整理等を行う。

③ 支援計画（プランニング）

アセスメント段階で得られた内容をもとに，クライエントの合意のうえで，具体的な支援計画の作成を行う。

④ 介入（インターベンション）

支援計画に沿って，実際に，ソーシャルワーカーがクライエント，周囲の人びと，地域環境等に働きかける段階である。支援においては，ソーシャルワーカーはクライエントとの信頼関係を保ちながら，クライエントとともに問題解決を図る。

⑤ 事後評価（モニタリング，エバリュエーション）

問題解決のための支援がうまく機能しているかについて見直す段階である。これにより，再アセスメントや支援計画の変更や修正が必要な場合もある。

⑥ 支援の終結

クライエントの問題が解決した場合，支援を終結する。

バイステックの7原則

バイステック（Biestek, F.P.）が，ケースワーカーとクライエントとの間に結ばれる援助関係の基本的要素として体系化したもの。バイステックはクライエントの基本的欲求と，それに対応するワーカーとクライエントの関係のあり方から次のようなケースワークの7原則を導き出した。バイステックの7原則とは，① 個別化，② 意図的な感情表出，③ 統制された情緒的関与，④ 受容，⑤ 非審判的態度，⑥ クライエントの自己決定，⑦ 秘密保持である。

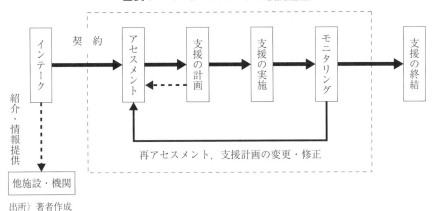

図表7－1　ケースワークの展開過程

出所）著者作成

2　グループワーク

(1) グループワークとは

　グループワークとは，集団の場を活かし，集団を構成する個人一人ひとりの社会生活問題の解決や成長に対して支援を行っていく相談援助の技術である。

　「グループワークの母」とよばれるコイル（Coyle, G.）は，グループワークについて「任意につくられたグループで，余暇を利用して，グループリーダーの援助のもとに実践される一種の教育的活動であり，集団的な経験を通して，個人の成長と発達をはかるとともに，社会的に望ましい目的のため，各成員が集団を利用することである[2]」と定義している。

　また，トレッカー（Trecker, B.）は，グループワークについて「ソーシャル・グループ・ワークは，一つの方法であり，それを通して，地域社会の各種団体の場にある多くのグループに属する各人が，プログラム活動のなかで，彼らの相互作用を導くワーカーによって助けられ，彼らのニードと能力に応じて，他の人々と結びつき成長の機会を経験するのであり，その目ざすところは，各人，グループ，及び地域社会の成長と発展にある[3]」と論じている。

(2) グループワークの代表的モデル

　グループワークの代表的なモデルとして，社会的諸目標モデル，治療モデル，相互作用モデルがあげられる。

1）社会的諸目標モデル（social goals model）

　コノプカ（Konopka, G.）らによって体系化されたモデルであり，グループワークを通して社会問題への解決を図るとともに，個人の成長を目的としている。社会的諸目標モデルとは，「意図的なグループ経験を通じて，個人の社会的に機能する力を高め，また個人，集団，地域社会の諸問題に，より効果的に

対処しうるよう，人びとを援助するものである[4]」とするコノプカの定義が有名である。

2）治療モデル（remedial model）

ヴィンター（Vinter, R.）らに体系化されたモデルであり，精神分析学や自我心理学を学問的背景としている。このモデルは，個人の治療に焦点をあて，個人の目標を達成するための手法としてグループワークを用いる。

3）相互作用モデル（reciprocal model）

シュワルツ（Schwartz, W.）らによって体系化されたモデルであり，このモデルはグループメンバーが互いに助け合う中で，共通課題の取り組んでいくという相互援助システム（mutual aid system）の構築を目的とする。

（3）グループワークの構成要素と展開過程

グループワークの構成要素として，①利用者（クライエント），②支援者，③集団（グループ），④プログラム活動，⑤社会資源があげられる。利用者及び支援者とは，ケースワークで述べたとおりである。集団とは，クライエン

図表7－2　グループワークの展開過程

準備期	●支援の必要性が生じ，支援者が利用者たちに接触する以前の準備及び，予備的接触の開始までの段階。 ・波長あわせ：支援者が利用者の生活状況，感情，ニーズなどについて理解すること ・問題や目標の明確化 ・支援チームとの合意 ・グループワークとケースワークとの調和 ・グループ形成計画 ・場面構成の準備 ・記録用紙の検討 ・予備的接触 ・グループワークへの参加を働きかけ，直接利用者に呼びかける ・出席者の確認
開始期	●最初の集まりから集団（グループ）として働きはじめるまでの段階。 ・支援関係の樹立 ・契約の確認 ・プログラム計画への援助 ・評価と記録
作業期	●「個人」と「集団（グループ）」が自分たちの課題に取り組み，展開し，目標達成のために明確な成果が出るようにすすめていく段階。 ・個人への支援 ・グループ発達への支援 ・グループ作業への支援 ・グループダイナミクス（グループの凝集性，サブグループ，グループ規範，スケープゴート等）を活用した援助 ・評価
終結期	●支援関係を終わりにする段階。さらに，利用者にとってはこの集団（グループ）で得たものを糧として，次の生活へと移っていく序幕となる「移行期」でもある。 ・終結の準備 ・感情のわかちあい ・終結の評価 ・移行への支援 ・記録のまとめ

出所）みずきの会 社会福祉士試験研究会 編『2007必携 社会福祉士［専門科目編］』筒井書房，2007年，pp.155-156を一部修正。

トのニーズの充足に向け，ある意図をもって構成された集まりのことであり，構成されたメンバーによってプログラム活動が行われる。プログラム活動とは，集団及びクライエント一人ひとりのニーズに応じて行われる活動のことである。社会資源とは，集団及びクライエント一人ひとりの目標達成のために利用できる資源（施設，機関，人，物，制度）のことである。

グループワーク展開過程は，図表7-2のように，①準備期，②開始期，③作業期，④終結期の4段階に分けることができる。上記過程を展開する中で，グループを構成するクライエント一人ひとりを個別的にとらえ，彼らのニーズが充足されるように取り組んでいくのである。

3 コミュニティワーク

(1) コミュニティワークとは

コミュニティワークとは，地域に住む住民一人ひとりに起こりうる生活問題の解決にむけた取り組みを行う相談援助の技術である。専門機関が提供する制度的（フォーマル；formal）なサービスだけではなく，非専門的（インフォーマル；informal）な資源等との有機的な連携・活用によって，よりよい地域社会を構築することを目的とする。

コミュニティワークは，従来アメリカではコミュニティ・オーガニゼーションとよばれ，イギリスではコミュニティワークとよばれてきた。現在では，コミュニティ・オーガニゼーションはコミュニティワークと同義語として取り扱われていることが多く，わが国ではコミュニティワークと呼称するのが一般的である。

コミュニティワークの源流は，慈善組織協会やセツルメント活動，アメリカの共同募金活動等にみることができるが，初めてコミュニティ・オーガニゼーションが体系化されたのは，全米社会事業会議における「レイン報告」(1939)である。レイン報告が画期的との評価を受けた背景には，①社会事業における援助を客体のニーズに合わせて社会資源を調整し結びつけたこと（ニード・資源調整説），②ニードの発見と掘り起こしのために援助の対象者の組織化を図ったこと，③草の根的住民運動（対象者参加）の概念を初めてコミュニティ・オーガニゼーション理論の中に組み込んだこと，④資源調整，住民参加とそのための各種組織化活動等コミュニティ・オーガニゼーションの目標を達成するための方法として「計画立案」を新たに位置づけたところにある[5]。

その後，ニューステッター（Newstetter, W.I.）が「インターグループ・ワーク説」を展開しており，地域におけるグループ間の関係調整機能，及びグループと地域社会を結ぶ調整機能について理論化している。「地域組織化論」の提唱者であるロス（Ross, M.）は，コミュニティ・オーガニゼーションの不可欠

シーボーム報告（seebohm report）

1968年，イギリスにおいて社会福祉制度を改革するため政府に提出した「地方自治体および関連対人社会サービス委員会報告書」をいう。重点は統合的で包括的な対応を可能にするため，個別運営されていた地方自治体の児童，福祉，保健，教育，住宅など社会サービス関連各部を再編後単一の対人社会サービス部を設置することであった。利用者処遇に当たって統合的理論的立場から援助を展開するソーシャルワーカーの養成・配置などさまざま提案され，社会福祉行政の転換に大きな影響を与えた。報告書をもとに1970年に地方自治体社会サービス法が制定された。

な要素は「計画立案」と「地域共同社会の調和」であり，コミュニティ・オーガニゼーションを支えるのは，① 自己決定，② 共同社会固有の幅，③ 地域から生まれた計画，④ 共同社会の能力増強，⑤ 改革への意欲，の5つであると論じている[6]。

一方，イギリスでは，「シーボーム報告」(1968) を契機としてコミュニティワークが促進された。その後，「バークレイ報告」(1982)，「グリフィス報告」(1988) と続いている。なお，1990 年「国民保健サービス及びコミュニティ・ケア法」が制定されているが，この法律は，「シーボーム報告」による地方自治体の福祉行政関係事務の社会サービス部への一元化，「バークレイ報告」によるソーシャルワーカーの役割と任務とコミュニティワークの推進，「グリフィス報告」によるコミュニティ・ケア改革の流れを受けて定められたものである[7]。

バークレイ報告 (Barclay report)
1982年5月，イギリスの全国ソーシャルワーク研究所が発表した『ソーシャルワーカー：役割と任務』(Social Worker: Their Pole and Tasks) のこと。1980年に社会サービス担当国務大臣ジェンキン (Jenkin, P.) より諮問をうけ，バークレー (Barclay, P.) を委員長とする18人の委員からなる委員会の報告書。今後のソーシャルワークのあり方について「多数派報告」，「ハドレイ少数派報告」，「ピンカー少数派報告」の3つの見解が提示されている。

(2) コミュニティワークの展開過程

コミュニティワークの展開過程は，図表7－3でみられるように，① 地域診断（問題の把握），② 計画の策定，③ 計画の実施，④ 活動の評価の4段階に分けることができる。計画の実施では，地域の組織化，福祉の組織化，社会資源の開発の3点があげられるが，社会資源はソーシャルワークにとって基本的構成要素であり，クライエントのニーズを充たす社会資源の開発の推進は

図表7－3　コミュニティワークの展開過程

地域診断（問題の把握）	地域の福祉問題の把握や社会資源の把握，住民の問題に対する意識の把握などがなされる。具体的には，既存の統計資料や住民アンケート調査，住民からの聞き取りなどを実施することにより，地域に存在する福祉問題や住民意識などを分析・検討する。
計画の策定	地域の問題解決のための事業・組織・財政の計画をたてる。 計画目標の設定（構想計画），目標の達成にともなう諸課題を明らかにすること（課題計画），そして計画案を実行に移すための手順を考案すること（実施計画）といった手続きを経て行われる。
計画の実施	① 地域の組織化 　地域の福祉問題の主体的な解決者は，住民である。地域の組織化とは，問題解決に住民の主体的な参加をうながすことである。そのための計画策定の過程では，地域住民への広報活動が行われる。 ② 福祉の組織化 　福祉の組織化は，福祉サービスの利用者の組織化と，サービス提供機関である社会福祉行政機関や福祉施設などの組織化からなる。とくに後者の組織化の内容は，機関や施設が提供するサービスの統合的な調整，専門性の向上，財政の確立や効率化などからなる。 ③ 社会資源の開発 　計画の実施は，住民ニーズの充足に必要な社会資源の活用・動員によりすすめられる。具体的には，既存の資源の調整や不用になった資源の改廃，新しい資源の開発などである。この新しい社会資源の開発には，住民の参加のもとに関係行政機関に対するソーシャルアクションを起こすこともある。
活動の評価	タスク・ゴールとプロセス・ゴールからなる。タスク・ゴールは，地域住民のニーズがどの程度達成されたかが，その指標となる。またプロセス・ゴールでは，問題解決過程での住民間の協力・協働の確立程度などが評価の指標となる。

グリフィス報告 (Griffiths report)
イギリスにおいて，1988年にグリフィス卿を代表とするグリフィス委員会が提出した報告書，『コミュニティケア：行動のための指針』(Community Care: Agenda for Action) の通称。この報告書は，サッチャー政権より依頼された，コミュニティケア政策の検討結果がまとめられたもので，これに基づいて，1990年に Community Care Act が制定されている。内容的には，コミュニティケアの目的は，在宅でケアを実施することであるとしたうえで，要援護者のケアに携わる家族，友人，近隣の人びとに対する援助の必要性を説いている。

出所）富樫八郎「社会福祉間接援助技術の体系と内容」成清美治・加納光子・久保美紀編『社会福祉援助技術』学文社，2005 年，pp.83-84

> **ソーシャルサポート・ネットワーク（social support networks）**
> 一般的には，フォーマルな援助ネットワークを補完するような，個人を取り巻く家族，親族，友人，隣人，その他の定期的な交流をもつ人びとによって構成されるインフォーマルな援助ネットワークを強調する概念として用いられる。

ソーシャルワークにとって重要な職務である。

＜社会福祉協議会＞

コミュニティワークを実践している代表的機関として社会福祉協議会があげられる。社会福祉協議会は，地域の実情に応じたさまざまな社会福祉活動を行う営利を目的としない民間組織である。社会福祉協議会には相談援助職として福祉活動専門員が配置されており，福祉活動専門員はケースワークからコミュニティワークまで展開することができるコミュニティソーシャルワーカーの役割が期待されている。

4　ケアマネジメント

(1) ケアマネジメントとは

ケアマネジメント（care management）とは，健康な社会生活の回復・継続・向上を目的として，その人のニーズを満たす多様なフォーマル・インフォーマルサービス及び複数の社会資源を結びつけ，継続的に調整を行い，資源提供がニーズを満たすために改善を求めてモニタリングを続け，より有効なサービス提供に努力し続けるソーシャルサポート・ネットワークにおける包括的サービス提供の一方法である[8]。

わが国では，在宅介護支援センターの創設（1989）にともない高齢者に対するケアマネジメントが試みられ，介護保険制度の施行（2000）によって本格的にケアマネジメントが導入された。介護保険制度では，一般的に，介護支援専門員（ケアマネジャー）によって介護サービス計画が策定され，介護サービス計画に基づいて福祉サービスが提供されることとなる。

障害領域においてもケアマネジメントが活用されている。身体，知的，精神の3障害が共通するケアマネジメント体制の整備を図るため，「障害者ケアガイドライン」（2002）が策定された。このケアガイドラインは，ケアマネジメントを「障害者の地域における生活を支援するために，ケアマネジメントを希望する者の意向を踏まえて，福祉・保健・医療・教育・就労等の幅広いニーズと，様々な地域の社会資源の間に立って，複数のサービスに適切に結びつけて調整をはかるとともに，総合的かつ継続的なサービスの供給を確保し，さらには社会資源の改善及び開発を推進する方法である[9]」と定義したうえで，ケアマネジメントの基本的な考え方や展開過程等について明示している。2006（平成18）年に施行された障害者自立支援法においても，障害者ケアガイドラインに基づいてケアマネジメントが行われている。

> **ニーズ（needs）**
> 人間が社会生活を営むうえで必要不可欠な基本的要件を欠いた場合，発生するのがニーズである。ニーズは福祉サービスに対する必要，要求，需給，需要，困窮等と訳すことができ，その性質によって分類される。主なものとして，潜在的ニーズと顕在的ニーズ，規範的ニーズと比較的ニーズ，貨幣的ニーズと非貨幣的ニーズがあげられる。また，ニーズを把握することにより，サービスの方法もミクロ的視点にたった個人，家族などの個別的援助と集合的にとらえるマクロ的な視点の政策的対応とがある。

(2) ケアマネジメントの構成要素及び意義

　ケアマネジメントの構成要素として，①利用者（クライエント），②ケアマネジメント従事者，③社会資源，④ケアマネジメントの展開過程があげられる。ケアマネジメント従事者とは，専門的視点にたってクライエントの生活上の課題を把握し，クライエントのニーズに応じたケアマネジメントを提供する専門家のことである。社会資源は，クライエントのニーズに適合する制度・施策，サービスを提供する施設・機関，実際的な支援を行うサービス提供者等をさす。

　ケアマネジメントを行う意義として，まず，'総合的なサービス提供の実施'があげられる。これまでは，クライエントに関わる施設・機関が独自にクライエントについて把握し，その施設・機関が提供できるサービスについて検討することが多く，そのため，関わる施設・機関によって提供されるサービスの種類に偏りをみせることがあった。ケアマネジメントでは，ケアマネジメント従事者が一括してクライエントの支援環境を把握するため，効率的なサービス提供を可能にする。このように，クライエントのニーズを充足するために必要な複数のサービスをパッケージ化し，クライエントに提供することができる。

　次に，'包括的な支援体制'があげられる。総合的サービスを円滑に提供するためには，医療・保健・福祉等，クライエントと関わりのある各種専門職が連携・協働し，包括的な支援体制を整えていくことが必要である。ケアマネジメントでは，ケアマネジメント会議等，各種専門職が集って討議する機会が設けられており，会議による話し合いの中で，お互いの専門性について理解を深めながら連携・協働関係の強化をはかっている。

　また，地域包括支援センターは，2005（平成17）年，改正介護保険法の成立にともない新たに創設された包括的・継続的なサービス体制を支える地域の中核機関である。

　地域包括支援センターでは，地域住民，とくに高齢者の保健医療の向上及び福祉の増進を包括的に支援することを目的として，①介護予防ケアマネジメント，②総合相談支援，③権利擁護事業，④包括的・継続的ケアマネジメント支援を行っており，ソーシャルワーカーや保健師等の各種専門職が連携をとりながらケアマネジメント業務を行っている代表的な機関である。

(3) ケアマネジメントの展開過程

　ケアマネジメントの展開過程は，①ケースの発見及びスクリーニング（screening），②受理面接（インテーク），③事前評価（アセスメント），④支援計画（プランニング），⑤支援の実施，⑥事後評価（モニタリング，エバリュエーション），⑦支援の終結，の7段階に分けることができる。

　ケアマネジメントの展開過程は基本的にケースワークの展開過程と同じであ

るが,ケアマネジメントの場合,「ケアプランの作成等を通して定期的にアセスメントを実施する」という点にその特徴がみられる。また,杉本がケアマネジメントにおけるポイントのひとつとして「正確なニーズアセスメントを重視し,それに基づいた適切なケアプランを作成し,サービスに結びつける。そして,サービスの利用状況を絶えずモニターし,必要な場合と定期的なアセスメントの実施を行なうプロセスをとる[10]」と述べているが,ニーズアセスメントの実施がケアマネジメントにとっての重要なポイントとなる。しばしば,クライエントのデマンド(要求)をクライエントのニーズと勘違いすることがあるが,クライエントが主張するデマンドが,ソーシャルワーク支援を必要とするクライエントのニーズにあてはまるとは限らない。もちろん,原則としてクライエントの訴えや要望を尊重するが,アセスメントの段階でクライエントのニーズをしっかりと把握したうえで支援計画について検討することが重要である。

図表7－4　ケアマネジメントの展開過程

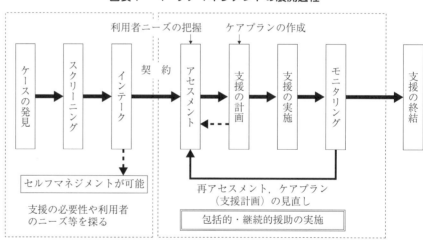

出所)著者作成

5　ソーシャルワークと社会資源

(1) ソーシャルワークにおける社会資源

　社会資源(social resources)は,ケースワーク,グループワーク,コミュニティワーク,ケアマネジメントいずれの支援方法においても,必要不可欠な構成要素である。ソーシャルワークにおいては,人間を心理社会的存在として理解し,クライエントと社会との関係性に注目しており,両者の関係(相互作用)において,うまく機能してないところや欠けているところを補い,関係を調整することが援助の目的の1つとなり,社会資源の活用はそのための有効な

方法なのである[11]。

システムアプローチを唱えたピンカスとミナハン（Pincus, A. & Minahan, A.）は，ソーシャルワークについて「人びとと資源システムとの結合や相互作用に焦点がある[12]」と定義したうえで，資源システムについて，① 家族，友人，近隣の人びとや同僚等の'インフォーマルあるいは自然資源システム'，② 会員組織あるいは公的な団体等の'フォーマルな資源システム'，③ 行政サービス等の社会的資源システム，の3つに区分されると論じている[13]。

右田は「社会資源とは，社会事業目的を効果的に達成するために必要なものとして，社会的に存在し，また利用することができる一切の物的・人的な要素である」と規定したうえで，社会福祉領域のみならず他領域にも豊かに存在し，それを社会福祉のために利用するところに社会資源の概念が成立すると論じている[14]。

また，右田は社会資源を利用する際の注意点として，① 社会資源の分類を行うこと，② 社会資源相互間の調整を行うこと，③ 所属機関（施設）の機能を客観的に評価すること，④ 社会資源はクライエントの社会生活上の障害を除去し，権利意識を前提とする人格の確保と発展のために利用されるべきであること，⑤ 社会資源の性質，内容や限度をクライエントに周知させること，⑥ 社会資源はクライエントの自己決定を待って利用されるべきであること，⑦ ソーシャルワーカー自身が当面の社会資源であることを自覚すること，⑧ 社会資源を単に与えられたものとしてではなく，開発・創出できるものであり，また資源自体が一定の社会的な論理構造をもっている事実を認識すること，の8点をあげている[15]。なかでも，クライエントのニーズを充たすために必要となる内的資源として，ソーシャルワーカーも重要な社会資源であることを，専門職としてしっかりと認識しておく必要がある。岡村は「あらゆる資源を失ったかにみえる対象者にとって，尚そこに残されている資源は，この対象者の面前にいるケース・ワーカー自身にほかならない[16]」と論じているが，一見，社会資源がないと思われるケースに遭遇した場合でも，ソーシャルワーカー自身が社会資源であることを再認識し，クライエントの支援を行っていくという心がまえと実践力が，ソーシャルワーカーには必要なのである。

(2) 社会資源の構造

白澤は，マズロー（Maslow, A.H.）等による先行研究をもとに，① 経済的な安定を求めるニーズ，② 就労の機会を求めるニーズ，③ 身体的・精神的な健康を求めるニーズ，④ 教育や文化・娯楽の機会を求めるニーズ，⑤ 居住の場に対するニーズ，⑥ 家族や地域での個別的な生活の維持に対するニーズ，⑦ 公正や安全を求めるニーズ，⑧ その他の社会生活上のニーズ，の8つのソーシャル・ニーズを整理し，これらのニーズを充足するものとして社会資源をと

システムアプローチ (system approach)

ソーシャルワーカーが活動を展開するのに関連する4つの型のシステムとして，① チェンジ・エージェント・システム (Change Agent System)，② クライエント・システム (Client System)，③ ターゲット・システム (The Target System)，④ アクション・システム (Action System) をあげている。① はソーシャルワーカーをチェンジ・エージェントとみなし，ソーシャルワーカーを雇っている公私の機関もしくは組織体をチェンジ・エージェント・システムとみなす。ワーカーは，所属機関の影響を受ける。② は取り組みについての契約により，ワーカーのサービスを受ける人，家族，組織体，もしくは地域社会である。契約は全体となされたり，下位部分（家族のあるメンバー，機関の理事会など）となされたりする。③ はチェンジ・エージェントがその変革努力の目標を達成するために影響を及ぼしていかなければならない人びとである。④ はソーシャルワーカーと，ソーシャルワーカーが課題を成就し，変革努力の目標を達成するために対応していく人びとをさす。ワーカーはこの4つのシステムにある人びとの関係を，媒体として活動していく。

らえている[17]。

　また，社会資源を提供する供給主体側をフォーマルなものかインフォーマルなものかを基準に社会資源を分類している。インフォーマルな社会資源として，家族成員，親戚，友人，同僚，近隣，ボランティア，明確に制度化されていない当事者組織や相互扶助団体があげられる。フォーマルな社会資源としては，行政のサービスや職員，認可を受けた民間機関・団体のサービスや職員，営利企業のサービスや職員があげられる[18]。上記のソーシャル・ニーズ及び供給主体を含めた社会資源の種類を平面化させたのが図表7－5である。クライエントのニーズを把握したうえで供給可能なところ（ひと）を検討する。

　なお，クライエントのニーズ充足のために必要となる社会資源が整っていない場合，新たな社会資源の開発を推進していくこともソーシャルワーカーにとっての重要な役割である。しかしながら，先述のように，ソーシャルワーカー自らが社会資源となってクライエントを支える必要があることを忘れてはならない。

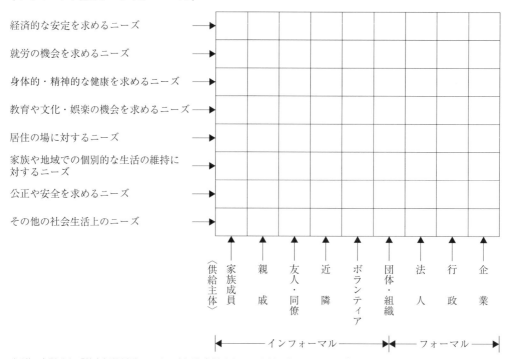

図表7－5　社会資源の平面図

出所）白澤政和「社会福祉援助における資源」白澤政和・尾崎新・柴野松次郎編『社会福祉援助方法』有斐閣，1999年，p.33

注)
1) リッチモンド, L.E. 著／小松源助訳『ソーシャルケースワークとは何か』中央法規, 1991 年, p.57
2) 保田井進・硯川眞旬・黒木保博編著『福祉グループワークの理論と実際』ミネルヴァ書房, 1999 年, p.12
3) トレッカー, H.B. 著／永井三郎訳『ソーシャル・グループワーク　原理と実際』日本 YMCA 同盟出版部, 1978 年, p.8
4) コノプカ, G. 著／前田ケイ訳『ソーシャル・グループワーク　援助の過程』全国社会福祉協議会, 1974 年, p.27
5) 高森敬久・高田眞治・加納恵子・定籐丈弘『コミュニティ・ワーク　地域福祉の理論と方法』海声社, 1989 年, pp.5-6
6) 同上書, p.16
7) 成清美治・加納光子編『現代社会福祉用語の基礎知識（第 7 版）』学文社, 2007 年, p.22
8) 日本精神保健福祉士協会『精神障害者のケアマネジメント』へるす出版, 2001 年, p.27
9) 厚生労働省「障害者ケアガイドライン」2002 年
10) 杉本敏夫・斎藤正身編『ケアマネジメント』メヂカルフレンド社, 1997 年, p.8
11) 成清美治・加納光子編『現代社会福祉用語の基礎知識（第 8 版）』学文社, 2008 年, pp.113-114
12) Pincus, A. & Minahan, A., *Social Work Practice: Model and Method*, F.E.Peacock Publishers, 1973, p.9
13) *Ibid.*, pp.4-5
14) 医療社会問題研究会編『医療社会事業論』ミネルヴァ書房, 1971 年, pp.194-195
15) 同上書, pp.202-205
16) 岡村重夫『全訂 社会福祉学（総論）』柴田書店, 1968 年, pp.211-212
17) 白澤政和・尾崎新・柴野松次郎編『社会福祉援助方法』有斐閣, 1999 年, p.32
18) 同上書, p.14

参考文献
大塚達雄・硯川眞旬・黒木保博『グループワーク論』ミネルヴァ書房, 1986 年
岡本民夫監修, 久保紘章・佐藤豊道・川廷宗之編著『社会福祉援助技術論（下）』川島書店, 2004 年
文／佐川奈津子, 絵／黒木健『おにいちゃんが病気になったその日から』小学館, 2001 年

プロムナード

社会資源の活用　近年の医療保険をめぐる状況は，受け手である患者にとって厳しい現状があります。生活困難に置かれている経済状況の中で，無理をして働き続けた末に待ち受けているのが病気であり，リストラであるというのが現実です。戦後の日本社会が築き上げてきた社会保障制度・とりわけ国民皆保険の制度を評価し，改めて見直す時に来ているのではないでしょうか。一人ひとりの患者の置かれた職場の現実や地域社会での生活実態に目を向けて，必要な社会資源を最大限活用し援助することが，医療ソーシャルワーカーに要求されている時代ではないかと思われます。

学びを深めるために

成清美治・加納光子・久保美紀編著『社会福祉援助技術』学文社，2005年
　社会福祉援助技術（ソーシャルワーク）について詳しく書かれた本である。ソーシャルワークの専門書を一冊は熟読してほしい。

福祉の仕事に関する案内書

大谷昭・大本和子・笹岡眞弓・田中千枝子編著『改訂 医療ソーシャルワーク実践50例〜典型的実践事例で学ぶ医療福祉』川島書店，2008年

第8章

保健医療ソーシャルワーカーの業務内容

1 保健医療ソーシャルワーカーの業務の特徴

(1) ソーシャルワーカーと社会福祉士

ソーシャルワーカーの業務の特徴の1つに職域の幅広さがあげられる。社会福祉は人びとの生活上のさまざまな困難に対応する実践であるため、社会情勢に応じてソーシャルワーカーの活動範囲は広がり深まっていく。スクールソーシャルワーカーの配置をはじめ司法分野や児童分野、ホームレス、権利擁護や成年後見など、さまざまな分野でソーシャルワーカーの活動が注目されつつある。ソーシャルワーカーは「社会福祉士」を基礎資格としつつも、勤務する領域によって「生活支援員」「児童指導員」「生活指導員」「生活相談員」「コーディネーター」「ケースワーカー」など、さまざまな職名でよばれている。

一方、保健医療機関は医療法に基づいて設立され、医療の提供を第一義の目的とした「福祉の二次分野」に分類される。医師や看護師など業務独占である国家資格を保持した医療職が大多数を占める組織の中で、ソーシャルワーカーは数少ない福祉職であり、名称独占である社会福祉士資格を保持しているか、もしくは資格をもたない職種である。前述した社会福祉の各領域とは異なり、保健医療機関で働く医療職は資格名と職名が一致しており、利用者である患者にとってもその役割が明確に理解されやすい。

また日本学術会議第18期社会福祉・社会保障研究連絡委員会報告「ソーシャルワークが展開できる社会システムづくりへの提案」(2003年6月)には、「ソーシャルワークの考え方は大正時代にアメリカから紹介されたが、戦後長らく所得保障としての生活保護や社会福祉施設への入所といったサービスが行政責任により行われており、国民の自立生活を支援するソーシャルワークは必ずしも十分に発展してこなかった。このような状況の中で、病院の入院患者の生活問題や結核患者・精神障害者の生活問題に関わる医療分野でのソーシャルワークは一定の成果をあげてきた」と記載されており、医療機関において生活問題に対応するソーシャルワーカーの重要性を認めている。

(2) 保健医療機関における社会福祉士の業務

社団法人日本社会福祉士養成校協会「社会福祉施設における社会福祉士の雇用状況と雇用に向けての研究調査 報告書」(平成18年3月31日)では、保健医療機関が期待する社会福祉士の雇用ニーズについて報告している。「転院や在宅医療に伴う患者・家族の不安への支援」「医療費や生活費の困難への支援」「受診、入院、在宅医療に伴う心理面・生活面の不安への支援」「退院後の生活の場や療養の場の確保」「地域医療との連携」「医療上の指導を受け入れない患者の、心理面・生活面の情報収集や支援」「社会復帰を円滑に進めるための関係機関との調整」について、8割近くの機関が「社会福祉士へ期待している」

スクールソーシャルワーカー
スクールソーシャルワーカーは、学校外の関係機関との連携・調整や、家族を始めとする環境への働きかけなどを通じて、児童生徒が直面している問題の解決を支援する。2014(平成26)年8月に定められた「子供の貧困対策に関する大綱」にも「地方公共団体へのスクールソーシャルワーカーの配置の推進」が明記されている。

医療法
1948(昭和23)年に制定され、①総則、②病院、診療所、助産所等、③医療計画、④公的医療機関、⑤医療法人、⑥業務等の広告など医療供給体制の確保を図るために必要な事項が定めてある。

と回答している。また，病床コントロールや患者紹介・逆紹介，未収金徴収，ホームレス患者への援助，医療事故・医療訴訟への対応などの幅広い業務が求められていることがうかがえる報告である。

　厚生労働省「医療スタッフの協働・連携によるチーム医療の推進について」（平成22年4月）は，患者・家族が質の高い安心・安全な医療を求める一方で医療の高度化・複雑化による業務の増大が医療現場の疲弊につながっている現状から，医療の在り方を変える必要性を指摘している。そして多様な医療スタッフが，高い専門性を前提として業務を分担・連携・補完し合う『チーム医療』の実践に着目し，「医療スタッフ間の連携・補完を推進する観点から，他施設と連携を図りながら患者の退院支援等を実施する医療ソーシャルワーカー（MSW）や，医療スタッフ間におけるカルテ等の診療情報の活用を推進する診療情報管理士等について，医療スタッフの一員として積極的に活用することが望まれる。」と言及している。

(3) 保健医療機関におけるソーシャルワーカー業務

　保健医療機関の機能分化にともない各保健医療機関が対象とする疾患や発症からの期間，患者に対して果たす役割も分化し，ソーシャルワーカーに求められる役割は所属機関の特徴を色濃く反映するものとなる。たとえば特定機能病院などの急性期医療の場では，短期間で次の療養先を探すこと，救急搬送されてくる無保険者や単身者などに対する対応などが主となるだろう。病診連携に関わる部署に配属され，事務職や看護職と協働して地域の開業医との連絡・調整を担当することもある。リハビリテーションを提供する医療機関であれば，医療保険によるリハビリテーションを終了した後も，リハビリテーションを継続して確保する手段を考えねばならない。一方，慢性期医療の場では，在宅準備や長期療養のための施設捜しの他に，一定のベッド稼働率を保持するための患者獲得・渉外・営業活動といった名目の業務が求められることもある。老人保健施設や保健医療機関併設の居宅介護支援事業所などでは，介護保険に関わる事務やケアマネジャー業務を兼務しているソーシャルワーカーも多い。

　社会福祉が本来の機能としてもっている「その人らしい生活の実現を支援する」という視点から考えても，保健医療ソーシャルワーカーの業務が多岐にわたることは当然である。組織の中で，誰が担当すべきか不明確な業務が"とりあえず"ソーシャルワーカーのもとにもち込まれることは珍しくはない。保健医療ソーシャルワーカーは患者，家族をとりまく社会環境の変化に応じたさまざまな機能・役割を求められるが，これは新たな業務を開発してゆく可能性へとつながる。もちろんソーシャルワーカーの業務は時代の要請に応えるものであるとともに，社会福祉の価値・倫理に基盤を置くものである。どのような組織に所属していようとも，ソーシャルワーカーが実践するのはソーシャルワー

> **リハビリテーション**
> リハビリテーションの目的は従来のADL向上からQOLの向上へと変化している。つまり当事者の能力を引き出し，生きがいのある人生を援助していくことである。上田敏は「全人的復権」と称している。

クでなければならない。

このような特徴をもった保健医療ソーシャルワーカーの業務について，標準的業務を定めたものが「医療ソーシャルワーカー業務指針」である。第8章では，「医療ソーシャルワーカー業務指針」に基づき，保健医療ソーシャルワーカーの業務について検討していく。

2　保健医療ソーシャルワーカーの業務指針

「医療ソーシャルワーカー業務指針」（以下，「業務指針」と記す）は，1989（平成元）年3月に厚生省（当時）に通知されたものが最初である。医療ソーシャルワーカーに関する業務指針としては，1958（昭和33）年に厚生省公衆衛生局長通知として示された「保健所における医療社会事業の業務指針」が存在したが，これはあくまでも保健所におけるケースワーカーの業務について言及したものであった。ちなみにこの指針では医療社会事業について「医療チームの一部門として，社会科学の立場から，疾病の治療，予防，更生の妨げとなる患者やその家族の経済的，精神的，あるいは社会的な諸問題を解決もしくは調整できるように，患者とその家族を援助する一連の行為」と定義している（下線筆者）。幅広く保健医療分野におけるソーシャルワーカーの業務について示したのはこの「医療ソーシャルワーカー業務指針」が最初のものといえる。業務指針の内容は，指針策定の「趣旨」及び具体的な業務内容を示した「業務の範囲」，業務を行う上での留意点について示した「業務の方法」から構成されている。その後，2000（平成12）年の医療法改正による病床区分や介護保険制度の創設など，医療をとりまく環境の変化にともない患者や家族が直面する課題は多様化し，保健医療ソーシャルワーカーの業務をより明確にする必要性が生じた。2002（平成14）年11月に，改正「医療ソーシャルワーカー業務指針」が，厚生労働省健康局長通知として示された。

改正された「医療ソーシャルワーカー業務指針」の冒頭には「趣旨」として「保健医療の場において，社会福祉の立場から患者のかかえる経済的，心理的・社会的問題の解決，調整を援助し，社会復帰の促進を図る医療ソーシャルワーカーの果たす役割に対する期待は，ますます大きくなっている」「この業務指針は（中略）医療ソーシャルワーカーが社会福祉学を基にした専門性を十分発揮し業務を適正に行うことができるよう，関係者の理解の促進に資することを目的としたものである」（下線筆者）と示されている。保健医療ソーシャルワーカーは保健医療の場における「福祉」専門職であるという立場が明確に示されたことになる。

医療社会事業
戦前から済生会本部病院などにソーシャルワーカーが配置されていたものの広く普及することはなかった。終戦後，GHQにより保健所法に公共医療事業として「医療社会事業」が規定されたことを契機に，一般病院にもソーシャルワークは普及していった。

3 業務指針にみる保健医療ソーシャルワーカーの業務の範囲

以下，業務指針にもとづいて，保健医療ソーシャルワーカーの業務をみていく（小字部分は業務指針からの引用である）。

(1) 療養中の心理的・社会的問題の解決，調整援助

入院，入院外を問わず，生活と傷病の状況から生ずる心理的・社会的問題の予防や早期の対応を行うため，社会福祉の専門的知識及び技術に基づき，これらの諸問題を予測し，患者やその家族からの相談に応じ，次のような解決，調整に必要な援助を行う。
① 受診や入院，在宅医療に伴う不安等の問題の解決を援助し，心理的に支援すること。
② 患者が安心して療養できるよう，多様な社会資源の活用を念頭に置いて，療養中の家事，育児，教育，就労等の問題の解決を援助すること。
③ 高齢者等の在宅療養環境を整備するため，在宅ケア諸サービス，介護保険給付等についての情報を整備し，関係機関，関係職種等との連携の下に患者の生活と傷病の状況に応じたサービスの活用を援助すること。
④ 傷病や療養に伴って生じる家族関係の葛藤や家族内の暴力に対応し，その緩和を図るなど家族関係の調整を援助すること。
⑤ 患者同士や職員との人間関係の調整を援助すること。
⑥ 学校，職場，近隣等地域での人間関係の調整を援助すること。
⑦ がん，エイズ，難病等傷病の受容が困難な場合に，その問題の解決を援助すること。
⑧ 患者の死による家族の精神的苦痛の軽減・克服，生活の再設計を援助すること。
⑨ 療養中の患者や家族の心理的・社会的問題の解決援助のために患者会，家族会等を育成，支援すること。

人は誰しも自分の生活における自分の役割をもっている。傷病とは，たとえば，それまで「父親」「夫」「三人兄弟の次男」「会社の営業部長」「釣りサークルの一員」等であった男性が，ある日を境に「患者」としての役割をも課せられることであり，その結果，心理的・社会的問題が発生する。生活の中で突然の発病や不慮の事故に出会った時，誰しもその事態にとまどい，不安を抱く。まず感じるのは病気そのものに対する不安であろう。この病気はどんな病気なのか，治るのか，治るまでにどの位の時間がかかるのかという不安を持ち，そして「治りたい，治してほしい」と願うであろう。療養生活が始まっても「これから先いったいどうなっていくのだろう」「本当に治るのだろうか」という不安が常につきまとい，療養が長期化するほど不安は大きくなる。次に訪れるのは，より具体的な生活に関する不安である。「学校を休むとどうなるのか」「職場にどう説明したらよいのか」「誰が自分の代わりに家事を担ってくれるのか」「子どもの育児や親の介護はどうしたらよいのか」など，不安の原因が明確な場合には，さまざまな社会資源を駆使して問題を解決することにより，患者は安心して療養することができる。もちろんこうした支援を行ったとしても，すべての不安を取り除く訳ではない。「いったいどうなっていくのだろう…」

療養
健康保険では「療養の給付」の内容として，疾病や負傷について，① 診察，② 薬剤または治療材料の給付，③ 処置・手術その他の治療，④ 居宅における療養，⑤ 病院または診療所への入院をあげている。

難病
「特定疾患」として行政が指定し，一部公費負担などの援助がされている疾患に対する社会通念的呼び名。原因が不明で，治療方法が未だ確立されていない疾病，または経過が慢性にわたり，経済的にも精神的にも負担の多い疾患が指定される。平成26年4月施行「障害者の日常生活及び社会生活を総合的に支援するための法」では，障害者の範囲に難病等が加えられ，130疾患が指定された。

患者会
疾病や障害等など同じ体験をもつ者が集まり，情報や感情を共有する場である。メンバー同士で支援しあうとともに，周りの人びとに働きかけることにより，当事者が生活しやすい環境を創り出す。

「このまま治らないのではないだろうか…」といった疾病の予後や将来に対する漠然とした不安は，常に患者につきまとう。

治癒を望めない疾患や重篤な後遺障害を残す傷病の場合，傷病・障害とともに生活していくために，患者・家族は今まで築いてきた生活のありようを大きく変えねばならない。診断が伝えられた後，「何かの間違いだ」「もう駄目だ」「すべて終わりだ」などの否定的感情と「新たな治療法があるかもしれない」「それでも頑張っていこう」「病気と上手につきあいながら生活していこう」といった肯定的感情の間を行きつもどりつしながら現実と折り合いをつけていく。この過程では，専門職よりもむしろ同じ経験を共有できる患者会や家族会が大きな支えとなることもある。ソーシャルワーカーは患者会や家族会などを育成，支援することにより療養生活を支える。

傷病は，患者の身体面・心理面のみならず生活のあらゆる側面に影響を及ぼす。療養にともなって生じる家族関係の葛藤，また近年顕著となっている身体的虐待である暴力など，保健医療ソーシャルワーカーは，家族関係の修復や新たな関係構築のためにも介入する。また患者同士や職員との間の関係を調整し，患者・家族が周りからの適切なサポートを利用しながら療養できるよう支援する。

> **家族会**
> 同じ疾病や障害をもつ患者の家族の集まりであり，共通の悩みを家族同士で語り合い，励まし，支え合うことを目的としている。全国組織となっている家族会から病院で実施されている家族会まで規模はさまざまである。

> **虐待**
> 虐待には「身体的虐待」「心理的虐待」「性的虐待」「ネグレクト（放棄・無視）」「経済的虐待」などがある。身体的虐待は，皮下出血や傷が残るため，医療機関受診時に発見されることが多い。

(2) 退院援助

生活と傷病や障害の状況から退院・退所に伴い生ずる心理的・社会的問題の予防や早期の対応を行うため，社会福祉の専門的知識及び技術に基づき，これらの諸問題を予測し，退院・退所後の選択肢を説明し，相談に応じ，次のような解決，調整に必要な援助を行う。

① 地域における在宅ケア諸サービス等についての情報を整備し，関係機関，関係職種等との連携の下に，退院・退所する患者の生活及び療養の場の確保について話し合いを行うとともに，傷病や障害の状況に応じたサービスの利用の方向性を検討し，これに基づいた援助を行うこと。
② 介護保険制度の利用が予想される場合，制度の説明を行い，その利用の支援を行うこと。また，この場合，介護支援専門員等と連携を図り，患者，家族の了解を得た上で入院中に訪問調査を依頼するなど，退院準備について関係者に相談・協議すること。
③ 退院・退所後においても引き続き必要な医療を受け，地域の中で生活をすることができるよう，患者の多様なニーズを把握し，転院のための医療機関，退院・退所後の介護保険施設，社会福祉施設等利用可能な地域の社会資源の選定を援助すること。なお，その際には，患者の傷病・障害の状況に十分留意すること。
④ 転院，在宅医療等に伴う患者，家族の不安等の問題の解決を援助すること。
⑤ 住居の確保，傷病や障害に適した改修等住居問題の解決を援助すること。

医療機関の機能分化や在宅医療の推進にともない「退院援助」は医療機関が提供すべき重要なサービスのひとつとなっており，保健医療ソーシャルワーカーが果たす役割への期待も大きい。保健医療ソーシャルワーカーが関わる

「退院」とは，傷病や障害をもった状態，退院後も継続した医療の確保が必要な状態で，その医療機関での入院を終了することである。退院する場所としては自宅や他の医療施設，福祉施設などが考えられるが，患者の傷病や障害を考慮しながら，患者・家族が自分たちの希望に沿った退院場所や環境を選択することが重要となる。患者・家族の自己決定を支えるためには，適切な情報提供が重要であり，保健医療ソーシャルワーカーは，つねに最新・正確なフォーマル，インフォーマルの両方を含んだ社会資源に関する情報を収集・整理しておかねばならない。傷病や障害の状態によって退院後に生じるであろうさまざまな事態を予測し，予防措置を講じることも必要である。自己決定を支援しリスク回避を検討する過程を通じて，医療機関を退院する際に患者・家族がもつ不安を軽減することができる。

(3) 社会復帰援助

退院・退所後において，社会復帰が円滑に進むように，社会福祉の専門的知識及び技術に基づき，次のような援助を行う。
① 患者の職場や学校と調整を行い，復職，復学を援助すること。
② 関係機関，関係職種との連携や訪問活動等により，社会復帰が円滑に進むように転院，退院・退所後の心理的・社会的問題の解決を援助すること。

疾病によって生活のあり方を変えざるを得なかった時期を越えると，患者の状況に応じた生活の再構築を模索する段階となるが，復職，復学の支援は最初に検討される事柄である。

たとえば吸引などの医療的ケアを必要とする心身の状態で，教育を受ける機会をいかに確保し続けるかは，学齢期の患者，家族にとって切実な問題である。そして教育を受ける権利を保障してゆくために患者，家族を援助することは，ソーシャルワーカーにとっての責務でもある。まず本人，家族の希望を優先することが第一となるが，学校側の受け入れ体制などもさまざまであり，実現可能な方法を模索してゆかねばならない。

医療ケアが必要な児童が普通学校に通うなど，本人，家族の希望に添った新たな就学の形が実現されつつある。こうした場合，個々の学校と家族とが話し合って就学の方法などについて取り決めていることが多く，家族会などがもっているネットワークを活用し情報収集すると役立つ。就学に関して学校側と交渉する場合，学校関係者の中に疾病や障害に対して理解をもってくれる人がいると話が進みやすい。ソーシャルワーカーは，学校側と家族側の双方が納得し安心できる体制づくりをめざして，さまざまな調整を行う。

復職の場合にも，疾病や障害に即した適切な配慮が求められる。就学の場合と同様，疾病や障害に対する職場の理解が重要となる。新たな能力を身につけて社会復帰するために必要な職業訓練を受ける際，訓練や就職支度金，手当が

吸　引

体内に貯留した不要な浸出液，血液，分泌液などを陰圧の状態にして体外に排除する方法。自分の力で痰を排出することが困難な場合にも実施され，身体障害者手帳を取得することによって吸引器の給付を受けることができる場合がある。

就職支度金

雇用保険における失業給付の1つに，再就職を促進するために行われる金銭給付である就職雇用給付がある。身体障害などを理由として就職が困難と認められる者が安定した職業についた場合，常用就職支度金が給付される。

**独立行政法人
高齢・障害・求職者
雇用支援機構**

障害者雇用については昭和35年に制定された「障害者の雇用の促進等に関する法律」において，障害者雇用率の設定や納付金制度などが定められている。平成18年の改正法では「精神障害者への雇用対策の強化」「在宅就業障害者への支援」などが補足された。

支給されることもある。地域障害者職業センター，障害者就労・生活支援センター，地域障害者就労支援センターなどで情報を得ることができる。

(4) 受診・受療援助

入院，入院外を問わず，患者やその家族等に対する次のような受診，受療の援助を行う。

① 生活と傷病の状況に適切に対応した医療の受け方，病院・診療所の機能等の情報提供等を行うこと。
② 診断，治療を拒否するなど医師等の医療上の指導を受け入れない場合に，その理由となっている心理的・社会的問題について情報を収集し，問題の解決を援助すること。
③ 診断，治療内容に関する不安がある場合に，患者，家族の心理的・社会的状況を踏まえて，その理解を援助すること。
④ 心理的・社会的原因で症状の出る患者について情報を収集し，医師等へ提供するとともに，人間関係の調整，社会資源の活用等による問題の解決を援助すること。
⑤ 入退院・入退所の判定に関する委員会が設けられている場合には，これに参加し，経済的，心理的・社会的観点から必要な情報の提供を行うこと。
⑥ その他診療に参考となる情報を収集し，医師，看護師等へ提供すること。
⑦ 通所リハビリテーション等の支援，集団療法のためのアルコール依存症者の会等の育成，支援を行うこと。

> **集団療法**
> 精神科で実施される統合失調症，双極性障害，神経症，アルコール依存症などの患者に対する集団療法では，一定の条件を満たした上で精神保健福祉士が実施した場合について診療報酬が定められている。

> **主体的な医療の利用者としての患者**
> 医療法第2条には，医療提供の理念として「医療は，国民自らの健康の保持増進のための努力を基礎として，医療を受ける者の意向を十分に尊重し，（中略）効率的に，かつ，福祉サービスその他の関連するサービスとの有機的な連携を図りつつ提供されなければならない」と示されている。

医療も福祉も，ともに人の幸福を望む実践であることに変わりはない。いかに医療技術が発達しても，患者が自らの疾病を理解した上で主体的な医療の利用者になろうという姿勢がなければ治療の効果を得ることはできない。ソーシャルワーカーは医療機関，医師をはじめとする医療関係者と患者，家族との間に立って，医療技術と患者とをつなぐ役割を果たす。もちろん患者の心理的・社会的背景について思いを馳せるのは，決してソーシャルワーカー独りではないことは肝に銘じておかねばならない。「相談に応じる」専門職として患者，家族に向かいあうソーシャルワーカーだからこそ得ることができる情報を他専門職に提供することにより，患者の治療効果を側面から支援する。保健医療機関で働くソーシャルワーカーには，専門職と患者，家族とをつなぐ役割が求められる。

(5) 経済的問題の解決，調整援助

入院・入院外を問わず，患者が医療費，生活費に困っている場合に，社会福祉，社会保険等の機関と連携を図りながら，福祉，保険等関係諸制度を活用できるように援助する。

もともと社会福祉は「貧困」に苦しむ人びとへの援助として発達してきた経緯がある。加療が必要な状態で生活することは，まず治療費という新しい支出

が必要となる。それに加えて，一家の働き手が入院すれば収入が中断するし，家事や介護・育児などを担っていた者が病気になれば，代わりの役目を負ってくれる人・機関へ依頼するための費用も必要となる。病院へ見舞いに行くための交通費，在宅療養に必要な物品に関わる費用など，生活に関わるさまざまな支出が増加する。医療保険や介護保険，公費負担医療など，医療に関わる制度だけでなく，雇用保険，障害年金，労働者災害補償保険，各種の貸付制度や税金・公共料金の減免，手当てがある。健康保険によっては，介護休業制度や，介護のための短時間勤務，休業手当など，独自の給付内容がある。こうした多くの保険・福祉関係諸制度を活用するために，常に情報を収集・整理しておくことが重要である。とくに，特定疾患の新たな指定，高額療養費の算定方法，傷病手当金の受給要件，障害年金受給のための初診日など，各制度では利用に際して押さえておかねばならないポイントがある。患者が適切なサービスを利用することができるように，担当窓口に確認して最新・正確な情報を得ることが重要である。

> **高額療養費**
> ⇒ pp.35-36 を参照

> **傷病手当金**
> ⇒ p.35 を参照

(6) 地域活動

患者のニーズに合致したサービスが地域において提供されるよう，関係機関，関係職種等と連携し，地域の保健医療福祉システムづくりに次のような参画を行う。
① 他の保健医療機関，保健所，市町村等と連携して地域の患者会，家族会等を育成，支援すること。
② 他の保健医療機関，福祉関係機関等と連携し，保健・医療・福祉に係る地域のボランティアを育成，支援すること。
③ 地域ケア会議等を通じて保健医療の場から患者の在宅ケアを支援し，地域ケアシステムづくりへ参画するなど，地域におけるネットワークづくりに貢献すること。
④ 関係機関，関係職種等と連携し，高齢者，精神障害者等の在宅ケアや社会復帰について地域の理解を求め，普及を進めること。

医療機関の機能分化にともない，一医療機関が発症から回復期，慢性期，長期療養や在宅医療，疾病の予防にいたるすべての医療を提供することは困難となり，地域医療連携の重要性が注目されている。2014（平成26）年6月に成立した「地域における医療及び介護の総合的な確保を推進するための関係法律の整備等に関する法律（医療介護総合確保推進法）」には，2025年に向けた医療提供体制の具体策が示された。従来から指摘されている通り，医療機関の機能分化・連携，在宅医療の充実は，医療改革の重点項目である。人びとの生活を支えるには，地域で患者の状態に応じた適切な医療が効率的・効果的に提供される必要がある。医療ソーシャルワーカーもそうした医療供給体制の一翼を担う。

ソーシャルワーカーは患者，家族をとりまく環境としての職場，地域，そして諸制度や社会全体に着目し，関係を調整してゆかねばならない。疾病や障害

をもつ人びとが地域で生活してゆくためには、地域の中に必要なサービスがすぐに利用できる形で存在することが必要である。フォーマルなサービスのみでなく、インフォーマルなサービスも多数存在していること、地域住民が疾病や障害に対する理解をもち、さまざまな人がともに生活する社会を創り上げてゆくという意識をもつことが必要である。ソーシャルワーカーは、地域の中に新しいサービス・制度を創り出す役割をも担う。

保健・医療・福祉の連携の必要性が認識される中、利用者に対して効果的サービスを提供することができるようサービス調整会議やケース検討会、地域連携クリティカルパスなど新たな地域ケアシステムを創造するための会議が開催される機会が増加している。ソーシャルワーカーは、利用者に直接的に関わる援助職としてのみでなく、所属組織の地域担当窓口として、こうした会議に参加することが求められる。各種会議に参加する際には、その会議の目的や構成員を把握し、ソーシャルワーカー自身がどういう立場でその会議に参加するのかをあらかじめ念頭において参加する。組織外の会議では、ソーシャルワーカーの発言は、個人の発言ではなく所属する組織の発言と理解されることもある。他機関や他組織からの要望に対しても、ソーシャルワーカー個人として判断・返答できる内容か、上司と相談した上で組織として判断・返答せねばならない内容か、注意する。こうした場で創り上げたネットワークが、患者、家族への援助を行う際に役立つこともある。

患者会やボランティアの指導、育成、地域での保健・医療・福祉に関する勉強会や公開講座を通じて、地域住民とのネットワークを形成するとともに、高齢者や障害者について理解を深められるように働きかける。こうした活動を通じて、地域社会全体が疾病や障害をもって生活しやすい環境へと変化してゆくことを援助する。

以上のようなソーシャルワーカーの業務内容をみると、それぞれの業務がオーバーラップしながら行われていることがわかる。ソーシャルワーカーはクライエントのその人らしい生活を援助するために、患者、家族、医療機関をとりまく制度、人間関係、環境といった社会すべてを視野に入れ、それらに働きかけてゆく姿勢をもつ必要がある。

4 保健医療ソーシャルワーカーの業務の方法・留意点

以下では、業務指針に基づき、業務の方法・留意点をみていく。

医療ソーシャルワーカーが医療に関する情報を提供する場合や、受診・受療を援助する場合は、医師へ相談し、指示を受けることが明記されている。医療チームの一員であることを自覚しておくことが重要である。

地域ケアシステム
地域内のさまざまなケアに関わる、福祉、保健、医療領域の機関・団体が組織的、系統的に連携し、一貫したケアをより包括的、効率的、継続的に行うためのシステム。インフォーマルなサービスや近隣住民によるネットワーク活動なども含む。厚生労働省は、住み慣れた地域で自分らしい生活を続けるために、地域の包括的な支援・サービス提供体制の構築を推進している。

地域連携クリティカルパス
手術などの急性期治療から、リハビリテーション、疾病予防に関わる、治療及び生活指導や生活を支える介護サービスなど、綱ぎ目のない医療（シームレスケア）の実現を目指している。連携医療機関が共同で作成した診療計画に基づき治療が行われ、地域で患者の生活を支える。

ネットワーク
地域福祉におけるネットワーク形成では、クライエントの社会的な支援を形成する意味で使われることが多い。クライエントの多様なニーズに応じるフォーマル、インフォーマルなサポートの両者を結びつけることが最終目標となる。

(1) 個別援助に係わる業務の展開

　患者，家族への直接的な個別援助では，面接を重視するとともに，患者，家族との信頼関係を基盤としつつ，医療ソーシャルワーカーの認識やそれに基づく援助が患者，家族の意思を適切に反映するものであるかについて，継続的なアセスメントが必要である。

　具体的展開としては，まず，患者，家族や他の保健医療スタッフ等から相談依頼を受理した後の初期の面接では，患者，家族の感情を率直に受け止め，信頼関係を形成するとともに，主訴等を聴取して問題を把握し，課題を整理・検討する。次に，患者及び家族から得た情報に，他の保健医療スタッフ等からの情報を加え，整理，分析して課題を明らかにする。援助の方向性や内容を検討した上で，援助の目標を設定し，課題の優先順位に応じて，援助の実施方法の選定や計画の作成を行う。援助の実施に際しては，面接やグループワークを通じた心理面での支援，社会資源に関する情報提供と活用の調整等の方法が用いられるが，その有効性について，絶えず確認を行い，有効な場合には，患者，家族と合意の上で終結の段階に入る。また，モニタリングの結果によっては，問題解決により適した援助の方法へ変更する。

　ソーシャルワーカーが行う個別援助が保健医療機関で実践されるからといって，何か特別な実践に変化するわけではない。信頼関係を基盤とした援助関係の重要性や援助の展開過程は，常にソーシャルワークの基本である。しかし保健医療ソーシャルワークでは，とくに疾病や障害と生活との関係が重要となるため，さまざまな情報を整理・検討するためには医学知識が重要である。

(2) 患者の主体性の尊重

　保健医療の場においては，患者が自らの健康を自らが守ろうとする主体性をもって予防や治療及び社会復帰に取り組むことが重要である。したがって，次の点に留意することが必要である。
① 業務に当たっては，傷病に加えて経済的，心理的・社会的問題を抱えた患者が，適切に判断ができるよう，患者の積極的な関わりの下，患者自身の状況把握や問題整理を援助し，解決方策の選択肢の提示等を行うこと。
② 問題解決のための代行等は，必要な場合に限るものとし，患者の自律性，主体性を尊重するようにすること。

> **自　律**
> self-regurated, autonomyと表現される。他者からの助けを必要としないという意味ではなく，他者からコントロールされることなく，自分の行動などを決定できることを意味している。

　インフォームド・コンセントやセカンドオピニオンは，患者，家族が疾病や治療内容について理解し納得した上で適切な選択を行うための手段である。しかし，思いもよらず疾病や障害とともに生きることになった患者や家族にとって，医師をはじめとする専門職からの説明を一度で理解し，将来について考察することなど不可能であろう。医療ソーシャルワーカーは，医療職と患者，家族との間で適切な調整を行うことにより，クライエントの自己決定を支援する。病状説明の面接に同席すること，医師からの説明を患者，家族がどのように理解しているかを確認し，必要であれば再度医師へつなぐ，セカンドオピニオンを入手するための情報を提供するなど，援助方法は多様である。もちろん疾病によって生じるさまざまな問題の解決調整を援助することは，患者，家族の不

潜在的な力
ソーシャルワーク実践におけるストレングスの考え方では，利用者のもつ力として，利用者の特性・特質や物事のとらえ方，地域の社会資源などに着目し，利用者がそれらを活用しながら課題を解決する過程を支援する。

安を軽減し，判断能力を向上させることにつながる。

ソーシャルワーカーの援助は，クライエントのもつ潜在的な力を引き出し発揮させるよう支援することである。入院中の患者などについては，申請などソーシャルワーカーが代行業務を行うこともあるが，患者の能力や状況を考慮し必要だと判断した場合にのみ代行する。

(3) プライバシーの保護

一般に，保健医療の場においては，患者の傷病に関する個人情報に係るので，プライバシーの保護は当然であり，医療ソーシャルワーカーは，社会的に求められる守秘義務を遵守し，高い倫理性を保持する必要がある。また，傷病に関する情報に加えて，経済的，心理的，社会的な個人情報にも係ること，また，援助のために患者以外の第三者との連絡調整等を行うことから，次の点に特に留意することが必要である。
① 個人情報の収集は援助に必要な範囲に限ること。
② 面接や電話は，独立した相談室で行う等第三者に内容が聞こえないようにすること。
③ 記録等は，個人情報を第三者が了解なく入手できないように保管すること。
④ 第三者との連絡調整を行うために本人の状況を説明する場合も含め，本人の了解なしに個人情報を漏らさないこと。
⑤ 第三者からの情報の収集自体がその第三者に患者の個人情報を把握させてしまうこともあるので十分留意すること。
⑥ 患者からの求めがあった場合には，できる限り患者についての情報を説明すること。ただし，医療に関する情報については，説明の可否を含め，医師の指示を受けること。

個人情報保護法
個人情報の有用性に配慮しながら個人の権利利益を保護することを目的として，民間事業者が個人情報を取り扱う上でのルールを定めた「個人情報保護法」が2003(平成15)年5月30日，成立・公布され，2005(平成17)年4月に全面施行された（内閣府HPより）。

個人情報を保護する具体的方法については，個人情報保護法に基づき各保健医療機関でその管理・運用方法が定められている。ソーシャルワーカーが作成するケース記録をはじめとする書類の管理・運用も当然そのルールに従わねばならない。ソーシャルワーカーは日常的に他機関・組織とのネットワークを活用して業務を行うため，各機関に所属するソーシャルワーカー同士で患者に関する情報を共有することも多いが，情報提供については必ず患者本人の同意を得ることを忘れないようにする。そしてソーシャルワーカーが収集する情報は本当に援助に必要なものなのか，なぜその情報が必要なのかを常に意識し，場合によっては患者に説明することを心がける。

チーム
保健・医療・福祉の現場で「チーム」という言葉が用いられることが多い。チームではメンバーが共通の目標を共有し，その目標達成のためにメンバーがお互いに補定し合いながら協働することが重要である。

(4) 他の保健医療スタッフおよび地域の関係機関との連携

保健医療の場においては，患者に対し様々な職種の者が，病院内あるいは地域において，チームを組んで関わっており，また，患者の経済的，心理的・社会的問題と傷病の状況が密接に関連していることも多いので，医師の医学的判断を踏まえ，また，他の保健医療スタッフと常に連携を密にすることが重要である。したがって，次の点に留意が必要である。
① 他の保健医療スタッフからの依頼や情報により，医療ソーシャルワーカーが係る

べきケースについて把握すること。
② 対象患者について，他の保健医療スタッフから必要な情報提供を受けると同時に，診療や看護，保健指導等に参考となる経済的，心理的・社会的側面の情報を提供する等相互に情報や意見の交換をすること。
③ ケース・カンファレンスや入退院・入退所の判定に関する委員会が設けられている場合にはこれへの参加等により，他の保健医療スタッフと共同で検討するとともに，保健医療状況についての一般的な理解を深めること。
④ 必要に応じ，他の保健医療スタッフと共同で業務を行うこと。
⑤ 医療ソーシャルワーカーは，地域の社会資源との接点として，広範で多様なネットワークを構築し，地域の関係機関，関係職種，患者の家族，友人，患者会，家族会等と十分な連携・協力を図ること。
⑥ 地域の関係機関の提供しているサービスを十分把握し，患者に対し，医療，保健，福祉，教育，就労等のサービスが総合的に提供されるよう，また，必要に応じて新たな社会資源の開発が図られるよう，十分連携をとること。
⑦ ニーズに基づいたケア計画に沿って，様々なサービスを一体的・総合的に提供する支援方法として，近年，ケアマネジメントの手法が広く普及しているが，高齢者や精神障害者，難病患者等が，できる限り地域や家庭において自立した生活を送ることができるよう，地域においてケアマネジメントに携わる関係機関，関係職種等と十分に連携・協力を図りながら業務を行うこと。

> **ケースカンファレンス**
> ⇒第4章 p.79を参照

(5) 受診・受療援助と医師の指示

医療ソーシャルワーカーが業務を行うにあたっては，チームの一員として，医師の医学的判断を踏まえ，また，他の保健医療スタッフとの連携を密にすることが重要であるが，なかでも受診・受療援助は，医療と特に密接な関連があるので，医師の指示を受けて行うことが必要である。特に，次の点に留意が必要である。
① 医師からの指示により援助を行う場合はもとより，患者，家族から直接に受診・受療についての相談を受けた場合及び医療ソーシャルワーカーが自分で問題を発見した場合等も，医師に相談し，医師の指示を受けて援助を行うこと。
② 受診・受療援助の過程においても，適宜医師に報告し，指示を受けること。
③ 医師の指示を受けるに際して，必要に応じ，経済的，心理的・社会的観点から意見を述べること。

(6) 問題の予測と計画的対応

① 実際に問題が生じ，相談を受けてから業務を開始するのではなく，社会福祉の専門的知識及び技術を駆使して生活と傷病の状況から生ずる問題を予測し，予防的，計画的な対応を行うこと。
② 特に退院援助，社会復帰援助には時間を要するものが多いので入院，受療開始のできるかぎり早い時期から問題を予測し，患者の総合的なニーズを把握し，病院内あるいは地域の関係機関，関係職種等との連携の下に，具体的な目標を設定するなど，計画的，継続的な対応を行うこと。

ソーシャルワーカーが行うアセスメントについて具体的に述べられている。介護保険導入時にケアマネジメントの手法が用いられるようになったが，もともとケアマネジメントは，利用者の自立支援がより効率的・効果的に実践され

るように考え出された手法である。疾病や障害が生活に与える影響を予測するためには，社会福祉の知識だけではなく，保健・医療にかかわる知識も重要となる。こうしたアセスメントを適切に実施し，支援計画を作成するためには，さまざまな職種，機関と適切な連携をもつことが重要になる。

(7) 記録等の作成

① 問題点を明確にし，専門的援助を行うために患者ごとに記録を作成すること。
② 記録をもとに医師等への報告，連絡を行うとともに，必要に応じ，在宅ケア，社会復帰の支援等のため，地域の関係機関，関係職種等への情報提供を行うこと。その場合，(3)で述べたとおり，プライバシーの保護に十分留意する必要がある。
③ 記録をもとに，業務分析，業務評価を行うこと。

> **記録**
> 記録の方法は文体によって「叙述体」「要約体」「説明体」に大きく分類できる。読み手にわかりやすく正確に伝わるためには，客観的事実とその事実に対するソーシャルワーカーの主観的考察が区別できる記載方法が重要となる。

　個人情報保護の観点からも記録の重要性が指摘されている。記録はある事柄を時間・空間を越えて保存するためのものであり，記録に記載されなかった事柄は存在しなかったことになってしまう。記録はソーシャルワーカーの実践を示す手段であり，ソーシャルワーカーの具体的行動やアセスメント，考察とともにそれらの根拠となった事実も端的に記載されていなければならない。医療機関ではカルテ開示が要求されることも多い。介護保険法でも記録の開示については明確に示されている。患者，家族から要求された際にはソーシャルワーカーの記録も開示せねばならないことを意識して記録を作成する。

5　保健医療ソーシャルワーカーの業務遂行のための環境整備

　業務指針には「その他」として，医療ソーシャルワーカーがその業務を適切に果たすための環境整備が示されている。

(1) 組織上の位置づけ

　保健医療機関の規模等にもよるが，できれば組織内に医療ソーシャルワークの部門を設けることが望ましい。医療ソーシャルワークの部門を設けられない場合には，診療部，地域医療部，保健指導部等他の保健医療スタッフと連携を採りやすい部門に位置付けることが望ましい。事務部門に位置付ける場合にも，診療部門等の諸会議のメンバーにする等日常的に他の保健医療スタッフと連携を採れるような位置付けを行うこと。

(2) 患者，家族等からの理解

　病院案内パンフレット，院内掲示等により医療ソーシャルワーカーの存在，業務，利用のしかた等について患者，家族等からの理解を得るように努め，患者，家族が必要に応じ安心して適切にサービスを利用できるようにすること。また，地域社会からも，医療ソーシャルワーカーの存在，業務内容について理解を得るよう努力すること。医療ソーシャルワーカーが十分に活用されるためには，相談することので

きる時間帯や場所等について患者の利便性を考慮する，関連機関との密接な連絡体制を整備する等の対応が必要である。

(3) 研修など

医療・保健・福祉をめぐる諸制度の変化，諸科学の進歩に対応した業務の適正な遂行，多様化する患者のニーズに的確に対応する観点から，社会福祉等に関する専門的知識及び技術の向上を図ること等を目的とする研修及び調査，研究を行うこと。なお，プライバシーの保護に係わる留意事項や一定の医学的知識の習得についても配慮する必要があること。また，経験年数や職責に応じた体系的な研修を行うことにより・効率的に資質の向上を図るよう努めることが必要である。

参考文献

日本医療社会事業協会編『保健医療ソーシャルワーク原論』相川書房，2004年
日本社会福祉士会・日本医療社会事業協会編『保健医療ソーシャルワーク実践1』
　　中央法規，2004年
日本医療ソーシャルワーク研究会監修『実践的医療ソーシャルワーク論』金原出版，
　　2004年

プロムナード

2004（平成16）年度診療報酬改定で新設された「亜急性期入院医療管理科」が2014（平成26）年度診療報酬改定で廃止され，「地域包括ケア病棟入院・医療管理科」が新設されました。病棟の持つ「急性期治療を経過した患者に，効率的かつ密度の高い医療を提供しながら在宅復帰を支援し，また地域包括ケアシステムを支える」という特徴をわかりやすく示した改定といえます。この管理科を算定する施設基準には，施設に専任の在宅復帰支援担当者が適切に配置されていることなどが定められており，担当する者については「職種に規定は設けないが，社会福祉士のような在宅復帰に関する業務を適切に実施できる者をいう。」と示されています。2008（平成20）年度診療報酬改定では「退院調整加算」が新設され，加算の施設基準に「退院調整に関する経験を有する専従の看護師又は社会福祉士が1名以上いること」が明記されました。2012（平成24）年度診療報酬改定では，患者からの相談に幅広く対応できる体制をとる医療機関に対する評価を新設し，医療従事者と患者との円滑なコミュニケーションの推進を図るために「患者サポート体制充実加算」が新設されました。施設基準には，「患者からの相談に対する窓口を設置し，専任の看護師，社会福祉士等を配置していること」と定められています。

医療機関の機能分化に応じて，一人の患者を地域全体で担っていくための医療・保健・福祉の適切な連携が重視されるようになり，ソーシャルワーカーが果たす機能への期待は今後ますます高まっていることは，こうした診療報酬の変遷からも読み取れます。時代の要請に応えつつ，患者・家族が制度の狭間で不利益を被ることがないように，高い実践力をもった専門職としてのソーシャルワーカーが必要とされる時代だと言えるでしょう。このソーシャルワーカーの実践の基盤となるのが「医療ソーシャルワーカーの業務指針」です。

学びを深めるために

ヘルスケア21編著『医師・医療機関のための保険診療ルールBook—療養担当規則の完全読解と保険診療80カ条』医学通信社，2014年
　　療養担当規則とは，保険診療に関する規則を定めたものといえ，保健医療機関やそこで働く医師をはじめとする職員の義務についても規定している。福祉職といえども保健医療機関で働くのならば，こうした診療に関する基本的な常識を身につけておく必要がある。

安藤秀雄『医事関連法の完全知識—これだけは知っておきたい医療法86法』医学通信社，2014年
　　保健医療ソーシャルワーカーは，社会福祉関係法規についてはもちろんのこと，医事法をはじめ医療従事者や予防衛生，保健衛生などの医療関連法規やその全体像について把握しておくことも重要である。こうした書籍については，最新版を入手して一読しておくとよい。

福祉の仕事に関する案内書

グリッソ，T.・アッペルボーム，P. S. 著／北村總子・北村俊則訳『治療に同意する能力を測定する』日本評論社，2000年
　　心理学者であり法学博士そして精神科医によって書かれたこの本は，インフォームド・コンセントの手順について丁寧に解説されている。保健医療ソーシャルワーカーにとっても面接を進める際の参考となる。

保正友子・竹沢昌子・鈴木眞理子・高橋幸三郎・横山豊治『成長するソーシャルワーカー——11人のキャリアと人生』筒井書房，2003年
　　現場で働くソーシャルワーカーへのインタビューを通じて，ソーシャルワーカーとしての成長や発展の軌跡を探ろうとしている。さまざまな出来事を通じて成長していくソーシャルワーカーの姿は，この仕事の奥深さを感じさせる。

植田寿之『対人援助職の燃え尽きを防ぐ　発展編—仲間で支え，高め合うために』創元社，2011年
　　ソーシャルワーカーを含む対人援助職の燃え尽きを防ぐためには，組織やチームが専門職集団として機能し，個人を支えることが重要である。本書はグループワークの専門技術を活用し具体的事例を挙げて組織を成長させていく方法を示している。

第 9 章

保健医療ソーシャルワークにおける人権保障と権利擁護

保健医療ソーシャルワークの対象は、疾病や災害等によって自ら解決できない生活課題を抱え、人間らしい生活が困難になっている人（＝患者）ならびにその家族である。保健医療分野におけるソーシャルワーカー（以下、医療ソーシャルワーカー＝MSWとする）は、これらの人との関わりを通して援助技術を駆使していくことになる。ソーシャルワークの目標について、児島は次のように述べている。「ソーシャルワークの目標は、人権の擁護と人間らしい生活の実現である。人権の擁護とは、基本的人権の擁護を指し、その人らしい生活の実現とは自立生活や社会参加の実現などQOL（人生の質）の向上を指す」[1]。

この目標はソーシャルワークの原点であり重要な視点である。社会福祉の専門性とは、これらのことが援助過程で具現化されたものである。本章では、MSWが援助場面でこれらの重要な視点を認識し、明確に示すことができるように具体的に理解してほしい。

1 保健医療ソーシャルワークにおける人権保障

人権とは、人間が生まれながらにして持っている権利である。基本的人権のことを指す。

生まれ育った国、地域、環境などによって何人も差別されることなく平等であり、わが国では憲法第25条に「すべての国民は、健康で文化的な最低限度の生活を営む権利を有する。国は、すべての生活部面について、社会福祉、社会保障及び公衆衛生の向上及び増進に努めなければならない」として、生存権の根幹が示されている。

同第12条では「この憲法が国民に保障する自由及び権利は、国民の不断の努力によって、これを保持しなければならない」とし、第97条では「この憲法が日本国民に保障する基本的人権は、人類の多年にわたる自由獲得の努力の成果であって、これらの権利は、過去幾多の試練に堪え、現在及び将来の国民に対し、侵すことのできない永久の権利として信託されたものである」と宣言している。

ところが今日の社会状況をみると、さまざまな生活場面で権利の行使が困難になったり阻害されている。医療福祉にかかわる場面では、疾病や災害などによっていろいろな権利侵害が発生している。長期の療養生活を余儀なくされて教育を十分に受けられなかったり、解雇されて新たな就労先が見つからなかったり、ときには、経済的に医療費の負担が困難で受診できなくなり、症状の悪化を来たして「人間らしい生活」の実現が困難になる。

医療現場では次のような象徴的なエピソードが起こっている。「先日なじみの外来の患者さんに薬を出そうとしたら、はじめて『余っている薬がある』と言われました。食後3回飲むべき薬を2回しか飲んでいないようでした。『薬

はきちんと飲まないと』『言われたとおり，ちゃんと食後に欠かさず飲んでいますよ』『だって余っているじゃないですか』『それは食事を1日2回にしたからです』。この患者さんが節約したのは，薬代ではなく食事代でした。20年間医者をしてきて，こんな話は初めてでした。医療費の負担増と不況の深刻化が，病気の治療まで脅かしている現実を目のあたりにしたのでした」[2]。

社会保障・税の一体改革による社会保障の充実を図るために，子ども・子育て，医療・介護，年金等の改革がすすめられているが，老齢年金額の減額や貧困等低所得者層の拡大により，同様の状況は，さらに深刻となっている。

また，2008年，2010年，2012年，2014年の診療報酬の改定（2012年は介護報酬との同時改定）によって，病院医療が急性期に特化し，がん末期患者を始め難病等の慢性疾患患者の療養の場が病院から在宅へシフトする政策誘導が進められ，患者とその家族は不安定な療養生活の場に移行せざるを得ず，さまざまな生活課題を抱えている。

政府は，2012年「社会保障・税一体改革大綱」を閣議決定して「社会保障制度改革推進法」を成立させ，社会保障制度改革を推進するために「社会保障制度改革国民会議」を設置した。この国民会議の報告書に基づいて社会保障制度改革プログラムを閣議決定し，2013年12月「持続可能な社会保障制度の確立を図るための改革の推進に関する法律」（社会保障制度改革プログラム法）を，2014年6月には，「地域における医療及び介護の総合的な確保を推進するための関係法律の整備等に関する法律」（地域医療・介護総合確保推進法）を成立させた。医療制度改革は，介護との連携強化の下に在宅医療・介護サービスの一体的提供を図り，地域包括ケアシステム構築を前面に掲げてすすめられている。

その影響は，必要な医療が受けられない人びと，在宅医療・介護の十分な支援を得られないまま大変な生活課題を抱えている人びと等，人として暮らしていく権利，当たり前に生活する権利が奪われている深刻な実態が全国的に広がっている。

(1)「在院日数」の短縮化による早期退院→在宅医療・介護の連携推進の方向性

2012年度には39兆円を超えた国民医療費の抑制を図るために，厚生労働省は第2期医療費適正化計画（2013～2017年度）を定め，平均在院日数の短縮，医療機能の分化・連携，地域包括ケアシステムの構築に資する在宅医療の推進等を掲げた。

取り組みの方向性として，高度急性期・一般急性期・回復期・慢性期と入院医療の機能分化と医療機関間，医療と介護の間の連携強化，看取りを含めた在宅医療の充実，在宅・居住系サービスの強化等在宅介護の充実を掲げて地域包

括ケアシステムの整備を進めていくとしている。

　2012年度の平均在院日数19〜20日程度を，2025年度には高度急性期を15〜16日程度，一般急性期を9日程度，回復期を60日程度へと目標を挙げて，在宅介護・居住系サービス拡大，介護施設の増加，介護職員の大幅な増加などの整備を図り，関係機関が連携し，多職種協働による在宅医療・介護を一体的に提供できる体制の構築を方向性として挙げている。

　「地域医療・介護総合確保推進法」では，高度急性期から在宅医療・介護までの一連のサービスを地域において総合的に確保することで，地域における適切な医療・介護サービスの提供体制を実現し，患者の早期の社会復帰をすすめ，住み慣れた地域での継続的な生活を可能とする改革を目的としている。その概要は図表9－1のとおりである。

図表9－1　地域における医療及び介護の総合的な確保を推進するための関係法律の整備等に関する法律の概要

趣　　旨
持続可能な社会保障制度の確立を図るための改革の推進に関する法律に基づく措置として，効率的かつ質の高い医療提供体制を構築するとともに，地域包括ケアシステムを構築することを通じ，地域における医療及び介護の総合的な確保を推進するため，医療法，介護保険法等の関係法律について所要の整備等を行う。

概　　要
1．新たな基金の創設と医療・介護の連携強化（地域介護施設整備促進法等関係） 　①都道府県の事業計画に記載した医療・介護の事業（病床の機能分化・連携，在宅医療・介護の推進等）のため，消費税増収分を活用した新たな基金を都道府県に設置 　②医療と介護の連携を強化するため，厚生労働大臣が基本的な方針を策定 2．地域における効率的かつ効果的な医療提供体制の確保（医療法関係） 　①医療機関が都道府県知事に病床の医療機能（高度急性期，急性期，回復期，慢性期）等を報告し，都道府県は，それをもとに地域医療構想（ビジョン）（地域の医療提供体制の将来のあるべき姿）を医療計画において策定 　②医師確保支援を行う地域医療支援センターの機能を法律に位置付け 3．地域包括ケアシステムの構築と費用負担の公平化（介護保険法関係） 　①在宅医療・介護連携の推進などの地域支援事業の充実とあわせ，全国一律の予防給付（訪問介護・通所介護）を地域支援事業に移行し，多様化 　※地域支援事業：介護保険財源で市町村が取り組む事業 　②特別養護老人ホームについて，在宅での生活が困難な中重度の要介護者を支える機能に重点化 　③低所得者の保険料軽減を拡充 　④一定以上の所得のある利用者の自己負担を2割へ引上げ（ただし，月額上限あり） 　⑤低所得の施設利用者の食費・居住費を補填する「補足給付」の要件に資産などを追加 4．その他 　①診療の補助のうちの特定行為を明確化し，それを手順書により行う看護師の研修制度を新設 　②医療事故に係る調査の仕組みを位置づけ 　③医療法人社団と医療法人財団の合併，持分なし医療法人への移行促進策を措置 　④介護人材確保対策の検討（介護福祉士の資格取得方法見直しの施行時期を27年度から28年度に延期）

施行期日（予定）
公布日。ただし，医療法関係は平成26年10月以降，介護保険法関係は平成27年4月以降など，順次施行。

出所）厚生労働省老健局「地域医療・介護総合確保推進法」資料より，2014年

さらに，介護保険法関係の改革が大きな焦点となっている。要支援者の介護予防給付（訪問介護・通所介護）を市町村の地域支援事業に移行させること。特別養護老人ホームの新規入所者は，原則要介護3以上に限定されたこと。一定の所得がある利用者のサービス利用時の自己負担割合が2割に引き上げられること。低所得の施設利用者の食費と居住費負担軽減の認定要件が厳格化されること等が挙げられている。

では，このような法整備等政策動向の中で果たして在宅医療・介護の一体的なサービス提供が実現できるのであろうか。本質的には，医療費を始めとして介護費用の抑制等社会保障費の財源抑制策がその実現を困難にしている。患者の入院抑制・早期退院，在宅復帰とサービス利用者の負担強化が一層鮮明になっている。在宅療養支援診療所や認知症，がん末期に対応可能な総合医が圧倒的に不足している。医療依存度の高い患者のケアに必要な訪問看護ステーションや24時間巡回型訪問介護サービスが全国的に不足していることも指摘されている。地域包括ケアシステムの構築という在宅医療・介護重視の政策において，明らかに住み慣れた地域で暮らし続けられる受け皿が不足している状況である。

(2) 介護家族の変容―深刻化する介護家族の様相

ここで，高齢者を取り巻く生活環境を厚生労働省の統計数値から垣間見てみよう。「平成25年国民生活基礎調査」では，65歳以上の高齢者世帯1,161万4千世帯のうち，単独世帯が573万世帯（男性165万9千世帯，女性407万1千世帯，高齢者世帯の49.3％），夫婦のみの世帯が551万世帯（同47.5％）となっており，単独世帯，とりわけ男性の単独世帯が増加傾向である。

介護の状況を見ると，在宅で要支援または要介護と認定された者のいる世帯では，核家族世帯が35.4％で最も多く，次いで単独世帯が27.4％，三世代世帯が18.4％となっている。年次推移では単独世帯の割合が上昇し，三世代世帯の割合が低下している。主な介護者の状況では，要介護者等との同居が61.6％のうち，配偶者が26.2％で最も多く，次いで子が21.8％，子の配偶者が11.2％となっている。介護者の性別では，男性31.3％，女性68.7％，男女ともに60歳代が男性27.7％，女性32.5％と多くなっている。いずれの数値も増加傾向である。同居の主な介護者で悩みやストレスがあると答えているのが，69.4％。性別では，男性62.7％，女性72.4％となっている。

これらの統計数値からは，高齢者の単独，夫婦世帯が増加し続けていること，在宅の介護者も同様で，単独世帯の割合が上昇していることなど60歳代以上の老老介護の実態が深刻な社会問題へと発展しており，在宅介護のリスク要因ともなっていることがあげられる。

「平成24年度高齢者虐待防止法に基づく対応状況等に関する調査結果」（厚

生労働省）によると，虐待相談・通報件数，虐待判断件数ともに前年度より減少しているが，明らかになった実態は一部であり，全容はその数倍あるとも言われている。被虐待者は女性が77.6％と圧倒的に多い。女性の単独世帯が多いのと比例している。図表9－2および3のとおり，被虐待者は未婚の子と同一世帯が最も多く，虐待者では息子，夫の順に多い。

図表9－2　高齢者被虐待者の状況

養護者（介護者）による虐待件数

	相談・通報件数	虐待判断件数
24年度	23,843件	15,202件
23年度	25,636件	16,599件
22年度	25,315件	16,668件
21年度	23,404件	15,615件
20年度	21,692件	14,889件
19年度	19,971件	13,273件
18年度	18,390件	12,569件

被虐待高齢者の性別（24年度）

	人数	割合
男	3,499	22.4％
女	12,127	77.6％
不明	1	0.0％
合計	15,627	100.0％

虐待の種別（複数回答，24年度）

	件数	割合
身体的虐待	10,150	65.0％
介護等放棄	3,663	23.4％
心理的虐待	6,319	40.4％
性的虐待	81	0.5％
経済的虐待	3,672	23.5％

図表9－3　被虐待高齢者における虐待者との同居の有無

	同居	別居	その他	不明	合計
件数	13,505	1,952	152	18	15,627
割合（％）	86.5	12.5	1.0	0.1	100.0

図表9－4　被虐待者の世帯構成

	単身世帯	夫婦二人世帯	未婚の子と同一世帯	既婚の子と同一世帯	その他	不明	合計
件数	1,228	3,022	4,889	4,450	1,839	199	15,627
割合（％）	7.9	19.3	31.3	28.4	11.8	1.3	100.0

図表9－5　虐待者の続柄

被虐待者との続柄	夫	妻	息子	娘	嫁	婿	兄弟姉妹	孫	他
件数	3,114	853	7,071	2,732	1,002	327	365	812	713
割合（％）	18.3	5.0	41.6	16.1	5.9	1.9	2.1	4.8	4.2

出所）図表9-2から9-5まで厚生労働省「平成24年度高齢者虐待防止法に基づく対応状況等に関する調査結果」2013年12月

さらに在宅介護の深刻な実態が明らかになっている。

『介護殺人，心中400件。制度10年やまぬ悲劇』という見出しで介護社会の問題を取り上げた新聞記事があった[3]。記事の要旨は，次のとおりであった。

介護保険制度が始まった2000年から2009年10月までに，全国で高齢者介

護をめぐる家族や親族間での殺人，心中など被介護者が死に至る事件が少なくとも 400 件に上ることが明らかになった。特徴として，加害者は夫と息子がいずれも 33％，婿，孫をあわせ，男性が 4 分の 3 を占めた。一人で介護を背負い込み行き詰まるケースが多い。被害者は妻 34％，母親 33％に祖母などをあわせて女性が 7 割以上を占めた。加害者の年代は 50 代が 25％と最多である。以下 60 代 22％，70 代 23％，80 代 13％となっており，60 代以上の老老介護が 68％を占めた。件数は増加傾向にあり，2006 年からは年間 50 件以上のペースで発生している。介護をめぐる事件は信頼できる公式統計がない。警察発表も死亡が一人なら発表しないこともあるので，10 年で 400 件は文字どおり，氷山の一角である。事件が家族間で起きていることも，表面化を難しくしている。

　また，加藤悦子（2010）は 1998 年から 2007 年までの 10 年間の介護殺人事件について，新聞記事を情報源として全国 30 紙を検索対象に調査した結果を次のようにまとめている。「明らかになった介護殺人事件は 350 件で，355 人が死亡していた。加害者の続柄で最も多いのは実の息子（121 件，34.6％），次が夫（120 件，34.3％）であわせて事件全体の 7 割弱を占めている。加害者が息子の場合，カッとなったはずみに暴力をふるい，親を死に至らしめてしまう傷害致死の事例が他の続柄と比べて多いこと，加害者が娘や妻の場合，心中の事例が多くを占めていた。加害者が 60 歳以上の老老介護の事例も 6 割弱を占めていた。被害者については，最人は妻（120 件，33.8％），次が実母（113 件，31.8％），夫（49 件，13.8％）であった。加害者は男性が 264 件と女性の 2.8 倍であった。被害者は女性が 253 件と男性の 2.5 倍であった。加害者の年代では，60 代 25.1％，50 代 24.0％，70 代 20.6％の占める割合が高かった。家族形態は親ひとり子ひとり，または老夫婦など 2 人暮らし世帯が 122 件（34.9％）であった。加害者自身に障害がある，あるいは介護疲れや病気などの体調不良がみられた事例は 176 件（50.3％）と半数を超えていた」[4]。

　中日新聞記事と加藤の調査結果から共通していることは，①加害者では夫と息子が 7 割弱を占めていること，②被害者は妻と母親で 7 割弱を占めていること，③加害者は男性が多く，被害者は女性が多いこと，④加害者の年代では 50 代から 70 代で 7 割を占めていることが明らかになった。40 歳～50 歳代の男性介護者が長期に渡って介護を担い続けている結果として，50 歳～60 歳代が加害者の多数を占めている状況と考えられる。

　次に，介護保険の認定者とサービス利用者との関係を見てみよう。
　「平成 24 年度介護給付費実態調査結果の概況」（厚生労働省）によると，2013 年 4 月の時点における要介護等認定者数は，574 万 7 千人に対してサービス受給者数は 462 万 8 千人となっており，80.5％の認定者がサービスを利用している一方，112 万人（19.5％）がサービスを利用していないことが分かる。介護

図表 9 − 6　要介護認定者数及びサービス受給者数

(平成 25 年 4 月)

	認定者数	サービス受給者数	受給者割合
総　計	5,747 千人	4,628 千人	80.5%
男　性	1,775	1,368	77.1
女　性	3,972	3,260	82.1

出所）厚生労働省「平成 24 年度介護給付費実態調査結果の概況」より作成

参考：要介護（要支援）認定者数（25 年 3 月現在）

区　分	要支援1	要支援2	要介護1	要介護2	要介護3	要介護4	要介護5	計（千人）
認定者数	764	766	1,046	989	743	692	611	5,611
構成比(%)	13.6	13.6	18.6	17.6	13.2	12.3	10.9	100.0

出所）厚生労働省「平成 24 年度介護保険事業状況報告」より作成

　保険の認定を受けていない人も相当数であることも考えると，より一層多くの要介護等の人びとが介護サービスを利用していないことになる。

　また，介護を理由とした長期の入院は不可能となり，療養型医療施設や介護老人保健施設でも有期限を設定されていずれ退所を迫られる状況となっている。最後の住み処は介護老人福祉施設（特別養護老人ホーム）が考えられるが，図表 9 − 7 あるように，厚生労働省の公表による入所申込（待機）者は 52 万人超となっている。在宅の申込者は半数に近い約 26 万人の状況である。とりわけ，要介護 4 〜 5 の重度の要介護者 8 万 7 千人については認知症高齢者も含まれていることが考えられ，急迫している状況と推察できる。2015 年度以降は要介護 2 以下の人たちは原則入所不可能となる。介護家族は先行きの見えない追い詰められた生活をさらに強いられていく厳しい状況となっている。

図表 9 − 7　特養老人ホーム入所申込（待機）者の状況

	単位	要支援等	要介護1	要介護2	要介護3	要介護4	要介護5	合計
全体	人	9,425	67,052	101,874	126,168	121,756	97,309	523,584
	%	1.8	12.8	19.5	24.1	23.3	18.6	100.0
うち在宅の方	人	5,302	41,860	59,769	66,262	51,473	35,164	259,830
	%	1.0	8.0	11.4	12.7	9.8	6.7	49.6
うち在宅でない方	人	4,123	25,192	42,105	59,906	70,283	62,145	263,754
	%	0.8	4.8	8.0	11.4	13.4	11.9	50.4

注）入所申込者は，各都道府県で把握している状況を集計したもの
　　（平成 26 年 3 月集計。調査時点は都道府県によって異なる）
出所）厚生労働省，平成 26 年 3 月

　以上みてきたように，要介護者の在宅生活の継続が困難になった場合，要介護高齢者の生活の場はどこになるか，もはや高齢者自身の自己選択，自己決定など存在しない。早期退院に追い込まれた要介護等の高齢患者や長期療養患者は，在宅医療・介護の一体的な提供を受けられる見通しも立たず，住み慣れた地域で安心して生きられる，住み続けられる権利を奪われている実態が明らか

である。

「生活を支える介護がないと，在宅医療があっても意味がない」と在宅ケアに関わる診療所医師が訴えている。

医療を受ける権利，生活する権利，ひいては生きていく権利さえも侵害されている実態が浮かび上がっている。

（3）病気になっても患者になれない―国民健康保険料滞納者死亡事例

長引く経済不況の中で，格差社会が拡大している。生活の格差はとりわけ顕著である。病気になっても生活苦によって受診できない，患者になれない国民が出現している。

放送大学の宮本みち子教授は「日本の低所得者を『貧困』というには，あまりにも遠い響きがあります。飢えて，生活保護を受給して，ようやく命をつないでいる人たちも確かに増えていますが，今問題なのは，どれだけ働いても豊かになれず，働いても報われないという人たちが大勢生まれ，泥流のように川底に滞留している深刻な状況です。働いても，生活保護水準以下の暮らしを強いられている人たち，『ワーキングプア』が大量に生まれていることは，身近で深刻な問題です」[5)]と述べている。

ワーキングプア層は日本の人口の16％超となっており，雇用されている者の3人に1人が非正規社員となっている。うち，37％が月収10万円未満，41％が月収10～20万円未満と報告されている[6)]。

2013年の国民生活基礎調査（厚生労働省）では，生活が「苦しい」世帯が59.9％と全世帯の6割近くと増加傾向にある。とくに，母子世帯では「苦しい」と答えているのは84.8％にも上っている。

このような社会状況の中で，生活保護受給者が増加し，一方では病院の会計窓口で医療費の「未収金」が増加してきているとともに，国民健康保険の「短期保険証」や「資格証明書」での受診も顕著になってきている。

国民健康保険加入者は2013年9月末現在で3,451万1千人（国保組合を除く市町村の加入者）にもなっている。2013年6月現在，保険料滞納世帯が372万2千世帯と国民健康保険加入世帯の18.1％となっている。滞納による「短期保険証」発行は117万世帯，「資格証明書」発行は27万7千世帯といずれも前年より減少した。「資格証明書」を交付された世帯は，医療機関受診時に医療費を全額支払わなければならない。しかも滞納した保険料を納付しない限り，7割分の償還がないために，事実上の無保険者といえる。そのため，生活困窮である滞納者は受診を我慢し，病状の悪化を招いている例が後を絶たない。最悪，死に至る。このような安心して医療にかかれない実態が拡大している。

> **短期保険証**
> 国民健康保険被保険者短期保険証のことで，保険料を滞納して市町村から督促を受けても支払わない場合に，概ね3カ月を有効期限とする短期の保険証となる。それでも保険料を1年以上滞納した場合は，短期保険証の交付が取り消されて資格証明書となる。

> **資格証明書**
> 正式には国民健康保険被保険者資格証明書といい，災害など特別な理由がないのに，保険料を1年間以上滞納している世帯に対して保険証の代わりに交付される証明書。資格証明書は，国民健康保険に加入していることを証明するものであるが，病院等での受診の際，診療費の全額を病院窓口で支払うことになる。

【2013年中央社会保障推進協議会（中央社保協）調査報告】より

中央社保協は，2013年6月26日から3日間，北九州市と福岡市で国保の現地調査をしました。両市は，全国に先がけて短期保険証や資格証を発行してきた自治体。資格証発行数はともに滞納世帯の2割以上，「全国で最悪」といわれる国保行政をしてきたところです。昨年4月には北九州市で，32歳の女性が国保証を取り上げられ，重病なのに受診できず亡くなる事件も。今回の調査では，まともに医療を受けられない市民の実態が明らかになりました。

●不況に苦しむ市民に国保の追いうち

何よりも鮮明に浮かび上がったのは，市民の生活・医療の苦しい現実と，それに追いうちをかける国保行政の冷酷さ。

北九州市のNさんは，経営していた設備会社が4年前に倒産。前年の収入に応じてきまる国保料が40数万円にもなり，失業中で払えず無保険のままできました。ことし5月に高熱が3週間も続き，とにかく受診したいと市役所窓口にいったところ，職員は，滞納分60数万円を払わなければ保険証は出せないの一点張り。「あきらめて家に帰り，意識ももうろうとして倒れていたんです。伝え聞いた以前のかかりつけ医が『金はいいからとにかくきなさい』といってくれて」。医師の紹介で，病院に救急車で運ばれ，肺水腫で緊急入院。少しでも遅れていれば，生命にかかわる重症でした。

福岡市のFさんはスナックを営んでいました。不況で客が減り昨年自己破産。国保料の滞納が約15万円になりましたが，昨年9月から月1万円ずつ払い，ことし3月までの短期保険証を渡されました。しかし，4月からは受診時に医療費全額を払わされる資格証明書に。市職員に保険証を要求しても，「必要なときは窓口にくれば渡す」と国保法にさえ反するようなやり方です。「虫歯が悪化してものも飲み込めないほど痛むんですけど，治療も受けられないんです」。

●高額の保険料が国民を圧迫

68歳の大工さんは，妻が脳血栓で老人病院に入院中。仕事がなく，昨年の年収が152万円で，12万円の国保料はたいへん。妻は障害者医療を受けられますが，保険外のオムツ代月3万5千円は自己負担。国保料の減免を申請しましたが，わずか2万円の所得オーバーで棄却され困っている，といいます。

失業中の男性は，妻が入院中で医療費の自己負担分が月30万円。あまりに高額でおどろきましたが，「高額療養費は後で返ってくるから」と思い，親類などから借金して支払ってきました。ところが，市の国保課では「還付分は保険料滞納分にまわす」といわれ，ほとんど返ってこなかった，というのです。

高山さんはいいます。「4人家族の左官業の人は，年収400万円で国保料が60万円以上。払えるわけないじゃないですか。なかには，生活保護の相談で市役所に通い，33回目で初めて申請書を渡されたという人もいました。私も仕事でたいへんな生活実態に接していますが，聞きしにまさる北九州の現実で

した」。

　母子家庭で高校生と予備校生を扶養している女性は，「パートで年収150万円。国保料を数カ月分滞納し，現在は3ヵ月の短期保険証。行政に相談し，今月は2万3千円，来月から1万円ずつ納めることにしたが，国保証をもらえない」と訴える。

　腰痛で運送業を廃業し，いまも通院中の男性は，「生命保険を解約し，貯金をおろし，田畑を売って生活費と治療費にあててきたが，すでに貯金は10万円台に。田畑の売却で国保料が44万円になったが払えない。先行きが不安です」と訴える。

　不況で仕事や生活もたいへんななか，高すぎる医療費や保険料が暮らしを圧迫している状況が明らかになりました。

　このような事例は決して特殊ではない。社会保険を中心に医療保険制度は発展してきた。ところが，企業の倒産，リストラの拡大など経済社会が変化している。就労環境も非正規社員の増大など過酷となり，低所得者層の増加へと大きく変化している。結果として国民健康保険加入者が増加してきた。そこで，行政は国民健康保険の財源確保のために保険料を値上げし，さらに保険料滞納者が増加した。再び保険財源が不足し，保険料の値上げと堂々巡りの悪循環が依然として繰り返されている。現在の国民健康保険制度は社会の実態に即さなくなったといえよう。

　こうして，保険料の負担が重くのしかかっている高齢者や低所得者にとっては，受診抑制とともに食生活費を減らしていく生活を余儀なくされている。その結果，閉じこもり生活，在宅での重症化，孤独死へと地域生活での孤立化の問題にも発展している。

　所得格差が健康格差を生み出し，新たな貧困が拡大しつつある。さらには地域生活でさえ維持できないような生存格差まで生み出している。

(4) がん医療―増える「がん医療難民」「社会の偏見・差別の拡大」

　「平成25年人口動態統計の概況」（厚生労働省）では，全死亡者127万人のうち36万5千人（全死亡者中の割合28.8％），3人に1人ががんで死亡と発表された。1日あたり999人ががんで死亡していることになる。毎年増加傾向にあり，驚異である。

　こうした増加一途のがん患者の医療費対策として，厚生労働省は，2006年度の介護保険法の改正において第2号被保険者の介護認定要件である特定疾病に「末期がん」を追加した。同年6月，「がん対策基本法」を成立させ，在宅医療との連携を確立して末期患者を在宅へシフトしていく方向性も示した。住み慣れた家で家族に看取られることが幸せであるかのようにいわれてきた。政

府の財政抑制の一環としてそれが法制度的に強化された。医療制度改革でいう医療費適正化推進策のひとつである。

しかし，「平成23年人口動態統計」(厚生労働省)によれば，1951年では医療機関での死の割合が11.7％，自宅死は82.5％であったのに，2011年ではそれぞれ82.0％と12.5％と逆転現象となり，病院死の時代となっている。

政府は「がん対策基本法」に基づき2007（平成19）年6月に「がん対策推進基本計画」を発表した。計画では，「住み慣れた家庭や地域での療養を選択できるよう，在宅医療の充実を図ることが求められている。……在宅療養支援診療所についての診療報酬上の加算を行っている。……介護保険において，……療養通所介護サービスの創設など，がん末期患者を含めた在宅中重度者へのサービスの充実を図っている」[7]と在宅医療への取り組みを述べているが，果たして，自宅で安心して家族にみまもられて最期を迎えられるのであろうか。

がん専門医療機関として「都道府県がん診療連携拠点病院」とともに「地域がん診療連携拠点病院」が2002（平成14）年から全国に407施設設置されてきた（2014年8月現在）。

一方，2006（平成18）年の医療法改正で24時間体制で往診や訪問看護を実施する「在宅療養支援診療所」が新たに創設された。この診療所では，自宅での終末期ケアや慢性疾患療養等への対応が期待されている。厚生労働省は，在宅医療・介護の推進の一環として，2013年度より「在宅緩和ケア地域連携事業・緩和ケア推進事業」を立ち上げた。「在宅緩和ケア地域連携事業」では，がん診療連携拠点病院と連携し，在宅療養支援診療所の協力リストを作成。医療圏内の在宅緩和ケアを専門とする医師等と協力し，在宅療養支援診療所の医師に対し，がん緩和ケアに関する知識と技術の研修を行い，在宅緩和ケア地域連携体制の構築を図ることになっている。

「在宅緩和ケア推進事業」では，都道府県がん診療連携拠点病院に「緩和ケアセンター」を整備し，緩和ケアチームや緩和ケア外来の運営，重度のがん性疼痛が発症した場合に緊急入院（緩和ケア病床の確保）による徹底した緩和治療が実施できる体制整備の他，院内の相談支援センターや都道府県内の拠点病院，在宅医療機関との連携をすすめることにより，診療時より切れ目のない緩和ケア診療体制を構築することになっている。

このような事業を実施してがん末期患者の在宅医療が整備されるとは到底考えられない。疼痛緩和のためのモルヒネ等を投与コントロール可能な医師が地域のどこにでもいるとは限らないこと。地方において緩和ケアの対応可能な医師の絶対数の不足などが挙げられるからである。がん末期の患者の在宅生活を医療がどれだけ支えられるのだろうか。

また，がん拠点病院等で増えているDPCの導入は，がん治療のすすめ方に大きな影響をもたらした。治療中にもかかわらず診療報酬によって2週間を限

在宅療養支援診療所

自宅でのターミナル・ケア(終末期ケア)や慢性疾患の在宅療養等の支援について期待されている。具体的な要件は，24時間医師又は看護職員に連絡可能な体制にすること，24時間往診や訪問看護の提供が可能な体制の確保等が定められている。

がん診療連携拠点病院

都道府県におけるがん診療の連携協力体制の整備を図るほか，がん患者に対する相談支援および情報提供を行うために，都道府県がん診療連携拠点病院は各都道府県に1ヵ所，地域がん診療連携拠点病院は2次医療圏に1ヵ所以上整備され，厚生労働大臣が指定する。地域がん診療連携拠点病院では，緩和ケア専門のチームや緩和ケアの専門外来の設置，緩和ケアに関する相談窓口の設置，在宅療養支援診療所等との連携協力体制の整備やセカンドオピニオンの提示体制等が義務づけられている。

度に退院の方向へシフトさせるなどの入院日数削減や高価格のがん治療薬が使用できない等により医療費削減効果を上げている。その影響もあり，通院で抗がん剤治療を望んでも，保険適用されない高額の負担に耐えきれず，抗がん剤による治療を断念するケースが後を絶たない。お金の切れ目がいのちの切れ目ともなっている。

　さらに，がん治療によって就労や継続雇用を拒否されるような，がん患者に対する理解不足や偏見が生まれており，闘病生活とともに，二重，あるいは三重にも苦しみをもたらしている実態が見られる。

　DPC の導入によって早期に在宅へ移行するがん患者が，通院で抗がん剤治療などの療養生活を続けながら職場復帰を願っても，フルタイムの就労が困難となり，管理職からの降格，給与の削減，生活苦となる状況が目立っている。20 ～ 30 代の若いがん患者が治療に専念して治癒し，社会復帰のために 10 社以上の求職活動をした際，履歴書に書いた無職の期間（治療中の期間）を問われ，すべての会社で元がん患者であることを理由に採用されなかった例もまれではない。

　治療を終えて病気が治っても，経済的保障がないと健康的な生活を取り戻すことさえできない。がんに限らず，病気を理由に働く機会が奪われている人びとも増えている。

　小児がんの療養生活を送っている子どもたちにも，後遺症による発達障害がさまざまな生活不安を引き起こしている。脳腫瘍の小学生が，手術の後遺症で食べることにかかわる脳神経が機能不全となり，空腹感が常時起こってじきに食べてしまうため，食生活の見守りを絶えず余儀なくされて疲れ切っている親の例がある。また，1 歳のとき，脳腫瘍の放射線治療を受けてきた 17 歳の男性の例では，重度の知的障害が残り，老いていく親として今後の療養生活や医療費の負担に重い不安を抱いている。このような例が少なくない。

　医療から生活の場へ移行したときに，思いもよらない体験の中で苦しみもがいて生きている患者および家族が決して少なくない。

　介護保険制度では，第 2 号被保険者の特定疾病に末期がんがあげられているが，制度の不備により，介護保険サービスが受けられない実態も浮かび上がっている。末期がん患者が在宅療養で介護保険を利用する際，要介護認定が 3 週間前後かかっており，間に合わずに生前にサービスを受けられない例や，末期にもかかわらず，介護度が低い「要支援」と判定され，ベッドや車いす等の福祉用具を借りることができない例も起こっている。

　医療制度改革をはじめとした政府の財政抑制策は，人間の最期にも多大な影響をもたらしている。

　このように，保健医療福祉分野において基本的人権が脅かされている事象は，

> **セーフティネット**
> 社会保障制度や金融機関破綻の際の預金者保護制度など、一部の危機が全体に及ばないようにするための制度や対策。なかでも公的扶助制度は国民生活の最後のセーフティネットとされている。

社会保障改革という名の下に推進されている医療制度改革によって具体的に姿を現している。今日の社会福祉施策、医療制度改革では、セーフティネットにかからない対象は支援が得られずに取り残されていく状況を如実に物語っている。改めてソーシャルワークの目標と価値観に基づく社会福祉援助の重要性を突きつけられたといえよう。そのうえで、自立生活や社会参加が実現してQOLの向上がはかられる保健医療ソーシャルワークの実践が求められている。

また、今日の保健医療現場では援助の効率化が一層強く求められている。退院促進にかかわるMSWの援助は典型的であろう。しかし、早期の退院促進など効率性を求める反面、人権がないがしろにされていく危険性（退院先の決定過程に患者の参加が無視されていることなど）をはらんでもいる。「人間らしい生活」の困難性がつくり出されている実態が広がっている。だからこそ、近年MSW配置の医療機関が増えてきているが、まだまだ少ないMSWに対して社会福祉援助を必要とする多くの患者・家族がアクセスできる方法の確立が重要となる。それがスクリーニングシステム[8]である。

2 保健医療ソーシャルワークにおける権利擁護

述べてきたように、医療制度改革による保健医療福祉サービスを取り巻く制度的環境は、患者とその家族の生活権や健康権、生存権までも脅かしている。最悪、奪っているといったケースも起こっている。

保健医療ソーシャルワークにおいて、援助を必要とする患者とその家族に対して、ソーシャルワークの目標を明確にした権利擁護の具体的、積極的介入が喫緊の課題である。しかし、在院日数の短縮化など効率性が課題とされている保健医療機関のソーシャルワーカーは、退院促進や病床管理などの役割を負わされて患者とその家族の権利擁護に対して力の発揮が十分できないことも起こっている。

(1) 権利擁護とは

まず、権利擁護の意味を明確にしよう。

高山直樹は「権利擁護は、社会福祉サービス利用者の権利主張を支援・代弁・弁護する活動として位置づけられる。さらには利用者の主張、権利獲得のプロセスを重視し、利用者の主体性に価値をおく概念である」[9]とし、権利擁護は社会福祉実践の根幹を支える重要なものと定義づけている。

北野誠一は「個人のアドボカシー（権利擁護）とは、①侵害されている、あるいは諦めさせられている本人（仲間）の権利がどのようなものであるかを明確にすることを支援するとともに、②その明確にされた権利の救済や権利の形成・獲得を支援し、③それらの権利にまつわる問題を自ら解決する力や、

解決に必要なさまざまな支援を活用する力を高めることを支援する，方法や手続きにもとづく活動の総体」[10]であると定義づけている。

弁護士の平田厚[11]は北野らの定義づけを踏まえて「自己決定権の尊重という理念のもとに，本人の法的諸権利につき，本人の意思あるいは意向に即して，過不足なく本人を支援すること」[12]と権利擁護の定義づけをしている。

北野があげている③や高山の概念は，「エンパワメント」の概念が取り入れられていることが特徴的である。共通するキーワードとして「自己決定権」「利用者の主体性」「エンパワメント」があげられる。エンパワメントとは，自分らしく自立して生きる力を高めることであり，権利主体としてさまざまな生活ニーズを明らかにし，問題を解決する力や解決のために自らがさまざまな支援を活用する力を高めることである。

以上の定義づけから整理すると，さまざまな権利侵害に対する予防，救済的な従来の権利擁護だけでなく，利用者の主体性を確立して権利を促進させ，福祉力を高める権利擁護が必要であり，援助過程としての権利擁護を重視するものといえよう。その中心となるものが自己決定権であり，自己決定を尊重し支援していく過程が非常に重要である。

利用者が保健医療福祉サービスを自ら選択して契約するには，サービスの情報が的確に提供されていること，サービス量の基盤が十分に整備されていること，均衡した交渉力があること，判断能力が十分あることが必要条件である。また，利用者本人に必要なサービス提供を考える際，自己負担が伴うことから，本人の所得が十分でない場合には，サービスを利用したくても利用できない状況が起こる。低所得層の拡大により対等性が著しく欠けている状況であり，権利擁護をすすめるうえで大切な点である。

以上の点を踏まえて，権利擁護のための制度を構築すべき具体的な権利保障とその支援内容については，図表9−8のようになる。

図表9−8　権利擁護の保障と支援内容

必要な権利保障	権利保障の内容	必要な支援内容
地域で生活する権利	住み慣れた，あるいは希望する地域で生活できる権利 地域で安全な質の高いサービスを受ける権利	地域生活支援
自己決定・選択の権利	主体的に選択できること，将来にわたっても選択の幅があること	個別生活支援
自己決定・選択のためのわかりやすい情報を得る権利	個々の理解力に応じたわかりやすい言葉，コミュニケーションが工夫されていること	社会生活支援
苦情や希望を述べる権利	苦情や希望に対して説明と回答が得られること 苦情解決のしくみ，オンブズマンなどの活用によって利用者の声を聞くしくみがあること	社会制度改革支援

出所）「施設変革と自己決定」編集委員会編『権利としての自己決定−そのしくみと支援』エンパワメント研究所，筒井書房，2000年，pp.143-144．を参考に作成

(2) 自己決定権の保障は自立支援である

　権利擁護の中心をなす自己決定権を保障するためには，自己決定の過程を支援することが大切であることをみてきた。自己決定権は，人として生きていくうえで欠くことのできない基本的な権利である。自己決定権を尊重することは，前節で触れた個人の人権を尊重することでもある。

1) 自己決定とは

　自己決定とは，自らの人生においてどのような生き方を送るのかを自らの判断によって決められることである。そして，自らの決定に優越する他人の（ソーシャルワーカーがなりうる危険性もある）介入や決定を認めないことであり，自らが嫌なことは拒否できる環境が整っていることである。「～ができない」という能力等の理由から自己決定が制約されたり，認められなかったりすることがあってはならない。自己決定とそれが実現できるかどうかは次元の違うことだからである。

2) 自己決定の支援とは

　自己決定は，さまざまな生活上の困難なニーズを抱えながら，主体的な「生きる力」として形成・成長し，本人の具体的な意思として表出されるものである。「生きる力」は自己決定の原動力であり，人が生きていくうえで基本となる主体的な力である。その力を引き出していく支援が自己決定の支援であり，エンパワメントの実践でもある。このことは自立への支援に繋がるものである。クライエントを中心に据えた援助介入としてのソーシャルワークは，自己決定の内容や実現を大きく左右することになる。さらにはQOLの向上にも影響を及ぼすことになる。

　そこで，ソーシャルワーカーとしての姿勢やすすめ方について具体的に考えてみよう。自己決定の過程を支援することは，自己決定に至る本人の意思，感情，欲求などを表現する，あるいは伝えることができるように支援することである。その際，決定内容について，社会的な価値基準で是非を判断しないことである。自己決定は個人的な価値基準による意思決定であり，決定自体の支援をすることが大切である。そこでは，利用者の意思あるいは自己決定の内容をあらゆるコミュニケーション技術を駆使して確認しなければならない。とりわけ，脳血管障害で言語障害となった患者，言語的表現が困難な難病患者，精神障害者，知的障害者等々には，特段の配慮が必要である。

　先に述べた権利擁護の視点から述べると，自己決定を支援することは，単に利用者本人が決定したことを確認や実行することに留まらず，実質的な自己決定を利用者本人とともに導き出していくという自己決定の過程が重視されなければならない。自己決定を支援するプロセスにおいて，利用者が間違ったり，

図表9-9　自己決定支援の3つのレベル

支援方法	具体的内容
「決定」自体の支援	表現の保障と自己表現を豊かにするための働きかけ，場，機会の保障
決定を「実現」するための支援	自己決定内容を評価する場合，社会的価値基準だけでなく，可能な限り本人の価値基準を尊重する
決定の「質」を高める支援	「決定」のもつリスクや社会的価値観からの評価を伝える 「自己責任」としての失敗の経験をする機会を保障する これらのことを通して的確な選択や決定に繋げる

出所）図表9-8に同じ，p.99より筆者が整理

失敗したり，紆余曲折しながら学習し成長が図れるようにかかわることが大切である。利用者自身の自由性や考える力を決して奪ってしまわないようにすることが大切となる。

上田春男は，自己決定支援の方法を3つのレベルで整理している（図表9-9）。

保健医療ソーシャルワークの展開過程においては，治療内容の選択，退院先の場の選択，サービス利用の選択などが自己決定に関わる場面としてあげられる。MSW業務のなかで増大している退院援助場面で患者が退院先を選択する場合，MSWは病棟スタッフなどから早期退院を迫られて，患者とまったく面接しないまま，病院（あるいは病棟）や家族の都合で退院先を決めてしまうことがみられる。退院先の場の決定に患者が参加していないのである。患者自身による退院先の自己決定の実現が無理な場合が多いかもしれない。しかし，退院先を決定するプロセスには，患者の参加を実現して意思を尊重しなければならない。主体者である患者自身の人格の尊重，人権の尊重につながるものであり，それを抜きにMSWの専門性は語れない。

国民健康保険証を取り上げ，資格証明書の発行による受診制限や生活保護申請の拒否問題などに対して，患者や家族とともにMSWが協働して医療を受ける権利，生活する権利を勝ち取っていく作業あるいは過程を構築していくことが必要である。この取り組みは患者と家族に対するエンパワメント実践である。

がん治療においては，治療法のいくつかの選択肢の中から患者自身が治療法を選択できるように，主治医によるインフォームド・コンセントをサポートしたり，セカンドオピニオンに関する情報を提供したりして，治療に関わる患者の自己決定権を保障していくことが求められる。

また，がん拠点病院などで十分な治療を受けられずに退院する患者に対して，痛みへの不安などに対応できるかかりつけ医や専門の訪問看護ステーションの

> **セカンドオピニオン**
> 治療法のいくつかの選択肢の中から患者自身が治療法を選択できるようにすること。医療者側から患者に対して必要な情報をわかりやすく提供したうえで，患者の自己選択をサポートするもので，治療について患者自身の自己決定権を保障するものである。

確保などチームで支える体制づくりや,「がん難民」をチームで支える積極的な介入が求められる。

二木　立は，この医療制度改革がMSWの業務に大きな影響を与えるとし，国民健康保険料の滞納者に対する資格証明書交付の対象が高齢者までに拡大されたことに触れ，事実上の「無保険者」であり，今後，高齢者を中心として「無保険者」が相当数生まれるとしている。「それだけに，MSWの低所得患者の経済的問題への援助の役割が今まで以上に大きくなるのは確実」とし，MSWの人権意識を高めることが課題としている。さらに「在宅ターミナルケア（終末期ケア）の体制を整備するために，MSWの機能を活用したネットワークづくりが新たに強調されるようになっている」と述べている[13]。

MSWが介入し，行政との調整を図って国民健康保険証の短期保険証を交付させたり，医療費の一部負担減免に取り組んだり，生活保護の受給につなげたりするなど医療難民になる前に生活困窮者への支援が課題でもある。早期に必要な医療を受けられる権利を取り戻さないと安心して暮らせない時代になっている。

さらに大切となるのは，権利擁護は在宅や施設など地域生活の中で取り組まれ，かつ継続されなければならない。MSWと利用者との個別の関係だけでは実現困難だからである。利用者を取り巻く，あるいは生活にかかわる複数のソーシャルワーカー・ケアマネジャーなどの援助者・援助機関がネットワークを形成しサポートしていく社会的援助関係へと援助関係の構造を転換し，拡大していくことが必要である。地域包括ケアシステムの構築に位置づけられている「地域ケア会議」開催の義務化などを積極的に活用していくことが大切である。援助の社会化を地域で創生していくことである。地域社会の権利擁護の意識レベルを高めることに繋げていくMSWの意識化も必要となる。その意味では，MSWには，患者とその家族の側に立って意見や提言を述べ，それらを反映させていく条件整備への責務があるといえよう。今後は，地域に向けて生活支援のシステムを個別的・重層的に構築していくことと個人の生活を支援するネットワーク及び権利擁護システムを創りあげていくことが課題である。

3　介護保険・ケアマネジメントにかかわる権利保障

高齢社会の進展にともなう要介護認定者とサービス利用者の増加に対して，社会保障制度改革の方向は，現場から乖離した政策判断で貫かれており，利用者負担の強化策が一層明確となってきている。自助・互助・共助を最優先する地域包括ケアシステムの構築を改革の方向性と位置づけている中で，もがき苦しむ介護家族の姿が一層顕著になっていくことは否定できない。

(1) 利用者・家族の生活権はどうなるのか——自己決定権，生活権が奪われていく？

　1990年代の社会保障構造改革の流れから始まり，介護保険サービス等への福祉産業の参入促進は，フォーマルな制度・サービスの不備からあふれた要介護高齢者等が，民間企業に"商品化"されて人生を終える時代にまでなっている。サービス付き高齢者専用住宅の増加は，その解決に寄与するようにはみられない。

　介護家族の変容，深刻化している様相に対して，社会保障制度改革を概観すると，医療と介護の連携を強化し，一体改革を目指す地域包括ケアシステムを構築することに終始している。それによって，要介護高齢者等の地域生活は，あたかも安心して住み慣れた地域での暮らしが可能となるように考えられている。地域の重層的・一体的な医療・介護サービスがそれを実現するかのようである。

　ところが，地域包括ケアの流れは，医療制度改革の受け皿としてケアシステムの構築がすすめられている意味合いがある。「どこに住んでいても，その人にとって適切な医療・介護サービスが受けられる社会を実現する」と社会保障・税の一体改革大綱で打ち出しているが，それは地域の特性に合わせた，ということが前提となる。

　地域の財源や地域包括ケア関係者の質などに左右され，財政的に，人材的にも温度差，地域格差が表面化する事態が予想される。利用者・家族の居住地域によって受けられるサービスの量，質の格差が生じることはすでに危惧されているとおりである。地域格差は，生活権の侵害やサービス受給権の不平等を生み出すことに他ならない。

　2012年度の診療報酬・介護報酬同時改訂では，介護施設や居住系サービスで，「看取り介護加算」等の終末期ケアに関する介護報酬が創設された。終末期は医療から施設のケアにシフトすることが強化されるであろう。施設における現行の職員配置基準のままであれば，終末期ケアに関わる介護職員の負担が増加し，介護施設職員や居宅サービス担当者がいままで取り組んできた利用者への生活支援にかかわる業務が減少する流れはすすむであろう。

　また，終末期の看取りが介護施設や居宅サービスに導入・強化される方向ですすめられているとともに，地域包括ケアシステムの構築を目指す一環として地域リハビリテーションの介入や訪問看護サービスの強化が取り上げられている。サービスが増えることによって，利用者にとってその利用料の負担も増えることになる。基礎年金受給者等の低所得者にとって，いま以上の負担になることは，サービス利用を諦めざるを得なくなる。所得格差はサービス利用の格差を生み出し，終末期のケアを選択する権利さえも無いに等しい状況になる。今後，自分や家族の終末期をどこで迎えるか，自己選択できにくいことを覚悟

しなければならない時代になったようである。

(2) 介護保険制度下のケアマネジメントは援助を必要としている人びとを排除している

地域包括ケアの実現に向けた包括的ケアマネジメント機能は，医療分野との連携が重視され，医療サービスの効果的な利用をはかる方向がみられる。それらはあくまでも要介護高齢者等のためのサービス提供体制としての地域包括ケアとして考えられ，介護家族への支援がほとんどみられない。息子や夫からの虐待，殺人事件がいっこうに減ることはない。むしろ増加傾向にある実態に目を向けた，地域におけるケアシステムの整備が必要であることは誰から見ても明らかである。

ケアマネジメントは，介護保険財政を背景に限られた介護サービスをいかに効率的・効果的に利用者へ提供するかとして運用されている。効率化は人権をないがしろにするリスクが高い。前述したように，ケアマネジメントの対象者は，介護認定を受けた介護給付サービス利用者に限定されている。真の生活援助を必要としている人びとは，生活の中で自ら判断して決めることが困難な人びとであり，サービスを自分らしくいきいきと活用することが苦手な人びとである。そうして社会的にも孤立状態に陥りやすくなっている人びとである。このような重層化した生活課題を抱えている利用者や変容している介護家族への支援が，地域包括ケアシステム構築の視野から抜け落ちているとしかみえない。

こうした流れについて，加藤が次のように指摘していることに一層拍車がかかる恐れがある。「（介護殺人）事件に至るまでは加害者なりの怒りや挫折，絶望体験があるにもかかわらず周囲の者があまり気づいていないこと，保健や医療，福祉職の援助は肝心な『加害者が最も苦しんでいる事柄を緩和する』までに至っていない」ことに現れ，「援助を必要とする者の心情をその者の立場から捉えるという援助の基本が実際にはできていないこと，事件回避の好機が示されているのに援助者が見過ごしてしまっているという，援助者の陥りがちな危険を確認することができる」[14]。この流れは，在宅医療・介護・福祉現場の脱人間化現象が一層深刻化するであろうし，危惧を抱かざるを得ない。

(3) 関係者の連携・協働による当事者の権利擁護を

多職種協働による在宅チーム医療を担う人材育成が2013年度から始まった。疾病や障害を抱えても，できる限り住み慣れた地域で，必要な医療・介護を受けられるよう，医師・歯科医師・薬剤師・看護師・リハビリ職種・ケアマネジャー・介護福祉士・MSW等の医療福祉関係者がチームとなって患者・家族をサポートしていく体制を構築することが極めて重要である。

退院支援に関わる院内ケアカンファレンス，後方連携に関わる地域ケアカン

ファレンス，地域包括ケアシステムの体制整備に伴う地域ケア会議などが患者・利用者・家族に関わる関係者の連携・協働の場となる。その場には，当事者である患者・利用者・家族の参加をルーティン化していく支援が大切である。当事者参加により，関係者全員が当事者の声を聞くことを日常化していくこと，当事者の発言，意思表示をする場を必ず設けること，そして当事者の要望，願いを尊重することを原則とすることである。

　その取り組みをルーティン化させた地域包括ケアシステムの整備に位置づけていくことができれば，自己決定能力が低下している当事者の権利を擁護することが可能となり，ストレングス，エンパワメントアプローチによる支援が実現し，当事者の自立や自己決定などの「生活力」を高めることができる。それは人間としての発達の獲得につながるものである。

注）
1) 児島美都子『医療ソーシャルワークの現代性と国際性』勁草書房，1998年　p.71
2) 2003年2月9日付『朝日新聞』「私の視点」に掲載された埼玉県の大野義一朗氏（医師）の投稿
3) 『中日新聞』2009年11月20日朝刊，シリーズ「介護社会」として連載された。記事のデータ数値は，中日新聞，東京新聞，共同通信，北海道新聞，河北新報，西日本新聞などの過去の記事を中日新聞社がデータベースで検索したもの。
4) 加藤悦子『介護殺人―司法福祉の視点から』クレス出版，2010年，pp.44-53の内容から引用した。
5) NHKスペシャル『ワーキングプア』取材班・編『ワーキングプア～日本を蝕む病』ポプラ社，2007年，p.20
　NHKスペシャル『ワーキングプア』取材班が書き下ろしたワーキングプアの実態および問題提起を把握することができる。
6) 厚生労働省「就業形態の多様化に関する総合実態調査」2004年
7) 「がん対策推進基本計画」（平成19年6月国会報告）の「第3 全体目標並びに分野別施策及びその成果や達成度を測るための個別目標」の中で，「在宅医療」の現状として示している。
8) 全患者の中からMSWの援助が必要な患者を的確かつ早期にセレクトし，MSWに紹介して患者が必要な社会福祉サービスにアクセスできるようにすることである。そのために，セレクトすべき患者が抱えている問題をリストアップしたスクリーニングリストが作成され，全スタッフに周知されなければならない。詳しくは，退院援助研究会編『地域ケアと退院計画』萌文社，2000年，pp.189-191に筆者が述べているので参照されたい。
9) 高山直樹・大石剛一郎・川村隆彦『権利擁護』中央法規，2002年，p.32
10) 北野清一・河野正輝・大熊由紀子『講座障害をもつ人の人権第3巻―福祉サービスと自立支援』有斐閣，2000年，p.143
11) 東京都社会福祉協議会権利擁護センター「すてっぷ」専門相談員，東京都社会福祉協議会「地域福祉権利擁護事業契約締結審査会」委員，全国社会福祉協議会「地域福祉権利擁護事業の基盤整備に関する調査研究委員会」「福祉サービスの契約および情報提供のあり方に関する検討委員会」「福祉サービスに係わる苦情解決に関する検討委員会」の各委員等を努めており，福祉サービスと権利擁護に関する著書も多い。
12) 平田厚『これからの権利擁護』筒井書房，2001年，p.37

13) 二木立『医療改革』勁草書房，2007年，pp.167-169
14) 加藤悦子，前掲書，p.276

参考文献

児島美都子『医療ソーシャルワークの現代性と国際性』勁草書房，1998年
退院援助研究会編，太田貞司編著『地域ケアと退院計画』萌文社，2000年
権利擁護研究会編『ソーシャルワークと権利擁護』中央法規，2001年
「施設変革と自己決定」編集委員会編『権利としての自己決定～そのしくみと支援』エンパワメント研究所刊，筒井書房，2000年
日本弁護士連合会編著『高齢者の人権と福祉』こうち書房，1996年
日本社会福祉士会編『ソーシャルワーカーのための成年後見制度入門』筒井書房，1998年
新井誠編『成年後見～法律の解説と活用の方法』有斐閣，2000年
東京都社会福祉協議会編『成年後見制度とは─制度を理解するために』東京都社会福祉協議会，2006年
『よくわかる地域福祉権利擁護事業─判断能力が不十分な人への福祉サービス利用援助』全国社会福祉協議会，2000年
『社会福祉法対応版 地域福祉権利擁護事業推進マニュアル』全国社会福祉協議会，2001年
金子勝・高端正幸編著『地域切り捨て─生きていけない現実』岩波書店，2008年
相野谷安孝『医療保障が壊れる』旬報社，2006年
角瀬保雄監修『日本の医療はどこへいく』新日本出版社，2007年
小西加保留『ソーシャルワークにおけるアドボカシー』ミネルヴァ書房，2007年
日本経済新聞社編『がん医療これからどうなる』日本経済新聞出版社，2008年
多田富雄『わたしのリハビリ闘争』青土社，2007年

プロムナード

NHK番組「クローズアップ現代」や福祉関係番組（「ハートネットTV」など）では，本章で取り上げた国民健康保険料滞納による受診問題や「医療難民」，「がん難民」等の医療制度改革，介護保険制度の問題を取り上げている。患者とその家族並びに地域住民の立場に問題の焦点が当てられていて社会保障制度改革や地域包括ケアシステムなどの問題点を理解しやすい。
　慶應義塾大学経済学部教授の金子勝氏が「福祉ネットワーク」2012年で放送終了の番組の中で今日の医療制度改革について次のような指摘をしていた。
① 安心して医療にかかれない実態が拡大している。
② 住民の命・健康を守るしくみがなく，脅かされていることによって不安が地域に拡大している。
③ それは地域が崩壊現象となっている。
④ 人間の健康をどう守っていくのかという改革が全く欠落している。
⑤ 人の暮らしをどうしていくのかが抜け落ちている。
　以上のことは、社会福祉を学ぶ人にとっても大切な視点を教えてくれている。人の生活は，健康，疾病，医療との関わりの中でどんな状態に追いやられるのか、自分や家族のことに置き換えて考えてみよう。また，芸能番組も気分転換になるかもしれないが，たまにはこのような番組を見るのも保健医療福祉の知識や情報が広がっていくことになる。一見の価値があるのではないか。

学びを深めるために

二木立『安倍政権の医療・社会保障改革』勁草書房，2014 年
　　2012 年 12 月に成立した第二次安倍内閣の医療・社会保障政策を，三代の民主党前政権およびその前の福田・麻生政権の医療・社会保障政策との相違点に留意しながら，複眼的・批判的に検討している。費用抑制を強化する今日の医療制度改革の諸問題を理解する上でも是非一読されたい。

山路克文『戦後日本の医療・福祉制度の変容―病院から追い出される患者たち』法律文化社，2013 年
　　筆者は MSW，老人保健施設の副施設長などを経て大学教員になった関係で，MSW に対する造詣も深い。本書は，今日の医療制度改革によって MSW の実践的課題がどのように複雑・高度化してきているかを，排除されていく患者の立場に立って検証している。医療制度改革の歴史，新たな医療福祉問題と実践的課題など参考になる内容である。一読する価値あり。

福祉の仕事に関する案内書

菊地かほる『これがＭＳＷの現場です　補訂版』医学通信社，2014 年
宮内佳代子『私はあなたを見捨てない』角川書店，2003 年
札幌テレビ放送取材班『がん患者，お金との闘い』岩波書店，2010 年
宮本節子『ソーシャルワーカーという仕事』ちくまプリマー新書，2013 年

第10章

病気・障害を抱えた人びとや家族に対する相談・援助活動

1 現代社会の医療ソーシャルワークの諸問題

(1) 医療をめぐる現代社会の特徴と医療ソーシャルワークの課題

　社会や保健医療を取りまく状況の変化は，医療ソーシャルワークの対象とする問題にも大きな影響を与える。なぜなら，社会の状況の変化は当然そこに暮らしている一人ひとりの生活にも関わってくるものであり，そこから生じる生活問題上のニーズに対し，医療ソーシャルワークの支援が実践されるからである。そして，急速な少子・高齢化，医療技術の進歩などの社会の変化は保健医療サービスへのニーズをこれまでより多様化，複雑化したものとしている。

1）疾病構造の変化

　疾病構造の変化もそのひとつである。主要死因別にみた死亡率では，1950年代まで最も死亡率の高かった結核が急速に減り，一方でがん，心臓病，肺炎などが増えている。感染症などの急性疾患からがんや循環器病などの慢性疾患へと疾病構造が変化していることがわかる

　慢性疾患においては，糖尿病，高血圧，高脂血症などの生活習慣病がとくに着目されている。生活習慣病は，長期間にわたる生活習慣の積み重ねが病気の予防や治療に大きく影響する。また，脳血管疾患にみられるように，後遺症としての障害や慢性的な症状が残る場合もある。感染症の治療を主としていた時代には，抗生物質等を用いた適切な治療や療養環境が確保されれば，その疾患は治癒し，患者は元の生活を送ることも可能であった。しかし，生活習慣病等の慢性疾患の治療においては，病気とどのように付き合いながら「生活」していくかを考えることが必要であり，これまで治癒することを目指してきた医学が，「ケア」と「生活」の視点から患者をとらえることが求められている。つまり，生活の中での食習慣，運動，喫煙，飲酒，ストレス等の要因が病気に大きく影響するため，患者の治療や支援を行う際には身体的な側面だけでなく，社会的，あるいは心理的な側面を含めた全体としてとらえ，理解しなければならない。また，医師をはじめとした患者の治療に関わる専門職は，患者が自分自身の病気に関心と正しい知識をもつこと，生活の管理ができるよう家庭や周囲の環境を整えること，医師と継続的な信頼関係をもてること，経済的な問題や病気にともなう不安等を軽減し，安心して療養できるようにすること，社会福祉の制度を利用するといった幅広い支援が必要となっている。つまり，生活問題に関わるニーズを支援対象としてきた医療ソーシャルワークのよりいっそうの必要性が高まっているといえる。

> **生活習慣病**
> 食習慣や運動習慣，休養，喫煙，飲酒等の生活習慣が，その発症や進行に関与する症候群を生活習慣病という。

1. 現代社会の医療ソーシャルワークの諸問題

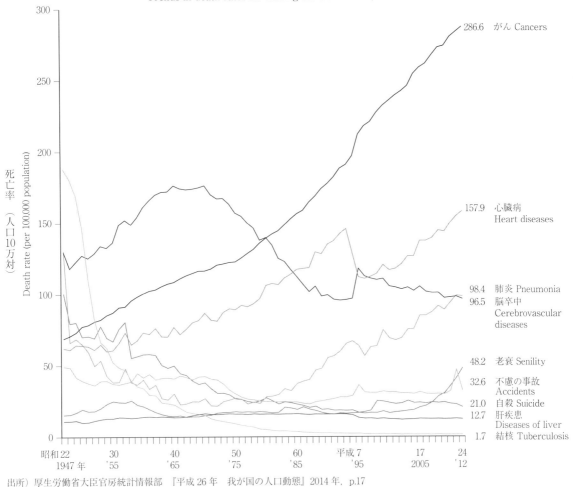

図表10－1　主な死因別に見た死亡率の年次推移

出所）厚生労働省大臣官房統計情報部『平成26年　我が国の人口動態』2014年，p.17

2）医療費の増加

　医療技術や知識が大きく進歩したことにより，検査や治療の内容が高度化し，また高額化した。人工透析やMRIをはじめとした高額，高度な医療機器を使用した治療は国民医療費を増大させている。人口の高齢化とも相まって，増大する医療費を抑制することは現代社会における大きな課題となっている。

　このような問題に対しては薬価基準の引き下げや診療報酬上の抑制措置などの対応が図られてきた。また，入院治療も医療費増大に大きく影響するものである。医療機関は平均在院日数の短縮化を強く迫られており，クリティカルパスの導入等，入院治療の効率化を図っている。社会的入院を抑制するべく診療報酬において長期入院に対する措置がとられ，患者の退院を促進するために介護保険制度，障害者総合支援法の積極的な利用が期待されている。しかし，社会的入院の背景には疾病，障害や社会福祉サービス利用へのスティグマに関わ

> **社会的入院**
> 介護の必要な高齢者や長期入院で社会的なつながりが希薄になった精神障害者等が，自宅や地域で適切なケアを受けられないために入院をしている状態。入院は本来，医学的管理や看護を必要とする病状への対応であり病状が回復すれば退院するが，医学的観点からはすでに入院の必要性が少ないにもかかわらず，患者やその家族の社会的理由，介護力，社会資源の不充足等の要因への代替策として行われている点に特徴がある。

る差別や偏見，社会資源の不足などの多様な問題がある。医療ソーシャルワーカー（以下，MSW）は在院日数の短縮化によって，単に患者や家族を病院から退院させるだけの「退院促進係」にならないように気をつけなければならない。

3）機能分化と地域医療との連携

　増大する医療費の問題を背景とし，医療供給体制，医療の質の確保を目的にこれまで数回にわたる医療法の改正が行われ，その中で医療機関の機能分化も促進されてきた。一般病院においては一般病床と療養病床の区分が行われ，急性期治療を行う医療機関においては，「一般病院」，高度医療を行う「特定機能病院」，地域医療の中核となる「地域医療支援病院」がある。図表10－2のように，機能分化の方向性は慢性期治療へと移行するにしたがって，回復期リハビリテーションや療養を目的とした療養病棟が担うこととなる。

　これからの医療分化の方向性を検討する際に，とくに重要なのは地域医療の連携とプライマリ・ヘルスケアのあり方である。第3次医療法改正により位置づけられた地域医療支援病院は，かかりつけ医からの紹介率を明確に設定され，病院施設や検査機器の共同利用や地域の医療従事者の資質向上など地域医療と

プライマリ・ヘルスケア
　個人や家庭の健康を保持するため，地域にあって最初に機能し，継続的に対応していく「主治医」的な役割を担う医療システムのこと。地域における総合的，継続的，全人的医療の実現を目的としている。

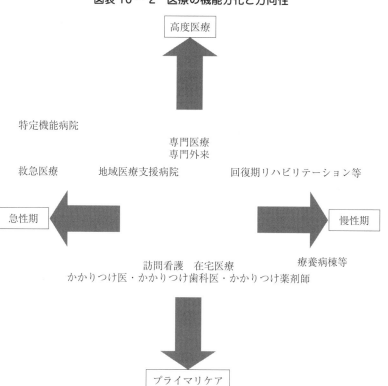

図表10－2　医療の機能分化と方向性

出所）日本社会福祉士会・日本医療社会事業協会編『ソーシャルワーク実践1』中央法規，2004年，p.266

の連携を問われるものとなっている。地域医療連携室に配置されたMSWは患者や医療資源を地域と「繋ぐ」役割を強く期待されている。第5次医療法改正においては4疾病（がん，脳卒中，急性心筋梗塞および糖尿病）について地域医療供給体制を構築し，発症から入院治療，リハビリテーション，地域生活の場までの流れを明確にすることが掲げられ，急性期から在宅療養までの切れ目のない医療サービスを目指し，地域連携クリティカルパスの普及が図られてきた。

さらに2013年（平成25）からは4疾病に精神疾患が加わり，5疾病と5事業（救急医療，災害時における医療，へき地の医療，周産期医療，小児医療）と在宅医療について，都道府県の医療計画において必要な医療機能を定め，医療供給体制の整備を進めている。

地域で生活している慢性疾患や障害をもつ人びと，介護ニーズをもつ人びととは，医療のみならず，保健・福祉の多様なサービスを利用しつつある，あるいはその可能性をもっている人びとである。医療機関のもつ機能を最大限に活用し，患者や家族の医療ニーズを充足させるとともに，生活を支える専門職として，医療ソーシャルワークにはより一層の地域との有機的連携と予防，プライマリ・ヘルスケアを重視した視点が要求されるのである。

> **地域連携クリティカルパス**
> 急性期病院から回復期病院を経て早期に自宅に帰れるような診療計画を作成し，治療を受けるすべての医療機関で共有して用いるもの。診療にあたる複数の医療機関が役割分担を含め，あらかじめ診療内容を患者に提示・説明することにより，患者が安心して医療を受けることができるようにする。

4) エイズ，難病と医療ソーシャルワーク

国連合同エイズ計画（Joint United Nations Programme on HIV/AIDS：UNAIDS）によると，ヒト免疫不全ウイルス（Human Immunodeficiency Virus：HIV）の感染者は，全世界で2012（平成24）年末で3,530万人に上ると推計されている。日本においては，2012年の新規HIV感染者・エイズ患者報告は1,449件であり，累積HIV感染者報告数は14,706件，累積エイズ患者報告数は6,719件である。年間1,500件程度の新規HIV感染者・エイズ患者が報告されている状況が近年続いている。

以前はエイズ＝死に至る病，というイメージがあったが，治療薬の目覚ましい開発，進歩を経て，現在では定期的な受診と適切な服薬の継続により，慢性疾患と考えられるようになってきた。HIV/AIDSと共に生きる生活，人生を当事者が主体的に生きることができるような支援のあり方と，その中で直面するさまざまな問題に対し，医療のみならず地域の多様な社会資源と連携できるような支援が必要とされている。さらに，彼らが日々の生活の中で罹患する病気やけがの治療においては地域のクリニックや病院に受診する機会も増えていく。HIV感染者，AIDS患者への支援や対応はエイズ診療拠点病院だけの問題ではなく，地域のMSWすべてにとって今後ますます身近な支援となると考える。

このような状況を背景に，2012年施行の「後天性免疫不全症候群に関する特定感染症予防指針（エイズ予防指針）」では，エイズ対策の重点化を図るべ

き3分野(普及啓発及び教育,検査・相談体制の充実,医療の提供)を中心に,新たに,検査・相談体制の充実,個別施策層(感染の可能性が疫学的に懸念されながらも,感染に関する正しい知識の入手が困難であったり,偏見や差別が存在している社会的背景等から,適切な保健医療サービスを受けていないと考えられるために施策の実施において特別の配慮を必要とする人びと)に対する検査に係る目標設定,地域における総合的な医療供給体制の充実,NGO法人等との連携に取り組む必要が明らかになっている。

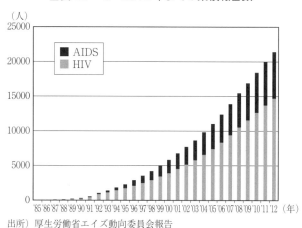

図表10－3　2012年までの累積報告数

出所)厚生労働省エイズ動向委員会報告

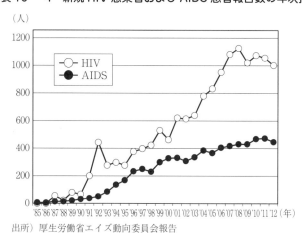

図表10－4　新規HIV感染者およびAIDS患者報告数の年次推移

出所)厚生労働省エイズ動向委員会報告

また難病の患者に対する支援も重要である。難病とは,1972(昭和47)年に制定された「難病対策要綱」(厚生省)によると,

・原因不明,治療方法未確立であり,かつ後遺症を残す恐れが少なくない疾病

・経過が慢性にわたり，単に経済的な問題のみならず介護等に著しく人手を要するため家庭の負担が重く，また，精神的にも負担の大きい疾病

と定義されている。原因がわからないこと，治療法が明確でないことが患者や家族の心理的に与える影響は非常に大きく，また長期間の療養が強いられる場合も多い。

感染症や難病については歴史的に振り返っても，常に社会的差別や偏見と隣り合わせである。また治療法や疾患の特性についての知識の欠如，誤解も相まって，患者や家族の職場や地域等での社会的な関係性を脆くする恐れもあり，人間関係上の問題や経済的問題を含む多様な問題を生み出しかねず，患者や家族の人権を侵害されることがないよう留意しなければならない。

(2) 保健医療サービスのこれからのあり方

これまで医療は非常に高度で専門的な知識や技術のもとに行われていることから，患者や家族は治療方針やその内容を医師に「お任せ」する傾向が強かった。しかし，次第に医療におけるパターナリズムを否定し，患者の意思と選択を尊重するインフォームド・コンセントが重視されるようになった。第4次医療法改正の中では，医療者は適切な説明を行って，医療を受ける者の理解を得るよう努力する義務が初めて明記された。

> **パターナリズム**
> ⇒ p.5 参照

> **インフォームド・コンセント**
> ⇒ p.82 参照

インフォームド・コンセントとは，患者が自分の治療についての十分な説明を受け，よく理解し，その上で合意することである。医師をはじめとする医療スタッフは，患者の立場に立ち，個別性をふまえた適切な説明をしなければならない。また，患者も，安易にかつ受動的に医師に「お任せ」するという姿勢を省みなければならない。自ら積極的に情報を集め，医師の説明を理解する努力が望まれるのである。

しかし，すべての患者が，理解するための手段やモチベーション，能力を有しているとは限らない。とくに日本においては医師に「お任せ」することが当たり前であり，それが主治医を尊重することでもあるといった傾向が強く残っている。一方で医師にとっても，過酷な労働条件の中で，多くの患者に対応している現状の中で，患者一人ひとりに合わせた十分な説明を行っていくのは非常に難しいといわざるを得ない。

医療ソーシャルワークは，患者の治療へのモチベーションや経済的側面，家族のサポート力等，患者や家族の有している能力を的確にアセスメントし，患者が自己決定と選択を行うためにどのような支援が必要かを判断する。そして，治療の内容が生活にどのような影響を与えるのかを個々の患者の生活にあてはめて検討する。患者や家族が自立的に治療に臨めるように医師や看護師等医療スタッフらをつなぐ役割を担うのである。また医療パターナリズムに対し，患者の人権と自己決定，知る権利と選択する権利を尊重することの重要性を明確

に示さなければならない。

医療ソーシャルワークはこれらの問題に対し，患者や家族の人権を守り，一人ひとりのQOL（Quality of Life；生活の質，人生の質）を高め，自己実現を保障していかなければならない。生活習慣病や難病など，長期の罹病はそれ自体が，患者の生活の質（QOL）を揺るがすものなのである。

これからの医療は健康増進と疾病の予防，早期発見と治療，病気や障害とともに生きるリハビリテーションという包括的，継続的な医療が求められている。多様化する医療ニーズの中で，高齢者や心身障害児・者，精神障害者のみならず，児童やその他広く医療を必要としている人びとに対し，社会福祉の立場から質の高い援助を行うことが現代のMSWに問われていることであり，ソーシャルワーク実践の基盤となる価値，倫理，知識をしっかりと身に付けることが改めて求められているのである。

> **生活の質（Quality of Life:QOL）**
> QOLは，「自分自身に対する満足感，充実感，安心感，幸福感」など個人の意識面を中心にとらえる立場と，「人びとの幸福，満足な生活にするための社会システムの創造」として社会環境から考える立場とがある。

> **自己実現**
> その人が自己の能力を最大限に発揮することができること。マズローの欲求階層理論では，生理的，安全，所属と愛情，自尊の欲求の上に立つ最上位の欲求として位置づけられ，人間の基本的かつ内在する欲求としてとらえられている。社会福祉における1つの大きな目的といえる。

2 医療ソーシャルワークの生活問題上のニーズ

第1節で述べたように，現代社会における医療ソーシャルワークの援助は多様な問題に対応することが求められている。いま，患者に起きている困りごとが生活問題に根ざした「不安」や「困難」から生じているものではないのか，その困難が，「患者」としてだけではなく，「生活者」として，彼らの「生活」や「人生」にどのような意味をもたらすものであるのかを理解し，ライフモデルの枠組みの中で患者をとらえる視点がMSWには必要である。MSWが病気や障害を抱えた人びとやその家族に対し，相談・援助活動を実際に行っていく上でのいくつかの生活問題上のニーズについて取り上げる。

（1）社会生活における役割機能に関するニーズ

社会の中に生きる者として，われわれはその人生の中でそれぞれ多くの社会的存在としての役割を担っている。家庭の中での子として，親としてのつながり，就学・就職先とのつながり，地域社会とのつながり等であり，それぞれの関係性の中で自らの果たすべき役割を担っている。またその役割は複数にわたり，それらを調整しながら生活を営んでいるのである。そのような存在である人が病気になったときに患者としての役割が加わるのであり，医療の場で出会う「患者」は単にその役割だけを果たすためにいるのではない。「患者さん」の背景には多くの生活上のつながりが結ばれているのである。

しかし，病気を発症したこと，その療養に努めなければならないこと，あるいは障害を抱えたことにより，これまでその人が担ってきた役割を果たせなくなってしまうのである。患者だけでなく，家族においても，家庭の中に病人がいることによってそれぞれの役割転換を余儀なくされるのである。

> **ライフモデル**
> 従来の医学モデルと異なり，その問題となる因果関係を個人と社会環境の関係性に着目し，それらが相互に影響される関係にあるとする。ジャーメイン（Germain, C.B）によって提唱された。生態学的視座（ecological perspective）との関連が深い。

たとえば，一家の生計中心者である夫が病気や障害を抱えたとする。障害や療養の状況に配慮して，職場配置が変わることになるかもしれない。その結果，これまで慣れ親しんだ仕事の内容や職場の人間関係から寸断されることになる。あるいは病気のために職を失うことになるかもしれない。そのような事態になれば妻は夫の代わりに生計を支えるものとして働かなければならなくなり，また子どもは生計を支えるため進学・就学を諦め，職に就かなければならなくなる。あるいは，高齢の母親が病気になり，その結果，介護が必要な状態になったとする。子どもは世話をするために，自分の住まいに母親を引き取ることになれば，母親は住み慣れた自宅，地域から離れることになる。慣れ親しんだ自宅の中なら勝手もわかり少しは家事も行えたかもしれないが，新しい環境の中では何もできず，また隣近所に友人もおらず，母親の役割喪失感はさらに心身に悪影響を与えることにもつながる。また母親を引き取った子どもの家庭も，介護を行うためにそれまでの家族員のそれぞれの生活のスタイル―職場，地域とのつながり，趣味活動等―を一変させることになるだろう。

このような役割の転換が比較的スムーズに行われる場合には，大きな問題なく患者は治療に専念できるかもしれない。しかし，人生における役割というのは人のライフサイクルにおける発達課題とも関係し，非常に大きな意味をもつものである。これらの役割転換がうまくいかない場合には，患者の治療を妨げるものとなり，患者の周囲の人との人間関係の問題，経済的・心理的問題も発生する。

医療ソーシャルワークは，患者や家族と彼らをとりまく環境とのつながりとそこにある役割を的確にアセスメントし，病気や障害を抱えた以後の人生における新たな役割とそこにある意味に価値をおき，患者の人生における自己実現を目指して援助をしなければならない。

（2）経済的問題に関するニーズ

治療や療養に関わる費用は時として患者や家族に大きな影響を及ぼす。MSWが，「医療費が払えない」という相談を受けた時，患者が支払えないのは医療費のみで，生計そのものには何も問題がないということは少ない。医療費を支払うために生活費の工面が必要である，医療費に充てるための貯蓄がない，無保険などの場合には，患者や家族のこれまでの生活のようすや金銭への価値観にまで問題が深く根ざしていることもある。医療保険料を支払うつもりだったのがたまたま最近支払えなかったというよりは，保険料に充てるはずのお金を他の事に費やしていたり，そもそも将来的なリスクを予想して保険料を払ったり貯蓄をするという観念がない等である。あるいは，表面上は「医療費が払えない」という経済的な問題で表されていても，実は患者と家族が葛藤関係にありそのために支払いをしたくないという，人間関係の問題が潜んでいる

こともある。

　さらに従来は，経済的問題を抱えるケースには，高額な治療・手術・服薬が必要である，生計中心者が病気である，生計を担う人が働いていない（働けない）というような場合が多かった。しかし，最近ではワーキングプアという言葉があるように，働いているにもかかわらず経済的に困窮しているケースも増えている。

　経済的問題として相談を受ける場合に単に医療費や生活資金に関わる制度を紹介するだけの対応では十分とはいえない。上記のような患者をとりまく状況を理解し，背景にある問題，潜在的ニーズをも視野に入れて介入していくことが重要である。

(3) 高齢者・障害者への介護問題に関するニーズ

　加齢に従い何らかの病気に罹患する可能性は増し，心身の機能の低下もともなう。また慢性疾患や後遺障害を有することも多い。このような人びとへの生活支援において介護は大きな問題である。医療機関の機能分化と在院日数短縮化の動きの中で，急性期病院のソーシャルワーカーは，患者のその後の生活と介護問題については地域のケアマネジャーか転院先となる回復期・慢性期医療機関のソーシャルワーカーにすべて任せてしまうということを耳にすることがある。

　個々の患者の介護ニーズを充足するためには，介護保険サービスを利用するだけでなく，その患者，家族の発症以前からの包括した心理的・社会的側面についてのアセスメントと介護問題から派生するあらゆる生活問題への予測と対応が必要である。地域のケアマネジャーや転院先となる医療機関のソーシャルワーカーとの連携においては，これらのアセスメントを含めてつなげていかねばならない。

　さらに，高齢者や障害者はその抱えている病気や障害に対する医療的なサポートも同時に必要としている可能性が高い。医療と介護の両方のニーズをもっている人びとが行き場がないという問題が現在起こっている。ある程度の治療や医療的処置を要する人が介護が必要となった際，医療機関では長期間の療養ができず，回復期や療養型の医療機関，老人保健施設では包括診療のため治療ができない，介護施設やサービスでは介護専門職による病気への理解や十分な対応が難しいということである。介護ニーズに対する援助は今後より一層複雑，多様化すると考えられる。

3　病気の過程と医療ソーシャルワークの生活上のニーズ

　病気のたどる過程とともに，医療ソーシャルワークが対象とするニーズや問

題も変化していく。本節では，生活習慣病であり，長期にわたる病気と向き合うことが必要であり，患者の生活のあり方にも大きな影響を与える糖尿病（Ⅱ型）を例に取り上げて，病気の過程と医療ソーシャルワークの援助について検討する。

(1) 発　症

　過食等による不適切な食生活と運動不足，過度のストレスや喫煙などの不適切な生活習慣が続くと，肥満，高血圧，高脂血の状態になる（図表10 - 5）。これらの多くは自覚症状がないままに進行していくことが多い。糖尿病においても職場の健康診断などの際に血糖値の異常の指摘をうけることが病気に気付く始まりである場合が多いが，自覚症状がほとんどない。そのため，健康診断の結果はそのまま放置されるか，一，二度は受診し，医師から生活習慣を変える必要性を説明されても，この時点ではすぐにはそれらを変えることができなかったり，あるいは変える必要性を感じていない場合が多い。

　患者自身が問題を感じておらず，また医師との治療関係も継続していないこの時点でMSWが患者と援助関係として接することは残念ながら少ない。しかし，もし患者との接点が得られるならば，患者が自分の病気についてどの程度理解しているかを見極め，生活習慣を改善する必要において患者の何が障壁となっているのかについて理解するようにしなければならない。

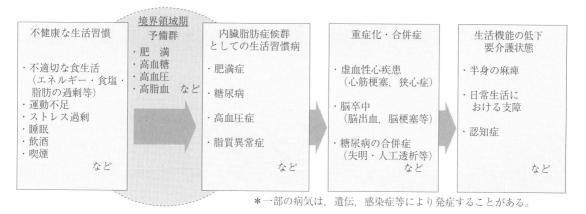

図表10 - 5　生活習慣病の進行モデル

○「不健康な生活習慣」の継続により，「予備群（境界領域期）」→「内臓脂肪症候群としての生活習慣病」→「重症化・合併症」→「生活機能の低下・要介護状態」へと段階的に進行していく。
○どの段階でも，生活習慣を改善することで進行を抑えることができる。
○とりわけ，境界領域期での生活習慣の改善が，生涯にわたって生活の質（QOL）を維持する上で重要である。

出所）『厚生労働白書（平成19年版）』2007年，p.32

(2) 病気の進行と治療の長期化

　何度目かの高血糖の指摘や周囲からの勧め，時には口渇や体重減少などの自覚症状をともなって数年ぶりに受診した際には以前に比べ病気は進行している。検査入院や糖尿病の理解を促すための教育入院などが医師から指示されることとなる。

　この時点で，患者や家族，医療スタッフから退院後の生活や入院費用についてソーシャルワーカーのところへ援助の依頼が来ることが多い。これまでの長年の生活において，患者の食事，運動，嗜好の習慣はでき上がっており，病気にとっては不適切な生活習慣でも，患者なりの理由や信条，価値観，その他の事情に基づいて行われていることもある。また患者が生活習慣の改善を望んでも，たとえば仕事が忙しく改善を実行するのが非常に難しい場合もある。あるいは，高齢であるために病気の理解や生活習慣改善へのモチベーションが少ないこともある。

　生活習慣を変えるということは日々の積み重ねであり，患者や家族にとっては大変なことである。日々の生活が一向に改善されず，受診のたびに指導を受けたり，教育入院を繰り返すことも多い。そのため，患者や家族は医療スタッフに対し自己防衛的になり，ありのままの生活のようすを伝えなくなることもある。

　このような患者に対し，ソーシャルワーカーはとくに受容的に関わることが重要である。患者の訴えを傾聴し，生活習慣を変えることの辛さに共感する。また患者なりの努力を認めることも大切である。患者の多くは頭では現在の自分の生活習慣が良くないことは理解している。この段階でソーシャルワーカーにとって重要なことは，患者のありのままの生活のようすや患者が感じている自分の弱さを防衛的になることなく話せる相手であるということである。患者の信条や病識の誤解から医師の指導が守れない場合や，指導の内容や治療目標を患者が高すぎると感じていることもある。このような患者の思いを医師や看護師にも理解してもらうようにし，医療スタッフと患者が円滑なコミュニケーションのもとに治療を進めていけるようにしなければならない。つまり，患者が主体的に治療に取り組めることが援助の焦点となる。また患者会やグループワークの活用も援助には有効である。患者同士が生活習慣改善の苦労や辛さを語ることのできる場を作り，自立的に病気や治療に向かい合えるように援助する。

(3) 合併症の進行，病気の重度化と障害

　糖尿病には網膜症，腎症，神経障害という3大合併症がある。網膜症は失明の原因となることがある。また，糖尿病性腎症が進行すると人工透析治療が必要となる。神経障害は足の切断に至る壊疽の原因にもなる。他に，動脈硬化に

よる心筋梗塞，狭心症，閉塞性動脈硬化症，脳梗塞も引き起こす。

　時にはこのような障害を複数有することとなる。病歴が長くなるにつれ患者の加齢，認知症の問題も加わってくる。これらの要因により，障害に対しリハビリテーションを行っても回復が難しくなる。インスリンの自己注射の必要性が出てきた場合には，いつどのような手順で行えばよいのかについて，時には何度も医師や看護師から指導を受けたにもかかわらず正確に実行できないこともある。糖尿病性腎症により人工透析導入となった場合には，週におおよそ2～3回の透析を続けなければならない。副作用による体調の悪さを訴える場合もある。人工透析を受ける，そのこと自体が患者や家族の心理面に与える影響も大きい。

　ソーシャルワーカーはそのような心理的な側面への援助とともに，身体障害者手帳の申請，介護保険制度，年金制度などの各種制度の内容と手続きの紹介，障害により仕事が続けられない，生活上のこれまで果たしていた役割を果たせないことなどへの相談，介護の必要性，病気や障害への不安などのニーズに対し援助を行う。

　地域で介護を受けながら生活するのであれば，住環境の整備も必要になる。地域のケアマネジャーとともに，患者にとって最適な医療と介護サービスのマネジメントを図らなければならない。また，食事療法においても家族やヘルパーなどの介護者に留意すべき点を具体的にわかりやすく伝えなければならず，時には医療機関の管理栄養士との連携を図ることもある。

　この段階においては患者は長年の自らの生活習慣を省み，障害を抱えた自分自身に対し否定的なイメージをもつものもいる。介護者においても患者の定期的な通院の必要と病気の進行，それにともなって起こる合併症の数々に心身ともに疲れている。制度や手続きの説明や介護サービスの調整のみならず，患者や家族が主体的，自立的に生活を送れるような視点をもって援助しなければならない。合併症に向き合いながらの人生であるが，患者の人としての尊厳を尊重し，患者のウェルビーイングと自己実現を目指す援助をしなければならない。

参考文献
杉本敏夫監修，杉本敏夫・岡田和敏編著『医療ソーシャルワーク』久美，2004年
田中千枝子『保健医療ソーシャルワーク論』勁草書房，2008年
福田哲也編『糖尿病ナーシング』学習研究社，2002年
牧洋子・和田謙一郎編『転換期の医療福祉』せせらぎ出版，2005年
厚生労働省エイズ動向委員会『平成24年エイズ発生動向年報』2013年

ウェルビーイング

近年の社会福祉分野においては，個人の権利を保障し，自己実現を目指し，理想的な目標として掲げる福祉を意味するソーシャルワークの理念に基づく事業や活動達成された状態をいう。生活の質（QOL）の豊かさを示す概念でもあり，ウェルフェアより充実した用語である。

> **プロムナード**
>
> 医療機関の機能分化が進み，病院の「入口」と「出口」の交通整理をすることに追われジレンマを感じている MSW も多いです。そのような中，現場の MSW からこのような話を聞きました。「ソーシャルワーカーが患者の立場に立って一生懸命に援助するよりも，病院利益に目を向けた『退院調整係』になった方が経営者からの評価が上がります。それを医療ソーシャルワーカー自身が専門職としての有用感と感じ，患者に目を向けなくなっている医療ソーシャルワーカーがいるのでは」とのことでありました。
>
> MSW が，社会福祉援助の原理を基点とし，患者の人権とその主体性・自立性を尊重した援助を行うことは，機能分化と在院日数管理がますます厳しくなる医療現場においては非常に困難なことです。患者の幸福と利益はどうかすると損なわれやすくなります。そしてソーシャルワーカーも一人ひとりの力では社会や制度の流れに飲み込まれてしまうでしょう。MSW 同士，あるいは地域の関係機関との間にネットワークを作り，ともに社会の変革を進め，エンパワメントと社会正義を目指す専門職であることを自覚して援助を実践していきたいものです。

学びを深めるために

日本医療ソーシャルワーク研究会編『医療福祉総合ガイドブック 2014 年度版』医学書院，2014 年
　　医療福祉に関わる制度が幅広く網羅されている。医療現場で働く，あるいは医療ソーシャルワーク実習を行う者の必携書。

村上須賀子・京極高宣・永野なおみ編著『在宅医療ソーシャルワーク』勁草書房，2008 年
　　実際の在宅医療の現場から集めた 100 以上の事例から構成されるユニークな 1 冊。事例を通し，医療と福祉の具体的な連携モデルを示し，MSW が在宅生活を支えるようすが理解できる。

福祉の仕事に関する案内書

荒川義子編著『医療ソーシャルワーカーの仕事』川島書房，2000 年
宮内佳代子『ソーシャルワーカーのひとりごと　私はあなたを見捨てない』角川書店，2003 年

第11章 精神障害を抱えた人びとや家族に対する相談・援助活動

1 精神保健福祉の歴史

(1) わが国における精神保健福祉の沿革

わが国において，精神障害者を取り巻く状況はこの100年強の間で大きな変化を遂げている。この流れは，社会における精神障害者に対するとらえ方そのものの変遷と定義することもできる。精神障害者に対して，社会から社会防衛や保護の対象として位置づけられていたものが，後に医療・福祉の対象として移り変わってきた。しかしながら，振り返ると，これらの歴史を動かしているのは必ずしも精神障害者の生活ニーズからというよりも，社会的な出来事や事件からの影響が大きいといわざるをえない。社会福祉が人と社会の関係性に着目する学問とすれば，このことはある意味1つの側面として認めざるを得ない。しかし問題は，法律等が動くとき，精神障害者が輪の中心に位置づき主体となっていたか否かということである。

そのような前提のもと，わが国における精神障害者を取り巻く100年強の歴史の大まかな変遷をまとめたものが図表11－1である。

図表11－1　わが国における100年強の精神保健福祉の沿革

年	法制度	事項
1900（明治33）年	精神病者監護法	・私宅監置
1919（大正 8）年	精神病院法	・道府県病院（精神科病院）の設置
1948（昭和23）年		・国立国府台病院でPSWを配置（わが国で初）
1950（昭和25）年	精神衛生法	・保護義務者（現・保護者），措置入院制度　＊精神病者監護法の廃止
1965（昭和40）年	精神衛生法改正	・保健所が精神衛生業務の第一線機関に，精神衛生センター（現・精神保健福祉センター），精神衛生相談員（現・精神保健福祉相談員），通院医療費公費負担制度（現・自立支援医療）
1970（昭和45）年	心身障害者対策基本法	・障害者の規定（身体障害者・知的障害者）
1974（昭和49）年		・精神科デイケア，精神科作業療法の保険診療点数化
1984（昭和59）年		・宇都宮病院事件
1987（昭和62）年	精神保健法	・人権擁護，社会復帰施設の法制化
1993（平成 5）年	障害者基本法 精神保健法改正	・障害者の規定（身体障害者・知的障害者・精神障害者）・保護義務者から保護者へ，精神障害者グループホーム
1995（平成 7）年	精神保健福祉法	・精神障害者保健福祉手帳の創設
1997（平成 9）年	精神保健福祉士法	・PSWの国家資格化
1999（平成11）年	精神保健福祉法改正	・精神障害者居宅3事業（グループホーム・ショートステイ・ホームヘルプ）の創設とともに，市町村を窓口として開始。　＊実際の開始は2002年4月
2003（平成15）年	心神喪失者等医療観察法	・医療・福祉・司法の連携
2005（平成17）年	障害者自立支援法 精神保健福祉法改正	・3障害の一元化，一般就労への志向・通院医療費公費負担制度や精神障害者社会復帰施設等をはじめ，形を変え障害者自立支援法へ一部移行
2011（平成23）年	障害者基本法改正 精神疾患が5大病に	・発達障害が，精神障害のなかに（　）で明記される・旧来のがん，脳卒中，急性心筋梗塞，糖尿病に，精神疾患が加わり，2013（平成25）年度に見直される医療計画の基本指針に反映されることになった
2013（平成25）年	障害者総合支援法	・対象範囲に難病が加わる

出所）著者作成

1) 精神衛生法制定にいたるまで

精神保健福祉分野は法的規制がなかったことと，精神医学が進歩していな

かったことから，人びとは明治初期まで加持祈とう等に頼っていた。その後，1873（明治6）年に文部省の医務課が医局となり，翌年に医制が発布された。そして，癲狂院の設立に関する規定がなされ，公立としては1975（明治8）年に京都癲狂院，私立としては東京に加藤癲狂院が開設された。だが，それらの癲狂院に入院する者はごく一部であり，精神障害者は私宅監置されることが多かった。

これらの状況下，帝国大学医科大学（現・東京大学）において，呉秀三らによって近代精神医学の基礎が築かれた。さらに，1883（明治16）年には相馬事件がおこり，精神病に対する社会的関心が高まることになった。

そのような中，1900（明治33）年に精神病者監護法が制定されたことにより，それまで無秩序に行われていた私宅監置に一定の歯止めがかかることになる。それによると，監護義務者を定め，癲狂院への入院や私宅監置をする場合には，地方長官の許可が必要とされたのである。これは見方を変えれば，通称「座敷牢」と呼称される私宅監置を行政機関の許可さえ得れば実施できるようになったといえるのである。

1917（大正6）年に実施された精神障害者の全国一斉調査によると，精神病者総数6万5千人に対して精神科病院に入院中の者は約5千人に過ぎないことが判明した。これらの実態に対する対応から，1919（大正8）年には精神病院法が制定された。だが，法律に道府県病院の設置がうたわれているものの，努力規定であることから予算の影響を直接受け，あまり進展は見られず，新たに5ヵ所の精神科病院が設置されたにすぎなかった。

2）精神衛生法

終戦後のわが国は欧米からの情報の移入や新憲法の成立等の影響下，1950（昭和25）年に精神衛生法が制定され精神病者監護法は廃止となった。精神衛生法の特徴は精神科病院の設置を都道府県に義務付けたり（義務規定），保護義務者（現・保護者）制度や自傷他害の恐れのある者の措置入院制度，さらには精神衛生鑑定医（現・精神保健指定医）制度を設けた点にある。また，精神科医療の需要に精神科病院が対応できていない状況に対して，1954（昭和29）年に同法を改正し，非営利法人が設置する精神科病院に対して国庫補助の規定が設けられた。このことにより，わが国の精神科病床数が急速に増加の道をたどることになったのである。

そのような中，1964（昭和39）年にライシャワー事件が発生し，精神障害者に対する精神科医療の実態が社会問題となった。こうしたことも影響して1965（昭和40）年に同法が改正された。その特徴としては，保健所を精神保健行政の第一線機関として位置づけ，精神衛生相談員（現・精神保健福祉相談員）を設置できることや，精神衛生センター（現・精神保健福祉センター）を設けた

呉秀三（くれしゅうぞう 1866-1932）

東京都に生まれる。わが国の精神医学の基礎を築き，精神病者慈善救治会を創設し，精神衛生の啓蒙運動を起こした。4年間に渡る欧州留学を終えて東京巣鴨病院長に就任すると，監禁や身体拘束のような悪習を改めさせ，農耕などの病棟外の作業を奨励した。その後，呉は東京帝国大学精神病学教室に就任し，1910（明治43）年から6年間，夏期休暇ごとに教室員を全国に送って，364ヵ所の看護室の状況などを調査し詳細な記録と写真を添え1918（大正7）年に『精神病者私宅監置の実況およびその統計的観察』を発表した。「我国十何万の精神病者は実にこの病をうけたるの不幸の外に，この国に生まれたる不幸を重ぬるものというべし」は呉の1918年の言葉である。

相馬事件

1883（明治16）年突発性躁暴狂となった奥州中村藩相馬誠胤が癲狂院（てんきょういん）に入院させられたことにより，家臣の錦織剛清が著書『闇の世の中』を出版し，精神病者の監禁について取締法の必要性を訴えた。後に1900（明治33）年精神病者監護法の成立へとつながったとされている。また，この事件によって「癲狂院」から「精神病院」へと名称がかわっていった。

ライシャワー事件

1964（昭和39）年，精神障害を有する青年が，駐日，米大使のライシャワー氏を刺傷した事件。これを機に，精神病者への取り締まりが強化された。また，1965（昭和40）年，社会防衛的側面が大きい精神衛生法の大改正へとつながった。

宇都宮病院事件

報徳会宇都宮病院事件は，病院職員の暴行による患者の死亡が1年も経た1984年に明るみに出て，その後，当病院の恐るべき実態が明らかになった。この事件をきっかけに日本の精神医療が国連の小委員会にもちこまれ，精神病床数の多さ，強制入院や長期入院等の状況について国際的な批判を浴びることとなった。当時の報告によると，暴力と恐怖による患者支配，無資格の患者を医療職として働かせたことを含む強制労働等々，数々の恐るべき人権侵害が日常的に行われていたというものであった。

心神喪失等の状態で重大な他害行為を行った者の医療及び観察等に関する法律（心神喪失者等医療観察法）

心神喪失等の状態で，殺人等の重大な事件を起こした者に対して，その適切な処遇を決定するための手続きを規定している法律で，2003（平成15）年7月に成立し，公布される。裁判所は裁判官と精神保健審判員（精神科医で精神保健判定医）の合議による審判で，事件を起こした者を厚生労働省令の基準に合った指定医療機関に入院や通院させることができる。入院の場合は期間の上限はなく，裁判所は，病院の管理者が半年ごとの申し立てを義務づけられた入院継続の是非や，退院許可について，同じく合議で再審査する。通院の場合は，保護観察所の社会復帰調整官による精神保健観察のもとで3年間の通院治療を受けさせるが，2年を超えない範囲で，期間延長が可能である。
なお，保護観察所の社会復帰調整官には，精神保健福祉士等がなり，生活環境の調整，精神保健観察の実施，関係機関相互の連携，そのほかの業務を行う。また，地方裁判所により毎年あらかじめ選任されたもののなかから，処遇事件ごとに精神保健福祉士等が精神保健参与員として，指定されることとなった。

ことをあげることができる。加えて，在宅医療を推進するため通院医療費公費負担制度（現・障害者総合支援法による自立支援医療）も新設された。

3）精神保健法成立から障害者基本法成立まで

1984（昭和59）年，無資格者による診察や看護助手らによる入院患者に対する暴行事件が起きた。これがいわゆる宇都宮病院事件である。この精神科病院の不詳事件は国際的にも大きな問題となり，これが契機となって精神保健法が1987（昭和62）年に成立した。この法律は，大きく2点の特徴がある。まず1点目としては，人権擁護の視点が取り入れられていることをあげることができる。具体的には，精神障害者自らの同意による任意入院制度や，書面による入院時の告知制度の創設である。また，アドボカシー（権利擁護）の取り組みとして，精神医療審査会が設けられ，入院している者から処遇改善や退院請求ができるようになった。2点目としては，従来の入院医療中心から地域医療，さらには地域福祉も視野に入れた取り組みとして，精神障害者社会復帰施設が誕生した。

その後，上記の2点をより一層促進することをめざして，1993（平成5）年に精神保健法が改正された。その主要な改正項目としては，精神障害者グループホームの創設，家族の負担軽減を目指して保護義務者が保護者に名称変更されたこと等をあげることができる。

また，従来（1970年，心身障害者対策基本法）は2障害（身体・知的）として定義されていた障害者の定義が，1993年12月に障害者基本法の成立によって新たに精神障害が加わった（3障害：身体・知的・精神）のである。

4）精神保健福祉法成立から現在まで

かねてより，疾患と障害を併せもつ精神障害者に対する福祉法の成立については，精神障害者や関係団体からも要請されていた。そうした中，1995（平成7）年，法律の目的に「自立と社会参加の促進のための援助」という福祉の要素を位置づけた内容をもつ精神保健及び精神障害者福祉に関する法律（通称，精神保健福祉法）が成立し，新たに精神障害者保健福祉手帳や普及啓発についての項目が設けられたのである。

その後，1997（平成9）年には精神保健福祉士法が制定され，精神障害者の社会復帰活動の担い手として大いに期待されることになった。さらに，精神保健福祉法は1999年に改正が行われ，従来法定化されていたグループホームに加え，ショートステイ，ホームヘルプを含めた精神障害者居宅3事業として，市町村を窓口とする福祉サービスに関する事業が展開されることになったのである。

一方，大阪府池田市の小学校で起こった児童殺傷事件が社会に大きな影響を与え，2003年に心神喪失者等医療観察法が制定され，重大な犯罪を起こした

精神障害者の社会復帰に向けて、従来の医療と福祉に加えて司法が連携して取り組むような仕組みができた。

　加えて、2005（平成17）年には障害者自立支援法が制定された。改革のポイントは、①3障害の一元化、②働ける社会の構築、③地域の社会資源の規制緩和、④サービス利用の手続きや基準の透明化及び明確化、⑤国民と国家の費用負担の支えあい、の5点である。しかし、数々の問題が浮上してきている。その具体的なものとして、自立について今日的な障害者の自立観（社会に依存することも自立のひとつ）を認めず、旧来の経済的自立に限定した狭い考え方への逆行や、福祉サービスの利用にあたっての一部負担金の発生等がそれである。

　多くの問題点を指摘されていた障害者自立支援法は、2009年に廃止になり、2010年には、新法を作成するまでの間、「障がい者制度改革推進本部等における検討を踏まえて障害保健福祉施策を見直すまでの間において障害者等の地域生活を支援するための関係法律の整備に関する法律」（以下、つなぎ法）が成立した。その後、2011年には、障害者基本法が改正され、発達障害が、精神障害のなかに明記された。また、法律に明記こそされなかったものの、高次脳機能障害についても、精神障害者保健福祉手帳の判定基準を定めた2011年3月改正の通達に記される等、精神障害の一部として位置付けられるようになっている。加えて同年に、4大疾病に精神疾患が加わり5疾病となった。そのことによって、社会において、誰もが罹患する可能性のある疾病として精神疾患が認識されやすくなるとともに、2013年度からの医療計画の基本指針に反映される等、行政施策として位置づけられた。そして、上述のつなぎ法を経て、新法の成立が期待されていたが、2013年には、障害者自立支援法の改正法として、障害者の日常生活及び社会生活を総合的に支援するための法律（以下、障害者総合支援法）が成立し、対象範囲に難病が加わることになった。

(2) 欧米を中心とする国際的な精神保健福祉の沿革
1) 社会防衛から精神科医療へ

　中世のヨーロッパでは、精神障害者は社会防衛の対象とされていたことから寺院の地下室に鎖でつながれたり、「魔女狩り」と称して火あぶりにされる等の扱いを受けていた。そのような中、フランスでは、18世紀にフィリップ・ピネル（Pinel, P.）が精神障害者を鎖から解放した。この人間的な取り組みがフランス以外の国々まで広く普及し、社会防衛から精神科医療へと引き継がれる大きな契機となった。また、1952年にはクロルプロマジン等の向精神病薬が次々と開発され、精神障害者の社会復帰に大きく貢献することとなった。ドイツでは、20世紀初めにクレペリンが早発性痴呆を含む精神疾患の分類体系を集大成させ、精神疾患の科学的研究の基礎を確立した。一方で、ナチス・ドイツの政策は1933年に公布された「遺伝病子孫予防法」によって、約10万人

の精神障害者を処刑した。また、ベルギーのゲールでは13世紀ごろより回復期の精神障害者の家族保護が行われていた。

このようにみると、ダーウィン（Darwin, C.R.）が唱えた適者生存説による思想が人びとの意識の根底に潜んでいたのではないかと考えられる側面と、その一方で対極的ともいえる社会福祉的な取り組みが古くより始まっていたことを見逃すことができない。

2）脱施設化

アメリカでは向精神病薬の普及にともない、服薬しながら地域での暮らしが積極的に検討されるようになり、1961年にケネディ教書（Action for Mental Health）が提出され、脱施設化の道がとられることになる。しかし、精神科病院を出た精神障害者が再入院するという「回転ドア現象」やホームレスの増加につながるという問題点も出てきた。そのため、1976年にはカーター教書が出され、地域医療及びアフターケアの重要性が強調され、ケアマネジメントの取り組みへとつながっていき、ACT（Assertive Community Treatment：包括型地域生活支援プログラム）等の実践が展開されるようになった。

イギリスでは、1948年に「国民保健サービス法；National Health Service：NHS」が成立したことによって、精神科医療は精神科病院中心から地域ケアを重視した精神保健サービスへの転換が行われた。その方針のもと精神科病床を急激に減少させ、代わりに、かかりつけ医、地域精神科看護者、ソーシャルワーカー等が地域で精神障害者を支援することになった。中でも、デイケアが重要な役割を果たすようになり、昼間の居場所や職業訓練の場として位置づけられた。その後、1990年には「NHSおよびコミュニティ・ケア法」が成立し、保健と福祉の円滑な連携によりケアマネジメントはより有効的な手段と成りうると期待されているのである。

ここでは、アメリカとイギリスについてのみ紹介したが、精神科医療の脱施設化は他の国々でも同様にとられてきた。そして、その際必要とされてきたのが地域の中間施設等の社会資源の整備と支援システムの構築である。このように、社会と個人へ向けた車でいえば両輪がこれまでもそうであったように、今後も重要になるといえよう。

2 精神保健福祉の現状と課題

(1) 精神障害者のとらえ方

2004（平成16）年の精神保健医療福祉の改革ビジョンでは基本方針として、「入院医療中心から地域生活中心へ」という政府の方針が出された。そして、精神障害者・家族も含めた国民階層が精神疾患や精神障害者について正しい理

ACT（アクト）(Assertive Community Treatment)

「包括型地域生活支援プログラム」とよばれ、欧米での脱施設化後の重度精神障害者を対象としたケースマネジメントの方法の1つ。1960年代後半、米国ウィスコンシン州マディソン市メンドータ州立病院の研究ユニットから発展した。特徴は、①さまざまな専門職種がチームを組んでサービスを行う、②集中的なサービスが提供できるように10人程度のチームの場合は対象者が100人程度と利用者の上限を設定している、③必要なサービスをチームが直接提供する、④チーム全員で一人の利用者のケアを共有する、⑤サービスの提供に期限を定めず継続的な関わりを行う、⑥より効果が上がるように自宅や職場を積極的に訪問する、⑦1日24時間・365日体制で危機介入にも対応する、などである。

NHSおよびコミュニティ・ケア法 (National Health Service and Community Care Act)

1990年にイギリスで行われた国民保健サービス法制度の改革への新法。その主な目的は、限られた財源の中でより良いサービスを提供することをめざす。サービス供給主体の多元化を促進するため、民間供給主体による市場の競争原理を導入するとともに、地方への権限や責任の委譲、薬剤の使用など医療行為の制約などを行った。地方自治体に対してはコミュニティ・ケア計画の策定を義務づけ、ケアマネジメントを推進。シーボーム報告による地方自治体の福祉行政関係事務の社会サービス部への一元化、バークレー報告によるソーシャルワーカーの役割と任務とコミュニティワークの推進、グリフィス報告によるコミュニティ・ケア改革の流れの中から本法が制定される。

解を深めるよう意識の変革に取り組むとともに，地域間格差の解消を図りつつ，立ち遅れた精神保健医療福祉体系の再編と基盤強化を今後10年間で進める，という方向性が定められた。また，国民の意識変革の達成目標として，精神疾患は生活習慣病と同じく誰もがかかりうる病気であることについての認知度を90％以上とする，という目標が掲げられた。

　精神障害者は，先の歴史からも明らかなように，長らくの間マイノリティな存在として位置づけられてきた。少なくとも，多くの国民はこれまで精神障害について自分及び家族の問題としてはとらえてこなかった。だからこそ，その意識を変革するためには精神障害者の実態を明らかにすることが出発点であるといえる。理解をする上では，その前提として正しく知るということからはじめなければならない。

　2011年の厚生労働省の患者調査によると，わが国には約320万人の精神障害者がいるとされている[1]。この320万人をわが国の人口約1億2,700万人で割ると，実に約40人に1人が精神障害者ということになる。ただし，ここでいう精神障害者とは必ずしも福祉サービスが必要な者とは限らない。その精神障害者の定義を示したものとして，下記の①～③が参考になろう。そして，この定義規定の関係性を示したものが図表11－2である。

> **精神保健医療福祉の改革ビジョン**
> 2004年9月に精神保健福祉対策本部によって発表された。基本方針として「入院中心主義から地域生活中心へ」という方策をとり，国民意識の変革，立ち遅れた精神保健医療福祉体系の再編と基盤強化，約7万人の社会的入院の解消と病棟削減等を打ち出している。

> **マイノリティ**
> 一般的には社会の偏見の対象としてとらえられるような，人種・身体・文化の差異等によって，社会の多数派から区別されるときに用いられ，「限られた極少数者」というような意味で使われることが多い。障害福祉分野においては，精神障害者がこのようにとらえられることが少なくない。また，マイノリティの対概念がマジョリティ（多数派）である。

図表11－2　精神疾患および精神障害の位置関係

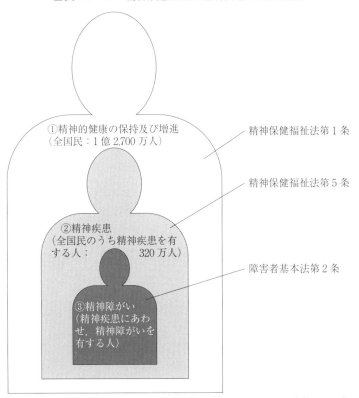

出所）青木聖久・杉本浩章編『新社会人のための精神保健福祉士』学文社，2014年，p.27

① 精神保健福祉法第1条（この法律の目的）
　この法律は，精神障害者の医療及び保護を行い，障害者の日常生活及び社会生活を総合的に支援するための法律と相まってその社会復帰の促進及びその自立と社会経済活動への参加の促進のために必要な援助を行い，並びにその発生の予防その他国民の精神的健康の保持及び増進に努めることによって，精神障害者の福祉の増進及び国民の精神保健の向上を図ることを目的とする。
② 精神保健福祉法第5条（定義）
　この法律で「精神障害者」とは，統合失調症，精神作用物質による急性中毒又はその依存症，知的障害，精神病質，その他の精神疾患を有する者をいう。
③ 障害者基本法第2条（定義）
　この法律において，次の各号に掲げる用語の意義は，それぞれ当該各号に定めるところによる。
　一　障害者　身体障害，知的障害，精神障害（発達障害を含む。）その他の心身の機能の障害（以下，「障害」と総称する。）がある者であつて，障害及び社会的障壁により継続的に日常生活又は社会生活に相当な制限を受ける状態にあるものをいう。
　二　社会的障壁　障害がある者にとつて日常生活又は社会生活を営む上で障壁となるような社会における事物，制度，慣行，観念その他一切のものをいう。

　今日，精神疾患及び精神障害は予防的側面でとらえると，国民全員の課題であるということを示したものが①である。そして，そのうち実際320万人が精神疾患を有している（医療の対象）ことを②で示している。しかし，この320万人は③の範囲に入るような，必ずしも福祉サービス等を必要とする障害者とは限らないのである。つまり，②の精神保健福祉法でいう「精神障害者」のうち，継続的に社会生活等において生活のしづらさを有する者（医療及び福祉の対象者）が③の障害者基本法でいう「精神障害者」ということになる。
　だがわが国において，精神障害を有して社会生活をするにあたってはさまざまな障壁があることも事実である。そのことから，次項ではその実態および生活支援の状況について紹介していきたい。

（2）精神障害者および家族支援

　障害者が社会の一員として社会参加するにあたって，それを制限するものが社会的障壁（バリア）である。そして，それらを除去（フリー）することが必要であることから，バリアフリーという考え方が大切といえる。そのバリアとしては，① 物理的バリア（エレベーター設置のない駅等），② 情報のバリア（視覚的な文字のみによる情報手段等），③ 制度的バリア（障害者に対する

欠格条項等），④心のバリア（障害者に対する差別と偏見等）に分類することができる。精神障害者は，中でも③と④が大きな課題となっている。

③については，精神障害者に対する欠格条項をあげることができ，その中身としては，絶対的欠格（精神障害を有することのみをもって特定の資格を付与することができない）と相対的欠格（精神障害を有する者のうち，その障害状態によっては特定の資格を付与することができない）に分かれる。流れとしては，1990年代に栄養士法等6法での見直しをはじめ，絶対的欠格条項から相対的欠格条項へと改正されているが，自治体レベルをはじめ完全撤廃までには至っていない。

④については，これまでも述べてきたように，まずは精神障害者に対して社会が正しく認識することに加えて，彼らを客体ではなく主体として位置づけたとらえ方が大切だといえる。2004年に国は精神疾患を有して入院している者のうち，受入条件が整えば約7万人が退院可能としている。そして，その取り組みとして障害者自立支援法の都道府県事業として「退院促進支援事業」が実施されてきた経緯がある。

一方で精神障害者支援を展開するときに，最も身近であり大きな役割を果たしているのが家族である。かつて，家族は「この子が病気（精神疾患）になったのは私の責任」というように，自分を責め続け，誰にも相談できない密室性の中で対応することが多かった。だが，EE（Expressed Emotion：家族間での感情的ストレス）研究等の報告から，家族の余裕のあるかかわりが大切であるということがわかってきた。そのような中，語ること・聴くこと・共感することで家族自身が癒されるとともに，家族自身も自らの人生の主人公として歩んでいいことを確認できる場として，1965（昭和40）年に全国精神障害者家族会連合会（2007年に解散）が結成された。さらに，この頃より保健所や精神科病院で家族教室が開催されるようになり，それが後に病院家族会，地域家族会，そしてNPO団体へと発展し，地域の作業所等の社会資源づくりへと大きな力になっていったのである。

当初，セルフヘルプ・グループ（精神障害者のグループ・家族会）に対して，専門職は自分たちの代替的な役割としてイメージしていたかもしれない。しかし実際は，グループ内では互いに経験に基づく当事者間の支えあいの機能が存在していた。「力を与えることで，自分が力をもらえる」という循環的な相互関係がセルフヘルプ・グループにはある。少なくとも，精神障害者や家族から実体験を通して語られるメッセージや提案に対して，専門職はそれらの力を認め，社会で活かすことが重要であるといえよう。

（3）精神障害者の生活を支える要素

精神障害者の生活支援にあたっては，以下の3点が必要であると考える。1

EE（Expressed Emotion）

家族間での感情的ストレスのこと。患者に対して家族が表出する感情の種類によって測定されたものを家族のEEという。イギリスのレフ（Leff, J.P.）の研究が有名で，家族が患者に対して批判的，攻撃的であったり感情的に巻き込まれすぎているような場合を高EEという。家族が患者に対して批判的，攻撃的に接すると患者の症状の悪化を招くことが実証されているため，EEの研究が盛んになり多くの医療機関では再発予防のために，家族に対して精神病や薬の知識について説明したり，患者への接し方などの情報を提供する心理教育が行われるようになってきている。

全国精神障害者家族会連合会（全家連）

全国に約1,400ヵ所，12万人の会員を抱える。家族会の全国レベルの連絡調整組織であった。1965（昭和40）年，精神障害者家族会の全国組織として結成。1964（昭和39）年のライシャワー駐日大使刺傷事件をきっかけに，精神衛生法に社会防衛的な観点が色濃くなった。このことが設立の要因となったといっても過言ではない。全国でただ1つ厚生大臣（現厚生労働大臣）からの指定をうけ，精神障害者社会復帰促進センターを運営していた。全国の家族会の連絡調整や家族会相談活動の推進のほかに，精神障害者小規模作業所運営助成事業の実施，精神障害者や家族の実態調査，精神障害者施策の拡大のための請願活動などを行ってきた。経営上の問題と，その役割を終えたという判断から，2007年4月に解散した。

> **セルフヘルプ・グループ（self help group）**
> 共通した問題や課題を抱えている本人や家族が，自発的，主体的に集い，活動を展開しているグループをいう。自助グループや本人の会，当事者組織ともよばれ，アルコール依存症者の会や難病患者の会，不登校の状況にある子や親の会など，その分野は多岐にわたる。グループの機能としては「わかちあい」「癒しの時間」などメンバー相互の交流を通した自己変容の機能を基本としつつ，社会的な差別や偏見に対してのソーシャルアクションの機能がある。

点目は，経済的な要素が不可欠といえる。対人関係の苦手さ等の生活のしづらさを有することの多い精神障害者は，結果的に就労制限につながりやすく，所得保障制度の必要性が増す。その代表的な制度が生活保護と障害年金である。しかし，前者については，たとえば世帯単位の原則から，同居している他の家族の収入額によっては受給が制限されたりする。つまり，生活保護は，障害を補う所得保障制度ではなく，障害をはじめ何らかの社会的な状況の結果として，世帯単位でみて貧困状態が認められ，自分たちでその状況を回避することが困難な場合に限って支給される生存権規定に基づく制度なのである。これに比し，一定の保険料の納付要件等の受給要件こそ問われるものの，障害そのものに対する所得保障制度としては障害年金が中心に位置づく。2008年時点において，約52万人の精神障害者が精神障害による障害年金を受給していると推定されているが十分普及しているとはいえない[2]。その理由としては，「障害年金を受けるということは社会の偏見も含めて認めることになるので受給しません」というような者が少なくないからである。このように考えると，制度の利用しやすさとは，普及啓発の実践を通しての心のバリアの解消の取り組みとも連動することがわかる。

　2点目は，日中の生活の場（居場所）の確保である。地域生活支援の取り組みでは，住居が必要であることはいうまでもない。しかし，その住居そのものが昼間の居場所となってしまっては，生活にメリハリがないばかりか，価値観の多様性に基づく新たな生活の創造（障害等の経験を活かした暮らし方等）につながらない。実際，地域で暮らす精神障害者の多くは地域活動支援センター・就労継続支援事業所等に通所している。また，医療機関に位置づく精神科デイケアに通所する者も多い。だが，一般就労を志向した障害者総合支援法による各施設を利用するにあたっては，居場所機能を求める利用者のニーズと合致しにくい側面が少なくない。

　最後に3点目としては，地域生活支援体制をあげることができる。精神障害者がごく当たり前に地域生活をおくるにあたっては，画一的な支援体制ではもはや対応不可能である。複合的な支援を展開する意味からも，従来の精神障害者を客体とした行政機関を中心にした支援体制ではなく，彼らが主体となる双方向的な支援体制の構築が必要となる。そのことについては，次項で詳しく述べていきたい。

（4）地域生活支援ネットワーク

　近年，精神障害者が自分自身の体験談を語ることが増えた。テレビのゴールデンタイムで，モザイクなしで実名を名乗って社会へ思いを伝えている精神障害者の姿をみる機会も珍しくなくなってきている。そして，これらの番組をみた精神保健福祉関係以外の者からも，「わかる気がする」という正のコメント

が発せられることが少なくないのである。1981（昭和56）年の国際障害者年をきっかけにノーマライゼーションという言葉が世界的に用いられるようになった。このことを精神保健福祉分野にそのまま用いるとすれば，以下のような文節が作れるであろう。「ひとたび，精神疾患等を有するとお先真っ暗になる社会は弱くてもろい社会だと思う。そうではなく，精神疾患等を有したとしても胸を張って暮らせる社会が健康的な社会ではないだろうか」と。先の図表11－2にも示しているように，精神保健福祉はもはや国民全員の問題といえるのである。だからこそ，精神障害者は壁に向かって決して自己満足のために語っているのではなく，「精神障害者が暮らしやすい社会は誰もが暮らしやすい社会」というメッセージをこめて語るからこそ，聴衆の心に浸透するのであろう。

また，精神障害者支援については，ソーシャルサポート・ネットワークという言葉がある。つまり，下記に示すように，精神障害者支援は専門的な機関や専門職（フォーマルネットワーク）だけでは不十分といわざるをえない。それに加えて，従来の専門機関や専門職ではない場や人たち（インフォーマルネットワーク）とが有機的に協働することにより重層的な支援が可能になるというものである。

> **国際障害者年（International Year of Disabled Persons）**
> 国連が1981年に世界的規模で障害者福祉の啓蒙活動を行ったキャンペーンである。障害者の権利宣言を理念に終わらせることなく，実現していこうという意図のもとに1976年の第31回国連総会にて全会一致で決議された。テーマは障害をもつ人の社会への「完全参加と平等」で，目的は，障害者の身体的・精神的な社会適合の援助，就労の機会保障，日常生活への参加の促進，社会参加権の周知徹底のための社会教育と情報の提供，国際障害者年の目的の実施のための措置と方法の確立，となっている。国際障害者年行動計画に基づき活動が展開された。国際障害者年は，わが国の障害者福祉に多大な影響を及ぼした。政府は国際障害者年推進本部を，NGOでは国際障害者年推進協議会を設立し，障害者福祉の啓発に努めた。

1）フォーマルな社会資源

① 機関や施設

　精神科病院，精神科診療所，保健所，市町村役場，精神保健福祉センター，作業所，社会復帰施設，地域活動支援センター，相談支援事業所，社会福祉協議会等

② 人的社会資源

　精神保健福祉士，社会福祉士，臨床心理士，訪問看護師，ホームヘルパー，医師等

2）インフォーマルな社会資源

① 場

　セルフヘルプ・グループの定例会，ボランティアグループが開催するサロン，行きつけの喫茶店，子どもの頃から通っていた理髪店，家庭，近隣の地域等

② 人的社会資源

　仲間，ボランティア，サークルの知人，昔からの友人，家族，近隣者等

精神保健福祉士等の支援者は自らを人的社会資源として位置づけ，精神障害者や家族からの相談に対してもその場で完結させてはいけない。そうではなく，たとえば同様に精神障害を有する者をまず紹介し，その者を通してセルフヘルプ・グループ（精神障害を有する者のグループや家族会等）との出会いにつな

図表11－3　社会資源の活用における支援者の機能と役割

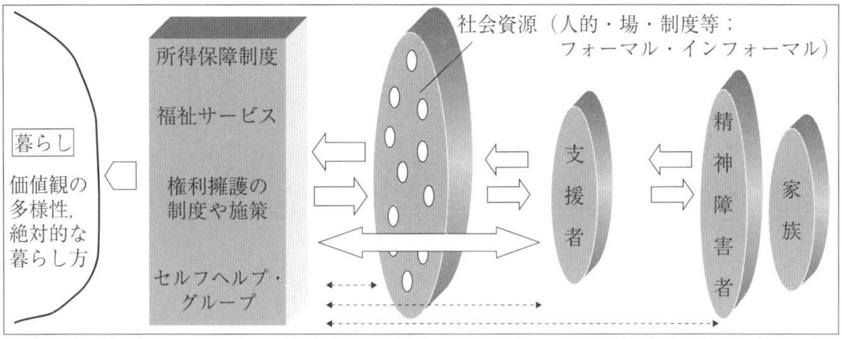

げたりすることもひとつの方法となる。

　精神障害者や家族は主体的に学習会等を通して自分たちがマイノリティな存在でないことに気づいたりする。そして，誰もがなりうる状況に自分たちが今遭遇しているという事実認識のもと，暮らしについて仲間同士で語りあったり，社会へ伝えることを通して「社会における自分（たち）しか果たしえない役割」に気づき，新たな自己実現のあり方を彼らは描いているのである。その1つがセルフヘルプ・グループ活動であるといえる。

　ストレングス視点は，精神障害者自身の強さや可能性だけに着目しているのではない。差別と偏見の温床として社会を敵対視するのではなく，「人は社会で傷つくことも多いが，心のそこから微笑むことができるのも他でもない社会」として位置づけることが大切となる。そして，上記のような社会資源の活用を介し，地域ネットワークを構築することを通して，精神障害者の暮らしのあり方が広がっていくといえよう。

3　相談援助と精神保健福祉士

（1）精神保健福祉士とは

　1997（平成9）年12月に精神保健福祉士法が成立した。しかし，これによって新たな精神保健福祉分野の専門職が誕生したのではない。精神保健福祉士は，その前身ともいえる精神科ソーシャルワーカーの実績や社会的ニーズによって資格法の誕生につながったという見方をしても差し支えないであろう[3]。

　精神科ソーシャルワーカーは，1948年頃国立国府台病院に「社会事業婦」がおかれたのが起源とされる。1960年頃には精神科病院で精神科ソーシャルワーカーが患者の生活や経済的な相談に応じるようになってきた。そして，1964（昭和39）年，日本精神医学ソーシャル・ワーカー協会（現・日本精神保健福祉士協会）が設立され，精神科ソーシャルワーカーの数が一気に増大することになった。

　このような経過をたどり，第140回国会衆議院厚生委員会において，以下の

ストレングス視点

人間の弱さや欠陥に焦点をあてる医学モデルに対する批判として生まれた。クライエント（福祉サービス利用者）のもつ豊かな能力，成長への可能性など良い点に焦点をあて，ワーカーはクライエントの強さを引き出すために，彼らの説明，経験などの解釈に関心をもってかかわる。エンパワーメント・アプローチの視点でもある。

日本精神保健福祉士協会

精神保健福祉士によって構成されている。1964年，精神科ソーシャルワーカーの全国組織「日本精神医学ソーシャル・ワーカー協会」として発足し，1997年の「精神保健福祉士法」成立後，1999年に「日本精神保健福祉士協会」に名称変更し，2004年に法人格を取得した。精神障害者の生活環境の調整や，権利擁護活動，福祉制度の改善の請願活動，精神保健福祉士の研修などを行っている。

ような精神保健福祉士法案の提案理由がなされたのである。

「我が国の精神障害者の現状につきましては，諸外国と比べ入院して医療を受けている者の割合が高く，また，入院して医療を受けている期間が著しく長期にわたること等が指摘されており，精神保健の向上及び精神障害者の福祉の増進を図る上で，その社会復帰を促進することが喫緊の課題となっております。こうした状況を踏まえ，精神障害者の社会復帰に関する相談及び援助の業務に従事する者の資質の向上及びその業務の適正を図り，精神障害者やその家族が安心して必要な支援を受けることができるよう，新たに精神保健福祉士の資格を定めることとし，この法律を提出することとした次第であります（以下，省略）」[4]

このようにして誕生した精神保健福祉士の業務内容について，次項でみていくことにしたい。

(2) 相談援助の実際─「精神保健福祉士業務指針及び業務分類第 1 版」を通して

以下の1）対象は，日本精神保健福祉士協会が2014年に採択した「精神保健福祉士業務指針及び業務分類 第2版」の抜粋である。また，2）主要な課題，および3）主要な機能は，同協会が2010年に採択した「精神保健福祉士業務分類 第1版」の抜粋である。ここでは，その中身を通して，精神保健福祉士が担うべき機能と役割について迫っていくものである[5]。

1）対象
・精神的健康の保持・増進のため，各ライフステージにおいて精神保健福祉サービスを必要としている人
・精神科医療サービスを必要としている人（本人，その家族，周囲の人々）
・地域生活を送るために精神保健福祉サービスを必要としている人（本人，その家族，周囲の人々）
・精神障害のために，日常生活や社会生活において制限を受けている人（本人，その家族，周囲の人々）
・精神障害のために権利侵害や差別などを受けている人（本人，その家族，周囲の人々）
・精神保健福祉サービスを必要としている人を取り巻く環境や地域，社会システム

2）主要な課題
・人間関係に関する課題
・経済的な課題
・住居に関する課題

- 職業上，教育上の課題
- 医療に関する課題
- 本人及び家族の自己実現に関する課題
- 社会における精神保健福祉の課題

3）主要な機能

- 本人のニーズを的確に把握する。
- 本人が望む暮らしと心地よい環境づくりを促進し，不安を軽減する。
- 本人が望む暮らしの実現に向けて計画をともに作成する。
- 適切でかつ有効な具体的サービスの提供（介入）。
- サービス提供（介入）のプロセスにおける本人及び，あるいは家族とのプロセス評価（モニタリング）。
- 計画にそって行われた支援内容についての実施評価（エヴァリュエーション）を行う。
- 本人の望む生活へ向けて必要な関係部署，関係職種，関係機関へつなぎ，連携や調整，協力を行う。また多機関がかかわる場合には，役割分担や調整などのコーディネートをする。
- 家族の自己実現に対する支援を行う。
- さまざまなレベルにおける人間関係の不安等に対し関係の調整を行う。
- 当該機関で適切なサービスの提供ができない場合は，適切なサービス機関を紹介，もしくは連携・協力をする。
- 地域内に適切なサービスがない場合は開発をする。
- サービスの提供にあたるさまざまなプロセスに適切な対応のできる専門職としての研鑽を続ける（研鑽，教育，スーパービジョン，調査，研究）。

　精神保健福祉士は，精神保健福祉領域における支援対象として，現に精神科医療や社会福祉サービスにつながっている人というより，それらのサービスが必要でありながらも，その状況に至っていない人にむしろ着眼しなければならない。社会福祉実践では，行政サービスの隙間に目を配ることが重要だといえる。なかには，精神保健福祉の課題を抱えながらも，本人及び家族が「支援を活用する」という選択肢を知らないがゆえに，孤立した状況に陥っている人も少なくない。これらの実態を把握するとともに，支援を展開することが社会福祉実践であるといえる。
　次に，相談・援助活動における課題は多岐に及んでいる。精神障害者は障害特性から，対人関係の苦手さやコミュニケーション障害を有しやすい。これらの基本的な理解をすることが，精神保健福祉士には，まず求められる。そのうえで，生活支援の実践に取り組むべきであろう。疾患と障害を併存する精神障

害者は，医療の必要性と地域での暮らしにまつわる，経済的支援，昼間の居場所，住まい，就労，教育まで，多様な課題を有する。また，近年になって，ようやく家族支援の必要性についても取り組まれるようになってきた。家族を主人公にし，家族自身の人生について向き合う家族支援こそが重要視されているのである。

　これらの支援を通して，精神障害者が，社会で自己実現を目指した暮らしが可能となる支援が求められよう。しかし，精神障害者は，自身の障害をスティグマとして捉えることもある。そのようなとき，支援者は精神障害者へのアプローチもさることながら，社会へ向けた普及啓発が重要だといえる。社会がやさしいから，ありのままの生き方，等身大での暮らしができる，というのが，人として当然の気持ちだと考えられるからである。

　精神保健福祉士は，上述のように，人と社会との関係性に着目して，その両者を含めた支援の展開が求められるのである。その実践については，直接的な支援もさることながら，社会資源を活用，さらには，創出が大切だといえる。社会資源をつなぐというようなリンケージ，調整機能としてのコーディネート，そして，多くの社会資源を統合していくというようなネットワークまで，精神保健福祉士の果たすべき機能と役割は重要であるといえよう。

（3）精神保健福祉士の専門性と社会的役割

　クライエントや家族は，自分でも気づいていないようなニーズが精神保健福祉士によって明らかになり，そのうえで自己決定の原則に基づいて自らの主体性を保障されながら支援を受けたとき，精神保健福祉士の専門性を認めるのではないだろうか。社会福祉学を学問的基盤におく精神保健福祉士は，クライエントをどのようにとらえるか，というアセスメント段階から計画および支援までのプロセスを含めてソーシャルワークを展開することになる。たとえば，18歳で統合失調症を発症し，以後25年間長期入院を継続している者に対して，退院援助を主治医からの依頼によって実施する場面を考えてみたい。そのような状況に置かれているクライエントの中には，経験不足と未知の世界への不安から「一生病院にいたい」という者もいるかもしれない。そのように語るクライエントの気持ちは事実であろうが，必ずしも変更不可能な固定的なものとは限らない。そのように言わざるを得ないクライエントのこれまでの経過や，社会的背景が存在することに精神保健福祉士は気づかなければならない。だが，このような多角的な視点をもつためには経験もさることながら，多くの知識や技術，そして，「一度しかない人生をこのまま精神科病院で過ごしていいのだろうか」という価値が何といっても大切となる。図表11－4は，精神保健福祉士の専門性を構成する価値・知識・技術の3要素の関係性について示したものである。

図表11－4　精神保健福祉士の専門性を構成する価値・知識・技術の3要素の関係性

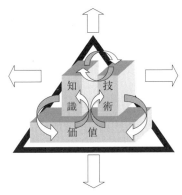

出所）青木聖久編『社会人のための精神保健福祉士』学文社，2007年，p.21

　精神保健福祉士がソーシャルワーク実践を具体的に展開するにあたっては，障害年金や生活保護というような制度，フォーマル及びインフォーマルな社会資源等の知識がなければ支援ができない。また，それらの知識を用いてソーシャルワークを行う際，面接技術やグループワーク，ネットワーク技術等は必要不可欠である。だが，図表11－4に示しているように，知識や技術の基盤に位置づくのは，人権意識，社会正義等の価値であろう。精神保健福祉士は，この価値によって精神障害者に対して主体性の尊重や自己実現という視点を有することができ，自らの立ち位置やクライエントと協働した支援の方向性を考えることができるのである。

　このような価値を基盤にしたうえで，現実に適応させた知識や技術を用いることによって支援が展開できるのである。また逆に，日々の実践を積み重ねることを通して，知識や技術から価値が醸成されていくことも多分にある。このように，価値・知識・技術は相互に影響しながら，より大きな専門性へと育っていくのである。

　以上のことをふまえつつ，精神保健福祉士の社会的に果たすべき着眼点を述べたい。「転ばぬ先の杖」という言葉がある。精神保健福祉士はこの言葉を以下のように変えることにより，実践の方向性が具体的に見えてくるのではないだろうか。「転んだとしても大怪我をしない社会づくり」，「転んだ場合にどのようにして自らが立ち上がれるかという方法の模索」である。前者については，差別と偏見が未だに根強い社会では安心して精神科医療を受診しづらい現状から，普及啓発等をはじめ，社会へ向けた実践が求められる。次に後者については，精神保健福祉士の実践としてケースワーク，グループワーク等の直接援助が必要となる。精神障害者は決して自ら無理して独力で立ち上がる必要はない。社会を活用・依存することもひとつの手段ととらえる価値観をもてることが重要となる。単線的な暮らし方は息苦しく，とっさの対応がしづらい。そうではなく，複線的な暮らし方・生き方の多様性を多くの人と交流することによって

認めることができたとき，肩に力をいれない生き方ができるのである。そのように考えると，精神保健福祉士はクライエントと社会との関係性を常に意識しながら，図表11－3に示したように，セルフヘルプ・グループ等の社会資源を活用した協働による実践を展開していくことが今後ますます求められよう。

注）
1) 内閣府編『障害者白書（平成25年版）』2013年，p.2
2) 精神保健福祉白書編集委員会編『精神保健福祉白書（2011年版）』中央法規，2010年，pp.128-132
3) 日本精神医学ソーシャル・ワーカー協会（現・日本精神保健福祉士協会）は1964年に設立された。したがって，精神保健福祉士法が1997年に成立するまでも，精神科ソーシャルワーカーとして精神科病院を中心にした実践が展開されていた。そこで，同法が成立するまでは「精神科ソーシャルワーカー」と記し，その後は「精神保健福祉士」と分けて記載している。
4) 国会会議録検索システム http://kokkai.ndl.go.jp/
5) 日本精神保健福祉士協会「精神保健福祉士業務指針及び業務分類　第1版」2010年，同協会「精神保健福祉士業務指針及び業務分類　第2版」2014年

参考文献
　精神保健福祉研究会監修『我が国の精神保健福祉（平成16年版）』太陽美術，2005年
　精神保健福祉と行政のあゆみ編集委員会編『精神保健福祉行政のあゆみ』中央法規，2000年
　新福尚隆・浅井邦彦編『世界の精神保健医療　現状理解と今後の展望』へるす出版，2001年
　日本精神保健福祉士協会編『これからの精神保健福祉　精神保健福祉士ガイドブック（第3版）』へるす出版，2003年
　日本精神保健福祉士協会編『日本精神保健福祉士協会40年誌』日本精神保健福祉士協会，2004年
　精神保健福祉白書編集委員会編『精神保健福祉白書（2014年版）』中央法規，2013年

プロムナード

たかが言葉，されど言葉，です。「精神分裂病」という診断名を主治医から告げられたとき，「精神が分裂する病気だ」とショックを受けた，という話を当事者から聞いたことがあります。この言葉は，当事者や家族ばかりではなく，その言葉を伝える側にも抵抗がありました。このことから，家族会や日本精神神経学会でも名称について検討し，2002年から新しく「統合失調症」という診断名が用いられるようになりました。が，この言葉が正式に法律上登場することになったのは，精神保健福祉法の改正法が公布された2005年11月7日からです。加えて，「精神病院」という言葉もまた，暗くて重い印象を社会に与えていました。このことから，2006年6月に「精神病院の用語の整理等のための関係法律の一部を改正する法律」という長い法律が制定され，「精神科病院」という言葉にかわりました。

これらの言葉の変更については，賛否両論がありましょう。いくら言葉が変わろうが人びとの意識が変わらなければ意味がない，という意見を有する人たちが一般的かもしれません。でも，私は必ずしも意味がないとは思いません。なぜなら，このような言葉への取り組みを通して，「精神保健福祉の現状を変えなければいけないのではないか」という少なくとも微風を感じることができるからです。私たちは，社会福祉実践は法律や施設等の目に見える物理的な事柄と，一方で，水面下に潜んでいる人びとの意識の双方への働きかけが大切だということを肝に銘じておくことが重要だと思います。

学びを深めるために

青木聖久『精神障害者の生活支援——障害年金に着眼した協働的支援』法律文化社，2013年

精神障害者の生活支援はわかりづらい，とよく言われる。そのようななか，本書は，精神障害を有する本人，家族，精神保健福祉士等が共通して必要性を認める「障害年金」を通して，その支援のあり方を論じたものである。また，本書では，社会保険労務士との協働の仕方についても紹介している。

福祉の仕事に関する案内書

青木聖久・杉本浩章編『新社会人のための精神保健福祉士』学文社，2014年

第12章

高齢者福祉の問題を抱えた人びとに対する相談・援助活動

1 高齢者福祉の課題であるニーズとは

　『平成26年版　高齢社会白書』によると，わが国は，65歳以上の高齢者人口が2013（平成25）年10月1日には，25.1％に達した。総人口が減少する中で高齢者が増加することにより高齢化率は上昇を続け，2035年には33.4％で3人に1人が65歳以上の高齢者となるとされている。以上の背景を踏まえ，必然的に高齢者の福祉問題は福祉の相談・援助活動の重要な位置を占めるようになってきた。

　高齢者福祉の問題を考えたとき，相談・援助活動が必要になる状況を的確にとらえて関わることが大切である。高齢者福祉の問題とはどのような問題であるかを読み解くときには，高齢者の特性や置かれている環境についての理解が必要である。

　福祉の問題が発生する場面においては，高齢者とそれを取り巻く状況・環境の相互作用において，生活を営んでいくうえで何らかの営みにくさが生じており，そうした場面において相談・援助活動が必要となってくる。

　現在の相談・援助活動の場は，地域包括支援センター，在宅介護支援センター，指定居宅介護支援事業所，市町村保健センター，保健所，福祉事務所，老人性認知症疾患センター，高齢者総合相談センター，グループホーム，病院，介護老人保健施設，介護老人福祉施設，デイサービスセンターなどさまざまである。

　このような場で扱われる高齢者の福祉問題を考える際に大切なことは，年齢を重ねることによって生じる身体的変化，心理的変化，社会的変化を抱える高齢者が，人生の最期まで人間としての尊厳を保ちつつ主体的に生活するための社会福祉の生活「ニーズ」をとらえることである。

(1) ニーズの把握

　「ニーズ」という用語はさまざまに定義されているが，「社会生活ニーズ」とは，人びとが社会生活をしていくうえで解決すべき課題であり，「サービス・ニーズ」とは一般に保健・医療・福祉ニーズ等と称される，人びとがどのような社会資源を求めているかのニーズである[1]。これらのニーズは連続しており，両者のニーズが満たされて初めて，人びとの社会生活が可能になる。

　高齢者の身体的・心理的・社会的特性から生活の営みの困難な事態が生起し，さまざまなニーズに結びついている。現在では，保健・医療・福祉・介護の複合的なサービスの導入によりそのニーズに応えている現状がある。

　医療施設や介護施設において，また在宅において，複合的なサービスの利用により生活が成り立っている。さらにそれぞれの施設の機能分化がすすみ，生活の場を転々とせざるをえない現実もある。そのような時代において大切であるのは場がかわろうとも生活の継続性を支えるための一貫した生活支援である。

(2) 高齢者の医療と介護の実際

平成26年版の『高齢社会白書』[2]の中の第2節「高齢者の姿と取り巻く環境の現状と動向」をみてみると高齢者の家族と世帯、高齢者の経済状況、高齢者の健康・福祉、高齢者の就業、高齢者の社会参加活動、高齢者の生活環境という項目でデータに基づき説明がなされている。その中で多くの高齢者の生活に影響を及ぼすと思われる高齢者の医療と介護の状況についてみてみる。

1) 高齢者の医療にかかわる状況

医療にかかわる状況は、65歳以上の受療率から把握できる。

『高齢社会白書』によると、図表12-1のように、65歳以上の受療率は、

図表12-1 年齢階級別にみた受療率の推移

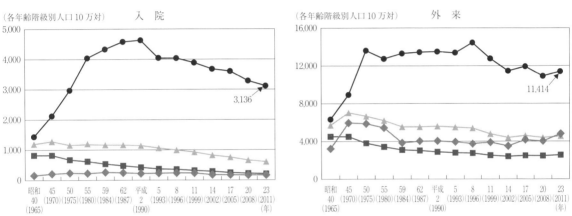

資料:厚生労働省「患者調査」
注)平成23年の数値は、宮城県の石巻医療圏、気仙沼医療圏及び福島県を除いた数値である。
出所)『高齢社会白書(平成26年版)』内閣府、p.22

図表12-2 主な傷病別にみた受療率 (人口10万対)

		男				女			
		65歳以上	65～69歳	70～74歳	75歳以上	65歳以上	65～69歳	70～74歳	75歳以上
入院	総数	3,052	1,737	2,301	4,389	3,199	1,179	1,754	4,725
	悪性新生物	441	321	411	540	225	151	196	271
	高血圧性疾患	12	4	7	21	30	3	5	53
	心疾患(高血圧性のものを除く)	160	72	100	255	178	30	56	297
	脳血管疾患	471	212	330	731	536	114	201	869
外来	総数	10,891	8,086	10,844	12,816	11,805	9,463	12,293	12,657
	悪性新生物	499	338	485	617	247	240	276	239
	高血圧性疾患	1,417	1,041	1,330	1,725	1,834	1,188	1,596	2,228
	心疾患(高血圧性のものを除く)	414	264	355	551	308	131	214	429
	脳血管疾患	337	198	296	457	281	127	212	380
	脊柱障害	1,136	641	1,145	1,465	1,151	746	1,248	1,293

資料:厚生労働省「患者調査」(平成23年)より作成
注)宮城県の石巻医療圏、気仙沼医療圏及び福島県を除いた数値である。
出所)図表12-1に同じ、p.23

2011(平成23)年において依然として他の年齢階級に比べて高い水準にある。

65歳以上の高齢者の受療率が高い主な傷病は前述の『高齢社会白書』によると、図表12-2のように入院では脳血管疾患、ついで悪性新生物が多く、外来では高血圧性疾患についで脊柱障害が多くなっている。

2) 高齢者の介護にかかわる状況

介護にかかわる状況は、介護保険制度の利用者状況から把握できる。

『高齢社会白書』によると、図表12-3のように介護保険制度における要介護者または要支援者と認定された者のうち65歳以上の者の数は、2012(平成24)年度末で545.7万人となっており、2001(平成13)年度末から258.0万人増加しており、高齢者人口の35.8％を占めている。介護度も2012(平成24)年度には要介護2以上の者の割合が53.9％を占めており、この傾向は今後も続くことが予測される。また、2005(平成17)年度の制度の改正にともない、要支援・要介護1と認定されていた高齢者が、要支援1と2、経過的要介護、要介護1に認定の見直しなどがなされ、要介護に入らない軽度者の増加率が高くなった。

介護保険制度
介護保険法に基づき、加齢にともなって生ずる心身の変化に起因する疾病等により要介護状態または要支援状態となった被保険者に、必要な保健医療サービスおよび福祉サービスに関わる給付を行う制度。

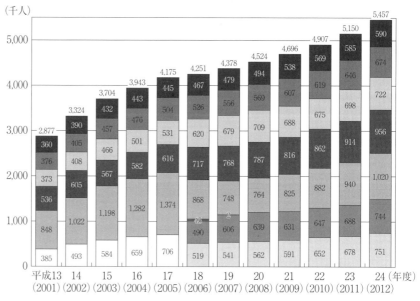

図表12-3　第1号被保険者（65歳以上）の要介護度別認定者数の推移

資料：厚生労働省「介護保険事業状況報告（年報）」
注）1．平成18年4月より介護保険法の改正に伴い、要介護度の区分が変更されている。
　　2．東日本大震災の影響により、報告が困難であった福島県の5町1村（広野町、楢葉町、富岡町、川内村、双葉町、新地町）を除いて集計した値
出所）図表12-1に同じ、p.25

図表 12 − 4　要介護等認定の状況

単位：千人，（　）内は％

65〜74歳		75歳以上	
要支援	要介護	要支援	要介護
213 (1.4)	473 (3.0)	1,282 (8.4)	3,489 (23.0)

資料：厚生労働省「介護保険事業状況報告（年報）」（平成 24 年度）より算出
注）1．経過的要介護の者を除く。
　　2．東日本大震災の影響により，報告が困難であった福島県の 5 町 1 村（広野町，楢葉町，富岡町，川内村，双葉町，新地町）を除いて集計した値
出所）図表 12-1 に同じ，p.25

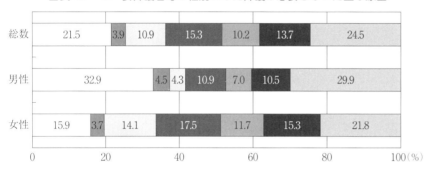

図表 12 − 5　要介護者等の性別にみた介護が必要となった主な原因

□脳血管疾患（脳卒中）　■心疾患（心臓病）　□関節疾患　■認知症
■骨折・転倒　■高齢による衰弱　□その他・不明・不詳

資料：厚生労働省「国民生活基礎調査」（平成 22 年）
出所）図表 12-1 に同じ，p.26

また，後期高齢者になると要介護の認定を受ける者の割合が大きく上昇することも，図表 12 − 4 のようにデータで示されている。

さらに，介護が必要となった主な原因をみてみると，図表 12 − 5 のように脳血管疾患・心疾患・関節疾患・認知症等の老化にともなう疾患がその原因の大半を占めていることがわかる。

> **後期高齢者**
> 65 歳以上 75 歳未満の者を前期高齢者とよぶのに対し，75 歳以上の者を後期高齢者とよぶ。後期高齢者は虚弱者，要介護者を含む要援護者の出現率が高い。

（3）高齢者自らが望む生活とは

社会生活ニーズを把握する際に，高齢者自身がどのような生活を営みたいと思っているのかを踏まえておく必要があるのはいうまでもない。前述の『高齢社会白書』によると，図表 12 − 6 のように介護を受けたい場所は男性・女性ともに自宅が最も多く，最期を迎えたい場所は「自宅」と答えた者が図表 12 − 7 のように半数を超えている。

治療の手立てがなくなり延命を目的とする治療への希望については，図表 12 − 8 のように 65 歳以上の 91.1％が延命治療は行わず「自然にまかせてほしい」と考えている。

第12章 高齢者福祉の問題を抱えた人びとに対する相談・援助活動

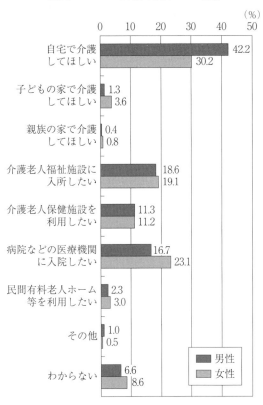

図表12-6 介護を受けたい場所

資料：内閣府「高齢者の健康に関する意識調査」（平成24年）
注）対象は，全国60歳以上の男女
出所）図表12-1に同じ，p.29

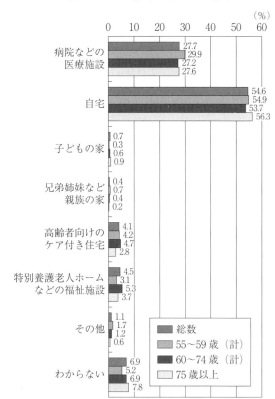

図表12-7 最期を迎えたい場所

資料：内閣府「高齢者の健康に関する意識調査」（平成24年）
注）対象は，全国55歳以上の男女
出所）図表12-1に同じ，p.29

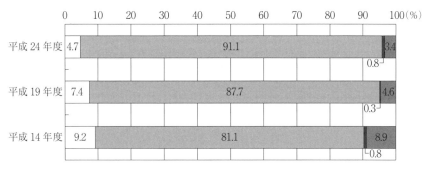

図表12-8 延命治療に関する考え方

資料：内閣府「高齢者の健康に関する意識調査」（平成24年）
注）1．対象は，全国65歳以上の男女
　　2．質問は次のとおり。「万一，あなたの病気が治る見込みがなく，死期が近くなった場合，延命のための医療を受けることについてどう思いますか。この中から1つだけお答えください。」
出所）図表12-1に同じ，p.30

(4) 高齢者福祉の相談・援助活動が解決すべきニーズ

　高齢者は病気の治療と介護が必要な現状に対処しつつ生活しており，医療と介護に関するサービスを受けつつ日々の生活を営んでいく必要がある。

　疾病を抱え介護を受けている高齢者の生活を人生の最期を迎えるまでその人らしく営めるように支えることが今後の高齢者福祉相談・援助活動のなすべきことである。そのためにも，ソーシャルワーカーは生活者本人を援助の対象として中心に据え，その人の生き様を支えるために社会生活ニーズとサービス・ニーズの両方を見極めながら援助を展開していくことが必要である。

2　高齢者福祉・介護・医療における相談・援助活動

　高齢者の生活の現状と将来像に対応できる政策的なシステムとして，国は「地域包括ケアシステム」の構築を進めている。相談・援助活動も現実的にはこのシステム上で行っていくことが多くなるであろう。

(1) 地域包括ケアシステムとは

　地域包括ケアシステムとは，2013（平成25）年12月に成立した持続可能な社会保障制度の確立を図るための改革の推進に関する法律の第4条第5項において「地域の実情に応じて，高齢者が，可能な限り，住み慣れた地域でその有する能力に応じ自立した日常生活を営むことができるよう，医療，介護，介護予防，住まい及び自立した日常生活の支援が包括的に確保される体制」である。

　2013年8月にまとめられた「社会保障制度改革国民会議報告書」[3]では社会保障4分野の改革のうちのひとつである医療・介護分野の改革として，医療・介護サービスの提供体制改革と，医療保険制度改革と，介護保険制度改革について記載されている。

　医療・介護サービスの提供体制改革として，①病床機能報告制度の導入と地域医療ビジョンの策定，②都道府県の役割強化と国民健康保険の保険者の都道府県移行，③医療法人制度・社会福祉法人制度の見直し，④医療と介護の連携と地域包括ケアシステムというネットワークの構築，⑤医療・介護サービスの提供体制改革のための財政支援，⑥医療の在り方，⑦改革の推進体制の整備が取り上げられている。

　持続可能な社会保障制度の確立を図るための改革の推進に関する法律の第4条第4項において，効率的かつ質の高い医療提供体制を構築するとともに，地域包括ケアシステムの構築を通じ，地域で必要な医療を確保することとし，第5項では「医療提供体制及び地域包括ケアシステムの構築に当たっては，個人の尊厳が重んぜられ，患者の意思がより尊重され，人生の最終段階を穏やかに過ごすことができる環境の整備を行うよう努めるものとする」とされている。

(2) 地域包括ケアシステムの理念

2013年3月の「持続可能な介護保険制度及び地域包括ケアシステムのあり方に関する報告書」[4]には，地域包括ケアシステムを構成する要素である「介護・リハビリテーション」「医療・看護」「保健・予防」「福祉・生活支援」「住まいとすまい方」は，それぞれの役割に基づいて互いに関係しながら，また連携しながら在宅の生活を支えるものとされている。さらに「5つの構成要素」を支える方法として，「自助」「互助」「共助」「公助」について主に費用負担の視点から整理している。これらの関係を図示したものが図表12-9である。

報告書では5つの構成要素に加えて，地域包括ケアシステムを支えていく重要な要素として「本人と家族の選択と心構え」が強調されている。在宅で最期を終えることが多くなる将来像を見据え，「常に『家族に見守られながら自宅で亡くなる』わけではないことを，それぞれの住民が理解した上で在宅生活を選択する必要がある」[5]としている。

(3) 地域包括ケアシステムにおける相談・援助活動

前述した理念を踏まえた上で，誰が地域包括ケアシステムの担い手であるのかを考えると，高齢者はもちろんのこと，家族，地域住民，国，自治体，介護事業者，民間企業，NPO，地域の諸団体，医療・介護・福祉にかかわる専門職等が主体となる。多くの実践主体がかかわる現場においてそれらの機能と有効に発揮させようとすれば，当然各主体・多職種がいかに連携するかという連携の質が問われることになる。

多職種がチームで支援を展開する際には，各専門性に関する力量と，お互いの役割と機能の理解度と，コミュニケーション力，マンパワー，各所属組織の方針などのさまざまな要因により連携の在り方が異なってくる。社会福祉の相談・援助の専門職の活動としては，社会福祉の視点や理論に基づき，「本人と家族の選択と心構え」への支援をしつつ，日々の「生活の営み」「住まいと住まい方」への支援を行い，さらに医療・介護・予防へのニーズを的確にとらえ生活の全体の営みを生活者自身が納得のいく形で維持し発展していくことができるようにしていく必要がある。

(4) 支援を行う専門職

人と環境との接点に介入しその両者のいずれをも扱い，人間の幸福な生活に貢献するソーシャルワークは，社会福祉士国家資格制度が確立したことで一定の質の保証が図られたといえよう。しかし現実には，社会福祉士は業務独占ではなく名称独占であり，必要な現場に必要な人員が配置されているとは言い難い現状である。

生活者は生活するあらゆる場において，必要に応じてさまざまな専門職の支

2. 高齢者福祉・介護・医療における相談・援助活動

図表12－9　地域包括ケアシステムの5つの構成要素と「自助・互助・共助・公助」

○高齢者の尊厳の保持と自立生活の支援の目的のもとで，可能な限り住み慣れた地域で生活を継続することができるような包括的な支援・サービス提供体制の構築を目指す「地域包括ケアシステム」。

地域包括ケアシステムにおける「5つの構成要素」

「介護」，「医療」，「予防」という専門的なサービスと，その前提としての「住まい」と「生活支援・福祉サービス」が相互に関係し，連携しながら在宅の生活を支えている。

【すまいとすまい方】
・生活の基盤として必要な住まいが整備され，本人の希望と経済力にかなった住まい方が確保されていることが地域包括ケアシステムの前提。高齢者のプライバシーと尊厳が十分に守られた住環境が必要。

【生活支援・福祉サービス】
・心身の能力の低下，経済的理由，家族関係の変化などでも尊厳ある生活が継続できるよう生活支援を行う。
・生活支援には，食事の準備など，サービス化できる支援から，近隣住民の声かけや見守りなどのインフォーマルな支援まで幅広く，担い手も多様。生活困窮者などには，福祉サービスとしての提供も。

【介護・医療・予防】
・個々人の抱える課題にあわせて「介護・リハビリテーション」「医療・看護」「保健・予防」が専門職によって提供される（有機的に連携し，一体的に提供）。ケアマネジメントに基づき，必要に応じて生活支援と一体的に提供。

【本人・家族の選択と心構え】
・単身・高齢者のみ世帯が主流になる中で，在宅生活を選択することの意味を，本人家族が理解し，そのための心構えを持つことが重要。

「自助・互助・共助・公助」からみた地域包括ケアシステム

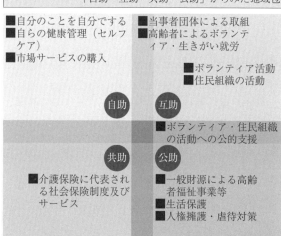

【費用負担による区分】
・「公助」は税による公の負担，「共助」は介護保険などリスクを共有する仲間（被保険者）の負担であり，「自助」には「自分のことを自分でする」ことに加え，市場サービスの購入も含まれる。
・これに対し，「互助」は相互に支え合っているという意味で「共助」と共通点があるが，費用負担が制度的に裏付けられていない自発的なもの。

【時代や地域による違い】
・2025年までは，高齢者のひとり暮らしや高齢者のみ世帯がより一層増加。「自助」「互助」の概念や求められる範囲，役割が新しい形に。
・都市部では，強い「互助」を期待することが難しい一方，民間サービス市場が大きく「自助」によるサービス購入が可能。都市部以外の地域は，民間市場が限定的だが「互助」の役割が大。
・少子高齢化や財政状況から，「共助」「公助」の大幅な拡充を期待することは難しく，「自助」「互助」の果たす役割が大きくなることを意識した取組が必要。

出所）厚生労働省「地域包括ケア研究会報告書」（平成25年3月）

援を受けることになる。ソーシャルワークの専門職としては社会福祉士・精神保健福祉士等，医療の専門職としては，医師・看護師・理学療法士・作業療法士等，ケアワークの専門職としては介護福祉士等が支援を行うことになるが，それぞれの専門的な役割をもって，医療施設，介護保険施設，福祉施設，地域の相談施設等で仕事をしている。その他，保健・医療・福祉分野などの資格を

介護支援専門員
ケアマネジャーともいい，居宅介護支援事業者や介護保険施設に所属し，ケアマネジメント業務や要介護認定の訪問調査の代行，保険支給限度額管理などを行う専門職。

もち5年以上の実務経験を有する介護支援専門員が介護保険上のケアマネジメント業務や保険支給限度額管理などを行う専門職として存在している。

社会福祉士は，各施設において，社会福祉の専門的な視点・知識・技能に基づき，一貫した生活支援の継続を果たす役割を担う職種である。社会福祉士資格を取得して，それぞれの分野，それぞれの施設に相談・援助活動を行う者がいれば，同じ価値観，同じ視点，同じ目標，同じ知識，同じ技術をもって，継続した生活支援が可能となる。

もちろん，このことは他の職種との連携を妨げるものではなく，その価値を減ずるものではない。他職種との連携においても，それぞれの専門性の違いと，その違うところの意味や重要性を認識しあうことが，有意義な連携の第一歩である。

3 相談・援助活動を行うために必要な力量とは

生活が営まれているすべての施設及び在宅生活において，生活者への一貫した相談・援助活動が提供される必要がある。

この場合の相談・援助活動は，たとえ所属する機関が異なるソーシャルワーカーであっても共通基盤である社会福祉の価値・知識・技術をもち，連携をとりつつ，高齢者とその家族を支えるためのアセスメントと援助内容についてバトンを引き継いでいく必要がある。そして，生活者は生活を営むどこの場所においても，相談・援助者の存在が身近にあり，相談ができ，一定レベルの質の援助が保障されている環境が必要である。

その支援を行うには，援助関係を築く関係形成の力量と，さまざまな職種と連携をするための力量と，高齢者と家族を中心に据え，彼らと環境の全体性を把握し援助が必要な課題をつかむことができるアセスメントの力量と，国が用意している社会資源を利用するだけでなく地域に存在している社会資源を探し出し，場合によっては創り出す力量が必要である。

(1) 相談・援助活動に必要な5つの視点

生活の全体性，生活の個別性，生活の継続性，生活の地域性，生活の現実性という5つの視点を援助者がもつことが大切である。現代社会においては生活の営みにくさを解決するさまざまな人的・物的・制度的資源が用意されているが，どのような生活を営みたいのかという高齢者自身の意思を知り，また限界点を高齢者自身が理解し，納得して前向きに生活を営むことができるようにしていかなければならない。その際にはこれらの5つの視点が，途切れることのない生活の営みを支えるための相談・援助活動には必要である。

1）生活の全体性

社会福祉の解決すべき問題は，生活を営む人間と，その人間を取り巻く人的・物的・資源的環境とが交互に影響しあって生起している。すなわち生活の営みに影響を及ぼしている要因を全体的に把握する視点が必要である。

2）生活の個別性

高齢者の生活といっても，主体的に生活する人間には個別性があり，またその環境との交互作用が及ぼす影響となるとひとつとして同じ状況はない。

3）生活の継続性

高齢者はある時から突然高齢者になるわけではなく，いつの間にか高齢という枠でくくられる存在に足を踏みいれ，制度的にはその枠で利用できる多くのサービスが用意されている。しかし，サービス提供者側からの断片的な視点から高齢者の生活をきりとるのではなく，過去から継続的に読み解いていく視点が必要である。

4）生活の地域性

現実社会では中央集権的な政治システムから地方分権的な政治システムへの転換がすすんでいるが，過去においても生活は居住している地域資源の量と質や文化的・経済的な影響を受けてきた。相談・援助を行う際には大切な視点となる。

5）生活の現実性

生活を営むうえでの課題は，現実的に解決されなければならない。現実に利用できる制度や資源の量と質を把握し，利用者においても正しい現実認識に基づき現実的な生活態度で自己決定を行う中で，生活の営みにおいて生起している問題への現実的な対処が必要となる。

（2）支援対象者への理解

高齢者本人とその家族の両者を支えていく必要がある。

高齢者のサービス・ニーズのひとつである介護サービス・ニーズは，言い換えれば生活の場において快適な介護を受けつつ人間の尊厳が損なわれずに生きることを支えることで達成できる。

継続した生活において安定的に介護ニーズに応えるためには，自宅及び多様な施設において，安心と信頼のもてる介護が提供されなければならない。人間は，支えられ，また支えながら助け合って生活していくことが大切であるということが真理であるとすれば，高齢者にとって，最も身近にいるはずの子ども

や配偶者はどのような存在であり，また高齢者の家族とはどのような役割が求められるのであろうか。介護が必要になった時の高齢者は，生まれた時の赤子と似通うものがあるが，大きな違いはその生活に関係性の歴史を含んでいるということである。

家族員が果たすことができる役割，また果たしたいと思う役割，そして高齢者が果たして欲しいと思う役割は今までの家族という集団の関係性の歴史によってさまざまである。そこをしっかりと理解したうえで，個別の支援を展開していく必要がある。

ステレオタイプ的な家族の役割をもとに支援の計画を考えることは決して高齢者への質の高い支援にはつながっていかない。家族の役割と社会的サービスの役割との柔軟な組み合わせが求められる。

お互いにさまざまな意味において支えあうことを家族の役割として家族員同士で期待しあっているが，現実の場面においてはさまざまな葛藤や矛盾が生じてくる。家族支援とは，高齢者と家族の関係性に関連して生じるさまざまな葛藤状況の調整を，人間そのものと環境の両者に介入しつつ行う極めてソーシャルワーク的な支援である。

相談・援助活動において，本人と家族のどちらに焦点を合わせるのか，また，二重の焦点をもつのかという臨床上，葛藤の多い現実に直面することが多い。

理念的には，身体的にも，心理的にも，社会的にも主体的に生活しにくい存在に寄り添い支援するということについては誰もが正しいというであろう。社会福祉の本質的な存在価値を考えた場合，どのような場面においても，最も自分を主張しにくい人の人権に配慮するという姿勢は貫かれなければならない。

家族は，その人をとりまくかけがえのない環境として存在する。関係性の歴史と情緒的なつながりは，他では代用ができないものである。それゆえに，家族は情緒的にも感情的にも日常生活のあらゆる場面において，本人とともに揺れともに悩む存在である。時として，家族の負担の軽減をはかるため，物理的距離を置くという必要もある。その場合に，家族の本当のニーズについて本音の部分を理解する信頼関係が必要である。

家族は物理的な距離により一方では自分たちの生活の安定に安らぎを覚えつつ，場合によっては自分自身を責めているかもしれない。何かできる役割を与えられたいと望んでいるかもしれない。そしてそうすることで，情緒的な関係の継続を図ることができるかもしれない。

このような複雑な人間関係を理解し，それに介入するためには，人間理解のための知識と，関係性を扱う技能を，専門的な教育課程において身につける必要がある。そしてそのような知識，技能はもちろんのこと，根底にある人間の尊厳を維持することへのこだわりの姿勢を貫徹することができる専門職が，高齢者と家族の身近に存在することが必要である。

(3) 生活の場の理解

　人は，住居を構え生活するが，高齢になるとともに病に侵されやすくなり医療との関係が深くなる。慢性疾患や後遺症を抱えての生活を送る場所は，高齢者になるほどさまざまである。たとえ傷病での短期間の入院であっても，そこは治療の場であると同時に生活の場でもある。

　そのように考えると，生活の場とは，自宅のみならず，医療施設，介護施設，福祉施設など，すべて人が生活をしている場である。しかし，自宅以外はそれぞれの施設の定められた機能があり，そこに滞在する時間は決して永続的なものではなく，高齢者の身体的・心理的・社会的条件によって変化していくものである。ある高齢者にとっては自宅も短期に滞在する場の一つになっているともいえよう。

　生活を営むという物理的な意味においては，自宅も，医療施設も，介護施設も，福祉施設も同じであるが，決定的に違うところは，生活の管理の仕方や主体の違いである。生活の営みとは，人間としての生物的なまた社会的な営みの集積であるが，それらを決められた生活時間の中で管理していかなければならない。

　自宅にあっては，介護サービスを受けているとしても，管理の主体は自分や，個人的なつながりの強い家族であることが多いが，施設では，管理の主体はサービス提供者側となる。

　そのように考えると，生活の営みの質は，それぞれの生活の場の機能だけではなく介護される側と介護する側との関係性によっても差がでてくると思われる。

　そこで，高齢者福祉で特に留意すべきである倫理的な原則として「自己決定」を取り上げ深めてみたい。

4　「自己決定」を考える

　前述した「持続可能な介護保険制度及び地域包括ケアシステムのあり方に関する報告書」でも，強調されている「本人と家族の選択と心構え」については，選択のプロセスにおいて「自己決定」への支援が必要である。

(1)「自己決定」とは

　自己決定は主体性を尊重するためのものであるとすると，その実現へ向けての援助の重要性はいうまでもなく明らかである。しかし現実の援助の場面では多くの困難が生じることも多い。自己決定原則の貫徹の実現は，高齢者の置かれた社会的な位置づけや，その判断能力や，身体的・心理的な状態などに大きく影響されがちである。

人間は，自分自身のことを自分がどのように認識しているのか，また自分の生活している意味を主観的にどのように感じているかにより，幸福度が異なる。援助原理から少し離れて，人間にとっての自己決定の意味を考えてみたい。

「自己決定」には英語でいう self-determination と autonomy の 2 つの語のもつ意味があるということが重要である。autonomy は多くは「自律」と訳され，近代社会の人間のあり方の基本にある原理として解され，self-determination とは，この社会の中で自らの存在と決定を認められてこなかった人びとの権利として，新たに主張されたという歴史的な経緯がある。

autonomy とは，自分の生き方を自分で統御できることこそが人の人である価値であるとし，自分で決定できる力がある人がその権利を行使できるという，一般的な原理のもとでの自己決定を意味する。self-determination とは自分で決定できなかった人びとが，その決定を支える資源やしくみも含めて，自己決定をさらなる解釈をこめて主張しだした際に使用され，それが自己決定と訳され使用されている。

社会福祉と自己決定について考える際には，上記の両者の意味について意識して考える必要がある。たとえば，高齢者と家族の決定が異なり，葛藤状態にあるときなどは家族がその autonomy の原理を主張し，高齢者が社会的立場上，心理上の理由で self-determination が貫けない場面などは容易に想像できる。たとえば施設側により転院等について何らかの決定がなされても，高齢者の self-determination は確認する必要性も考慮されないまま，家族の同意のみを得て，居場所が変化する場面なども現実の社会ではあるであろう。

(2) ソーシャルワークの援助原則としての自己決定

「ソーシャルワークのグローバル定義」6) の改定が 2014（平成 26）年 7 月の国際ソーシャルワーカー連盟総会および国際ソーシャルワーク教育学校連盟の総会において 14 年ぶりに採択された。改定後の「ソーシャルワークのグローバル定義」によれば，「社会正義，人権，集団的責任，および多様性尊重の諸原理は，ソーシャルワークの中核をなす」とされ，人権がソーシャルワークの中核をなす原理であることがわかる。改定前の定義に比べ，各国の多様性に応じた展開がさらに強調されている。

戦争の世紀ともいうべき 20 世紀の反省に基づき，世界各国は戦争を防止するための国際機構を設立するとともに，人権の擁護を共通の目的とし，数々の「国際人権条約」を締結した。裏返せば，条約等の制約のあるものにしておかなければならないほど，人権とは侵害されやすいものであるともいえる。

とくに，自らの立場を自分自身で守ることができにくい人，また，さまざまな意味で力が弱い人ほど，人権は侵されやすい。

図表 12 − 10 は，ソーシャルワークの援助原理の全体像であるが，ここでは

国際ソーシャルワーカー連盟（International Federation of Social Workers）

ソーシャルワーカーの国際組織であり，1928 年にパリで設立された「国際ソーシャルワーカー常任事務局」を前身としている。1956 年，ミュンヘンで開催された「社会福祉についての国際会議」において設立された。

国際ソーシャルワーク教育学校連盟（International Association of Schools of Social Work）

社会福祉の学校の国際的協会であり，世界中のソーシャルワーク教育の発展を促進しソーシャルワーク教育の質の向上を目指しての基準を創り出す。1928 年に最初の国際会議が主にヨーロッパの 51 校が参加してパリで開催された。

国際人権条約

国際法によって個人の人権を保障する国際人権法に基づく人権を保障するための条約制度。日本が批准した国際人権条約は，自由権規約，社会権規約，人種差別撤廃条約，拷問等禁止条約，女性差別撤廃条約，子どもの権利条約である。

4. 「自己決定」を考える

　専門的援助関係の価値原理のうちの，「主体性尊重の原理」の中の「自己決定の原則」について述べる。

　図表12 − 10に示されているように，専門的援助関係の価値原理には，個別化の原理，主体性尊重の原理，変化の可能性の尊重の原理があり，その中の主体性尊重の原理を貫くためには「自律性尊重の原則」と「自己決定の原則」を援助者は踏まえる必要がある。

　主体性とは，紆余曲折する生活過程をその人なりの判断をくだしながら，その人にとってはある程度一貫した論理と行動だと感覚的に受けとめられている

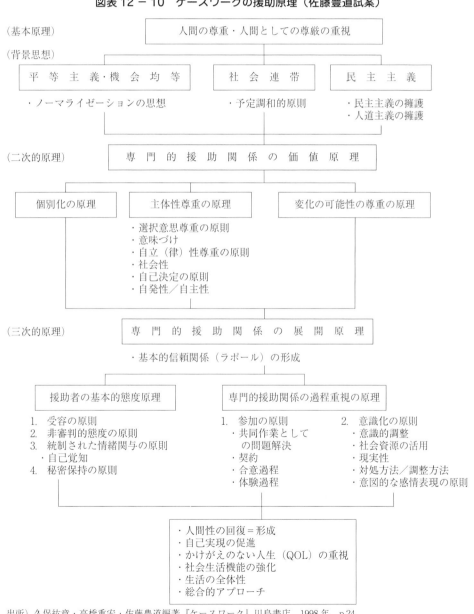

図表12 − 10　ケースワークの援助原理（佐藤豊道試案）

出所）久保紘章・高橋重宏・佐藤豊道編著『ケースワーク』川島書店，1998年，p.24

ものをいうが、これをさらに明確にしたものとして「自己決定の原則」が位置づけられる。すなわち援助に関わるものごとを決定するのは利用者本人であって、援助者ではないということである。

(3) 高齢者福祉の問題を抱えた人の「自己決定」を支えるとは

　他者が「何がその人にとって望ましいことであるのか」を考えた内容と、「本人が望む好ましいこと」が一致する場合と一致しない場合がある。これは、ソーシャルワークが個人と環境の両方を見据えてその接点に介入し、両者に働きかけて、結果としてその調和と一致を求めていく役割をになっているということから、常に突きつけられている命題である。

　その際に、社会福祉の原理である、生活の全体性、生活の個別性、生活の継続性、生活の地域性、生活の現実性の原理に立ち返ることが求められる。その原理に照らしつつ、さらにコミュニケーション能力を駆使し、広範囲な情報を収集し、アセスメントを的確に行い、さらにそのアセスメントの過程を、本人とさらに最も身近にいる家族と共有し、方針の決定に至ることができるように丁寧に援助過程を進めていくことが何より重要である。「自己決定」とは個人の決定ではあるが、そこに至るプロセスにおいては、たとえば家族や専門職や地域の資源となりうる人びとなど多くの人の判断が関与し、それらとの調整が不可欠となる。

　たとえば、介護度の高い高齢者が、施設生活を望まず自宅に帰りたいと望んでも、条件が整わなければその「自己決定」は絵に描いた餅となり、高齢者本人をさらなる無力感や絶望感に向かわせる。大切なことは「自己決定」に至るプロセスの質である。

　どの程度話し合いがなされたのか、どの程度本人の気持ちを理解できているのか、どの程度本人が状況を理解できているのか、どの程度資源が用意できるのかなどにより、その「自己決定」の質は異なる。

　痛みをともなう「自己決定」も多いであろう。大切なことはその痛みを分かち合い、理解し、共有することであり、また一度下した「自己決定」も状況の変化に応じてたえず変わるものであり、人権を尊重することに基盤を置く姿勢をもちつつ、柔軟な現実認識と行動方針を援助者がもつことである。そしてそれら援助者の現実認識と行動方針はたえず専門職の倫理的な指針によって点検されなければならない。

> **専門職の倫理的な指針**
> 専門職団体が自発的な意思に基づき、めざすべき目標を明確にし、専門職として従うことが望ましい価値態度や従うべき行動規範、義務。明文化されたものには日本社会福祉士会の倫理綱領や日本ソーシャルワーカー協会による倫理綱領などがある。

注)
1) 社会福祉士養成講座編集委員会編『新・社会福祉士養成講座7　相談援助の理論と方法Ⅰ　第2版』2013年, p.39
2) 内閣府『高齢社会白書（平成26年版)』2014年
3) 社会保障制度改革国民会議「社会保障制度改革国民会議報告書」2013年
4) 三菱UFJリサーチ＆コンサルティング「厚生労働省老人保健事業推進費等補助金調査研究事業　持続可能な介護保険制度及び地域包括ケアシステムのあり方に関する報告書」2013年
5) 前掲, pp.3-4
6) 日本社会福祉教育学校連盟「ソーシャルワークのグローバル定義」
   www.jassw.jp/topics/pdf/14070301.pdf（2014年8月18日）アクセス日

参考文献

加藤尚武『応用倫理学辞典』丸善, 2007年
内閣府『高齢社会白書（平成26年版)』2004年
村山浩一・坪山孝ほか編著『高齢者福祉論』第一法規, 2006年
白澤政和・東條光雅・中谷陽明編『高齢者福祉とソーシャルワーク』有斐閣, 2002年

プロムナード

　今後深刻化する問題として，認知症高齢者の増加に付随して発生するさまざまな認知症高齢者本人とその家族の生活上の困難が予想される。そのために2012（平成24）年9月に厚生労働省は「認知症施策推進5か年計画（オレンジプラン）」を策定した。このプランは1．標準的な認知症ケアパスの作成・普及，2．早期診断・早期対応，3．地域での生活を支える医療サービスの構築，4．地域での生活を支える介護サービスの構築，5．地域での日常生活・家族の支援の強化，6．若年性認知症施策の強化，7．医療・介護サービスを担う人材の育成に取り組むとしている。
　2の早期対応の一つとして「認知症初期集中支援チーム」の設置が謳われており，すでにモデル事業が全国で実施され，アセスメント，家族支援等を行うとされている。ハード面とソフト面のサービスの質の強化が図られていく中で，生活者の視点で医療，介護を適切に受けつつ人間としての尊厳を保つように支援する社会福祉職の貢献度が社会から問われることになるであろう。

学びを深めるために

厚生労働省「認知症施策推進5か年計画（オレンジプラン）」平成24年9月5日
　http://www.mhlw.go.jp/stf/houdou/2r9852000002j8dh.html
　　厚生労働省老健局高齢者支援課が公表した資料である。認知症施策検討プロジェクトチームが，平成24年6月18日にとりまとめた「今後の認知症施策の報告性について」や，同年8月24日に公表された認知症高齢者数の将来推計などに基づいて策定された平成25年度から平成29年度までの計画である。

山縣文治・大塚保信・松原一郎編著『岡村理論の継承と展開　第3巻　社会福祉における生活者主体論』ミネルヴァ書房，2012年
　　第2章の「高齢者の主体的生活」において，岡村理論に基づいて高齢者の生活の視点から高齢者の主体的生活への支援について述べられている。社会福祉専門職の固有の視点を学ぶためには必読の書である。

福祉の仕事に関する案内書

宮本節子『ソーシャルワーカーという仕事』ちくまプリマー新書，2013年

第13章

各領域における援助の実際

1 保健医療ソーシャルワーク

(1) 身寄りのない終末期の男性の事例
1) クライエントの紹介
　56歳男性，太郎さん（仮名）は中学卒業後，土木業・廃品回収業など職業と住居を転々としており，結婚歴もなく1人で生活をしてきた。

　50歳になり脳腫瘍が判明し，腫瘍部分摘出を行って以来，数回再入院を繰り返した。医師からは定期的な術後フォローの検査受診を指示されていたが，昨年頃より経済的な理由で受診が途絶えていた。

　年明け頃より右顔面の痛みがひどくなり，5月半ばに当院の外来受診を行い，すぐに入院となった。

2) 家族構成
　幼少時に父親が死亡，母親と妹の3人暮らしで生活保護を受けていた。太郎さんは中学卒業後，実家には帰っておらず，母親も死亡・妹は結婚したようであるが，どこにいるのかわからない状態で，親族・友人等，一切交流はない。

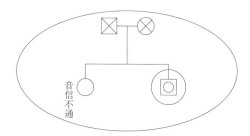

3) 援助計画及び経過
① 入院当日の動き

　入院前より本人が「働けなくなり，お金がない」と訴えていたので，入院当日に主治医から医療ソーシャルワーカー（MSW）へ生活支援の依頼が入った。

　すぐに病室へ行き，本人から事情を確認後，その日のうちに福祉事務所へ生活保護申請を行った。＜なぜそんなに急いで行うのか？＞と，生活保護の通報についてはよく指摘を受けるが，遡っての生活保護開始が難しいのである。たとえば月曜日に入院したが水曜日に生活保護の申請を行った場合，生活保護の開始は水曜日からとなり，月・火曜日の医療費については生活保護からの医療扶助として対応が困難な自治体が多いのである。

　本人にはそれらのことについても説明したところ，すでに視力が低下しており「誰も頼れる人はいません。荷物もこれ（持参の鞄）だけです。すべてお任せします。よろしくお願いします」と，MSWに今後の生活について一任する意思を見せた。

　その結果，入院当日より生活保護受給となり，医療費の心配はなくなり，ま

た近日に福祉事務所より担当となるAケースワーカーが面談に来ると知り，金銭的にも精神的にも安心して治療に専念することができた。

② 病状について

入院後まもなく右眼の視力がなくなり，左眼も徐々に低下してきたとのことで，「段々（MSWの）顔が見えなくなってきたわ。もうすべてお任せしますから，よろしくね。」と，現在の要望や今後の希望などもいうことなく，ベッド上で過ごすことが多くなった。主治医からは「検査結果で再手術可能か判断する」とのことであるが，状況的に手術適応は難しいようであった。本人と会話の中で，親族については音信不通で全く連絡が取れず，唯一，知人として日雇い先の廃品回収業の社長の名前をあげ，MSWから一報を入れてほしいと依頼を受けた。病状等の詳細はいえないものの日雇い先の社長に連絡したところ「忙しいけど何とか見舞いに行きます」との返事を頂いた。

③ 予後の告知・今後について

入院から10日後のケースカンファレンスで，主治医集団より検査の結果やはり手術適応はなく，今後は痛みのコントロール等のいわゆる緩和ケアの状況であるとのことで，本人へ病状説明と，今後についての意思確認を行うため，MSWにも同席するようにとの連絡が入った。

すでに両目の視力がなくなった本人に対し，レントゲン結果について詳しく説明を行い，段々と呼吸困難になっていく等，今後起こりうる病状について，また余命は3ヵ月位であることも伝えられた。その間，本人は下を向いたままじっとして聞き入っていた。

すると「こんな状態になるまで放っておいた私が悪いんですから，スミマセン」と，頭を下げた。連絡してほしい人について主治医から聞かれても「財産も何もなく，誰もいないから……」といわれ，MSWの方を向き「全てお任せします」と，最初に面談した時と同じような口調だった。そして今後については最期まで福祉事務所のAケースワーカーに一任することになった。

病状説明の翌日，Aケースワーカーへ状況報告を行い，太郎さんの今後について相談した。Aケースワーカーは大変残念がられながらも，太郎さんの残りの人生について真剣に考えてくれた。その結果，

・これまでの生活状況：集団を好まず，家族等の支援者もない

・経済面での制限：個室不可など生活保護の基準

の二面から考えたところ，看取りを視野に入れた在宅生活やホスピス病棟への入院などはそぐわないのでは，という意見になった。その結果，一般病棟での入院で，Aケースワーカーが今後も事務連絡等で頻回に面談にいける甲病院が候補に上がり，太郎さんとMSWとで再度相談することにした。

太郎さんにAケースワーカーとの会話内容と甲病院の説明をしたところ，その方向で了解されたので主治医団に報告を行い，必要書類等，甲病院への転

院準備を進めた。また甲病院では，生活相談などをB看護部長が行っており，これまでの状況を事前に連絡して，今後の生活支援を依頼した。

その翌日に太郎さんの病室に行くと「売店にコーヒー牛乳を買いに行きたい」といったので，病棟師長に了解を得て，MSWと車椅子で院内散歩に出かけた。その際，中庭で春風にあたりながら，目が不自由になり食事もわからない，思ったところにも行けないなど，日常生活の不満と不安を訴えられた。

転院の前日に訪室すると，再度売店での買い物を希望したので，前回と同じようにMSWが同行して散歩を行った。太郎さんはこれまでの生活について語り始め「やっぱり死ぬときは故郷に帰りたいなぁ」と，望郷の念を初めて話した。しかしまもなく自分から「もう帰ろう，やっぱりベッドで寝とくわ，しんどいわ」と，ベッドを離れたら体力的にもたないことも訴えていた。

④ 転院日

甲病院への転院には，Aケースワーカーが同行，加えて上司の課長も来院した。2人には，今後の太郎さんの支援についてくれぐれも依頼し，快諾を得た。

太郎さんもAケースワーカーが来院したことに喜び，安心したようであった。最後に太郎さんはMSWに「本当にお世話になりました」と，両手を硬く握って出発した。

4) 考 察

この事例を読んだ皆さんは，次の素朴な疑問をもたれたと思うので，それらを列記しながら，一緒に振り返りをしていきたい。

近年，病院の機能分化がいわれており，大学病院とは特定機能病院であり，高度医療を提供する病院である。これを必要とする患者は遠方を含めて多数おられ，そのため治療や検査の終わった患者については，次の目的にあった病院へ転院をして頂かなくてはいけない。もし自分自身が入院していたら，きっとそのまま「ずっと直るまで入院していたい」と思うだろうが，反対に入院待機中の立場ならどう思うだろうか。「治療の終わった人は，早く待ってる人にベッドを空けて欲しい」と，思うのではなかろうか。これは本当に難しい問題である。

ホスピス病棟（緩和ケア病棟）とは，全人的ケアを目的とした終末期の患者が入院するところである。そこの設備は家族用の部屋・談話室なども充実しており「残された時間を大切な人と大切に過ごす」ことを重視している。

そのため太郎さんのように家族・友人等の面会者のいない人にとって，周囲を見渡したらどのような気持ちになるであろうか。また個室病室が多く，生活保護の基準では支払えない場合もあり，定められていることを勝手に変更することもできない。転院先の選択肢としては，やはり制限があるのも現実である。

太郎さんはこれまでの人生を1人で生き抜いてきたためか、現実を受け止める力・現実検討力のある方だったので、自身の要求を押し通したり、わがままをいったりすることなく人生の流れに身を任せられたようであった。しかし、そうでなかったらどうなっていたのだろうか。支えてくれる家族もなく、決断にも困る状況になっていたのかもしれない。

またMSWとは各病院のソーシャルワーカーであり、いわゆる＜ケースの抱え込み＞を行ってはならず「いかにしてご本人が安心してこれからの生活が送れるように、次の生活支援者・他の関係機関へ引き継ぐか」ということも考えながら、ケースワークを行うことが重要である。太郎さんにとってAケースワーカーやB看護部長は、今後の重要な生活支援者であろう。本人の自己決定を最大限にサポートすること、関係機関の協力を得ることは対人援助職として重要なことである。

転院していく太郎さんを見送りながら、これらのことを心新たに決意した。

（2）家族に対する問題解決への支援の事例

1）クライエントの紹介

42歳男性、次郎さん（仮名）は大手企業の会社員である。数日前から頭痛や発熱で受診していたが、突然けいれんを起こし救急搬送で入院となる。来院後、一命は取りとめたものの意識レベルは低く「けいれん重積発作及び脳髄膜炎」と診断され、意識ははっきりせず酸素マスク使用・気管切開（喉を切開して痰を吸引する）を行い寝たきり状態である。

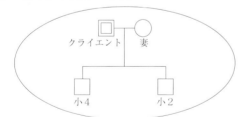

2）家族構成

専業主婦の妻と小学2年生・4年生の息子2人の4人暮らしで、自宅は住宅街の戸建て住宅である。次郎さんの両親は亡くなっており、妹は海外にいる。また、妻の実家は母親が高齢の父親の介護をしていたりと、親族からの協力は望みにくい状況である。

3）援助計画及び経過

① 入院時からの関わり

次郎さんは一家の大黒柱として働きざかりの男性であるため、入院時からMSWへ生活支援の依頼が入る。妻と面接を行ったところ、① 妻は働いたことはなく、家庭内の決定事項もすべて次郎さんに相談していた、② これまで経

済的に余裕があり自宅ローンも高額で，息子たちにも複数の習い事をさせていた等，今後の生活について不安を隠せない状況であった。すぐに会社の総務担当者に連絡を取り，休業補償について具体的に情報提供を行い，本人・家族とも治療に専念できる環境を作った。

妻は「どれだけ回復するかはわからないと主治医からもいわれています。これからどうなるのか不安ばかりです」と，病室でいつも涙ぐみながら不安を訴えていた。MSWは妻の話を傾聴しながらも，これからの生活について具体的な対策（各種福祉サービスや経済面について）を提供するように心がけ，また回復しなかった場合についても生活保障に関する情報提供を行った。

② 病状について

次郎さんは病状的に落ち着いているが，意識はまだらで意思確認が難しい状態が続いていた。入院から1ヵ月が経過した頃，ケースカンファレンスの結果，急性期を脱したので，どの程度まで回復するかわからないが，年齢も若く今後は積極的なリハビリが必要であるため，回復期リハビリテーション病院への転院が望ましいという方向性になった。

主治医から妻に，① 積極的な治療（いわゆる急性期状態）は終了した，② 今後は積極的にリハビリを行うことの必要性の説明を行い，回復期リハビリ病院への転院が望ましいことを話したが，「遠い病院はいやです。毎日来たいから，ここで入院を続けたいです」と，妻は，見舞いに便利な当院での入院継続を希望し，転院に納得しなかった。

MSWと妻で面談を行い，今後の次郎さんと家族の生活について一緒に考えた。こちらからの情報提供として，① 回復期リハビリ病院に入院するには「発症から2ヵ月以内」という期間の制限があること，② 酸素と気管切開という医療面でのケアがあるため，これらの対応が可能な回復期リハビリ病院は限られている，という現状も説明した。妻も次郎さんが積極的なリハビリが必要なことを理解していたが，環境が変わることの不安や，自宅近くのAリハビリ病院への転院にこだわった。そこで，Aリハビリ病院に入院相談を行うが「うちではこの医療面でリハビリ対応ができない」と断られた。妻は大変がっかりし「どうして受入れてくれないの，あんなに大きな病院なのに！」と，A病院に対し不満を訴え，今後の方向性に考えがまとまらない状態であった。

③ リハビリに向けて

主治医集団・病棟スタッフ・リハビリスタッフ・MSWでケースカンファレンスを行ったところ，リハビリ病院への入院期日（発病から2ヵ月以内）も迫ってきており，相変わらず医療面は酸素と気管切開が続いている状態なので，現状で受入れ可能なリハビリ病院の情報収集を行ったところ，＜Bリハビリ病院から入院受入れを前向きに検討する＞との回答を得た。

その後，妻とMSWで面談をしたが「もう何が何だかわからない，どうした

らいいか……」とかなり混乱されていたので，次の主治医との面談には，妻の母親に同席してもらうことを提案した。当初は「母は父の介護で忙しいから……」と困惑していたが，少し考えてから同席に納得したため，母親に連絡を取ってもらった。

2日後，妻と妻の母親にも来院してもらい，これまでの状況を伝え，Bリハビリ病院の情報提供を行った。妻はまだ悩んでいたが，母親はリハビリの必要性からBリハビリ病院の入院に前向きな意思を示したので，その場でBリハビリ病院のMSWに電話で相談したところ，病院説明も兼ねてこちらへ来てもらうことになった。

その翌日，Bリハビリ病院のMSWと看護部長が来院し，本人と妻にBリハビリ病院のリハビリ状況や，入院患者の状態などが説明された。直接説明を受けることにより，妻も安心したのか「ぜひ，そちらでリハビリをお願いできますか。パパを信じて治ることにかけたいです」と，Bリハビリ病院への転院に前向きな意思を示した。

Bリハビリ病院へ転院日，妻からMSWに「私たち家族もがんばります。何かあればまた電話しますから，励ましてくださいね」と告げられた。次郎さんの回復を心から願いながら，出発した介護タクシーが見えなくなるまで見送った。

4）考　察

今回のように，本人の意思確認ができない状態での退院支援もよくある。この場合はキーパーソンと＜いかに信頼関係を構築するか＞ということも課題である。病気になると本人はもちろんのこと家族も悩み苦しむので，家族への援助は大切である。

悶々と悩んでいた妻の背中を押し前進できたのは，母親と一緒に相談できたことや，Bリハビリ病院からMSWと看護部長が来院されたことによる安心感であろう。直接会って，顔を合わせながら話をするということは，本当に大切なことではなかろうか。

本人の意思確認のできない状況で，周囲に判断を求めるということは，その方たちのプレッシャーは計り知れない。常に相手の立場になり，現状を的確に把握・判断し，本人と家族にとってよりよい方向を，一緒に悩み考えていくことが大切であろう。

退院から約1年後に，妻からMSWに近況報告の電話があった。Bリハビリ病院で6ヵ月間入院後，退院時には車椅子で移動が可能となり，息子たちの授業参観に参加できるまでになったようである。その後も当初は入院受入れを断られた自宅近くのAリハビリ病院の通所リハビリに通い，現在では小走りに走れるまで回復できたとのことであった。

職場への復帰の話も出ているとのことで、妻から「あの時、前向きに考えてよかったです。みなさんに本当に感謝しています。これから私たちと同じような状況の患者さんがいたら、その家族に今回の私たちの話をしてもらい＜こんなに元気になった人もいるから、決してあきらめないように！＞と、励ましてあげてくださいね」と、私たちMSWに対する期待と激励を頂いた。

2 医学的リハビリテーション・ソーシャルワーク

(1) 在宅でのリハビリ継続の事例

1) クライエントの紹介

氏名　K・A

年齢　68歳（男性）

住所　N市在住

保険　国民健康保険本人

職業　自営業（貴金属販売）

病名　転移性脊髄腫瘍、肺腺癌

2) 家族構成

患者、妻（62歳）、次女（30歳）と同居

長男（36歳）結婚にて別居、G市在住

長女（34歳）結婚にて別居、T市在住

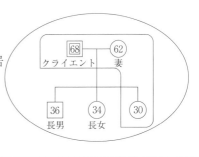

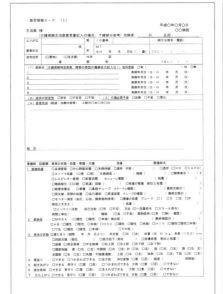

3）援助計画及び経過

○月○日

　主治医より「患者は，当院での治療は終了した。患者は在宅を希望している。在宅での療養生活と継続したリハビリができるように相談にのってほしい」と依頼があった。MSW は主治医に，退院の相談に必要な患者の情報カードの記入を依頼する。

○月○日

　主治医から，患者情報カードが届く。病棟訪問し，患者情報カードの内容について再度，医師，看護師から確認する。患者は，他の病院に圧迫骨折で通院していた。突然，両下肢麻痺が出現し当院の救急外来を受診する。入院して検査したところ，転移性脊椎腫瘍と診断され脊椎後固定術を行う。その後，原発が肺腺がんと診断される。転移性脊椎腫瘍に対して放射線療法を行いながらリハビリを開始する。リハビリは，硬性コルセットを装着してベッドから車椅子への移乗を中心に行った。肺腺がんは，抗がん剤を点滴にて行っていた。現在は，抗がん剤を内服している。患者は，当初はリハビリの継続を希望し，転院することを希望していた。余命は約6ヵ月で，本人には，告知されていなかった。

> **患者情報カード**
> 患者情報カードは，転院や在宅へ患者を依頼できるかどうかを事前に評価するための情報である。医師が患者の経過，治療状況，処方を記入する。看護師が，医療処置，感染症，身体の状態，リハビリの可否，口腔ケア，食事内容，認知症等について記入する。

○月○日

　患者，妻，次女と面接する。面接では，患者情報カードで患者の現状について確認をする。そして在宅療養ができるかどうか5つの視点で評価を行う。①患者・家族の思いや希望，②医療の継続，③看護の継続，④環境の整備，⑤家族の介護力について確認する。

【退院までの援助方針】

① 在宅療養の継続について

　医療（診察・処方）の継続は，往診医による訪問診療（在宅療養支援診療所）24時間，365日対応可能である。医療用麻薬も使用可能である。

② 看護の継続

　訪問看護によって経過観察，保清，医療処置，療養相談，リハビリを行う。

③ 生活・介護の継続

　家族の役割が大きい。介護保険でヘルパーの援助が受けられる。

④ 環境の整備

　住宅改修や電動ベッド，ポータブルトイレ，車椅子を準備する。

【援助の進め方について】

　① 往診医，訪問看護，介護支援専門員への依頼
　② 退院時カンファレンスの開催
　③ 介護機器等の関係機関との調整

④ すべて調整が終了すると退院となる。

MSWは，関係機関に患者を受けていただけるかどうかを評価してもらうために下記の医療福祉アセスメントを作成した。

医療福祉アセスメント

患者　氏名　K・A様　68歳（男性）病棟　　○病棟○階
住所　N市　　電話

1　心理・社会的状況

1）退院後の患者・家族の思い

　患者は，自宅での療養を希望しているが，自宅で療養とリハビリが継続できるか不安に思っている。妻の負担を心配している。家族は，患者を自宅で療養させたいと考えている。在宅療養が継続できるか不安に思っている。化学療法の継続が困難となり，食事療法等の代替療法・民間療法をさせたいと考えている。良い状態を保っていきたいと考えている。今後のことは，状況に応じて考えていきたいと考えている。

2）患者・介護者・家族の状況

　患者は，妻・次女との3人暮らしである。患者は自営で貴金属の販売をしていたが，入院したため現在は廃業している。妻は会社の事務を手伝っていたが，現在は患者の介護が中心になっている。病気等の身体的な問題はない。次女は家事を手伝っている。主な介護者は妻である。次女が妻を手伝うことになる。別居の長男と長女がいる。長女は月に1週間程度，実家に帰って患者の介護を手伝っている。

3）住宅の状況

　一軒家の持ち家である。1階が車庫になっていた。2階が事務所と台所・食堂・浴室になっている。3階は寝室になっている。階段の昇降が困難なため，身体障害者手帳の障害者住宅改造補助金を利用して住宅改造を行うことにしている。○月○日より工事を開始している。1階から2階への昇降用リフトと2階の事務所部分をリビングにして電動ベッド・車椅子・ポータブルトイレを設置する予定である。完成は，○月○日頃になると思われる。

2　経済・制度的状況

　収入は，患者夫婦の老齢年金と次女の稼動収入である。貴金属店を営んでいた時の預金があり，経済的に困ることはない。介護保険は要介護4の認定を受けており，身体障害者手帳は下肢不自由で2級を取得している。老人保健が適用されており，障害者医療証が交付されており，医療費の負担はない。

3　医療の現状と課題

　平成○年○月○日より腰痛があり○月○日に近くの○○病院を受診し，圧迫骨折と診断される。○月○日には右足のシビレ，○月○日には両下肢麻痺・排尿障害が出現し，○月○日に当院の救急外来を受診し，入院になる。転移性脊椎腫瘍と診断され，脊椎後方固定術を行う。その後，原発が肺腺癌と診断される。転移性脊椎腫瘍に対して放射線療法を行い，リハビリを継続している。排尿障害がありバルーンカテーテルを留置している。

4　看護・介護の課題

　両下肢麻痺があり車椅子への移乗等，介助が必要である。2時間ごとの体位交換を行っている。食事は普通食を自己摂取している。尿は留置カテーテルで，

便は紙おむつにしている。夜間に下肢から腰部のシビレ，ムズムズ感，足が3本あるように感じるとの訴えがあり，眠れないことがある。痛みの訴えはない。妻が病室に付き添っている。昼間はそのような訴えはほとんどない。

5 医療福祉アセスメント

患者・家族は自宅での療養とリハビリを希望しているが，経験がないため，在宅療養を行うことについて不安に思っている。介護者である妻をサポートする必要がある。訪問診療・訪問看護によるサポートが必要である。住宅改修は進めており，退院にあたっては電動ベッド・車椅子・ポータブルトイレの導入を図る必要がある。在宅療養への移行は，住宅改修が完成する〇月以降になる。

〇月〇日

MSWは，関係機関に受け入れ可能かどうかを評価してもらうため患者情報カードと医療福祉アセスメントを送付した。

〇月〇日

〇〇往診医から，受け入れ可能の連絡があった。

〇月〇日

訪問看護，居宅介護支援事業所から受け入れ可能の連絡があった。

〇月〇日

MSWは，患者が今後自宅での療養に際してリハビリ希望や抗がん剤，看護等について退院時カンファレンスの開催が必要と判断し，院内外の関係者と調整して日程を決定した。

〇月〇日

退院時カンファレンスには，院内から医師，看護師，薬剤師，理学療法士，MSWが参加，院外から往診医，訪問看護師，介護保険支援専門員が参加した。加えて患者，妻，次女も参加した。

【退院時カンファレンスでの確認事項】

① 疼痛・しびれのコントロール等の緩和ケアの継続を行う。
② 整形外科への受診希望とリハビリの希望がある。
③ 電動ベッド・床ずれ予防マット・車椅子，ポータブルトイレの搬入を予定。
④ 週2回程度の訪問看護と移動入浴を予定する。

そして〇月〇日を退院日とすることを決める。

4）考　察

この患者は，以前から腰痛があり近くの病院を受診していた。圧迫骨折から突然，肺腺がんと診断された。その時点で，すでに肺腺がんは進行していた。余命が短期であるため，家族は自宅での療養を希望した。本人は，余命のことはほとんど知らされていなかったので，リハビリを希望した。

自宅でのリハビリをいかに継続していくか。がんの疼痛コントロールをみな

がら進めていくことが求められた。自宅でも継続してリハビリができたので，本人や家族は意欲をもちながら療養生活が継続できたと思われる。

(2) リハビリを継続するための転院の事例
1) クライエントの紹介
氏名　S・M
年齢　68歳（女性）
住所　A市在住
保険　国民健康保険本人
職業　主婦
病名　頸椎椎間板ヘルニア，糖尿病，右足壊疽，閉塞性動脈硬化症，慢性心不全，慢性腎不全

2) 家族構成
患者，夫（死亡），長男（46歳），次男（44歳）と同居

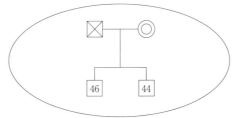

3) 援助計画及び経過
○月○日

　患者，長男，次男と①医療費の支払い，②退院後の介護問題の相談を受ける。MSWは，①は，限度額認定制度について説明し，②は介護保険の利用について説明する。

○月○日

　患者，長男，次男と面接する。

　患者は，糖尿病による壊疽で右足の指を切断した。傷が治れば退院と医師からいわれている。退院後，傷の処置を近医で行いたい。通院に電動車椅子がほしい。

　地域包括支援センターの担当者に自宅を訪問してもらい介護保険の申請と電動車椅子の導入について調整してもらえるよう依頼する。

　主治医に患者情報カードと電動車椅子が必要である意見書の記入を依頼する。

○月○日

　病棟にてカルテ，看護師より病状確認する。患者は，心不全で入院する。その時に右足壊疽を合併する。心不全改善後，右下肢動脈バイパス術，右中足骨切断術を行う。

○月○日

　地域包括支援センターの担当者に患者情報カードを送付する。外来は、当院に通院することになる。患者の退院日を連絡する。

○月○日

　患者は自宅に退院する。

○月○日

　今回、右足壊疽悪化のため再入院する。

　患者と次男が「転院のことで相談したい」との主訴があり面接する。

　患者は、当院の外来に通院していたが、右足壊疽が悪化して入院となる。抗生剤にて処置を行ったが壊疽が止まらず下腿切断術を行う。

【MSWの今後の療養継続方針の説明】

　患者は、慢性心不全、慢性腎不全、糖尿病、閉塞性動脈硬化症があり、○月○日右下肢動脈バイパス術、右中足骨切断術を行っている。○月○日右足壊疽悪化のため入院、○月○日下腿切断術を行う。

　今後、義肢の作成が予定されている。

① 在宅療養を行う場合

　介護保険サービス（ホームヘルプサービス、デイサービス等）を利用して自宅で療養を行う。

② 病院へ転院する場合

・リハビリ目的は、回復期リハビリテーション病棟へ転院してリハビリを継続し自宅へ帰ることを目標にする。

・自宅での介護ができない場合は、介護目的の療養病棟に転院する。

③ 生活の場としての施設へ入所する場合

・有料老人ホーム、老人保健施設

　以上の方針について、患者、家族でどのような療養を選択されるかを教えていただきたい。

○月○日

　患者と次男と面接する。

　患者は、義足を装着し平行棒内を歩行するリハビリを継続している。義足で自宅での生活ができるようリハビリの継続を続けたいので、どこかリハビリのできる病院を紹介してほしい。その上で今後の療養生活の場所を考えたいという。

　糖尿病による合併症がある患者で投薬も多いため、なかなか回復期リハビリテーション病棟では受け入れ困難な患者である。そのためMSWは、この状態で受け入れてくれる回復期リハビリテーション病棟を探すことになる。医師に患者情報カードを依頼する。

○月○日

　病棟から患者情報カードが届く。糖尿病の合併症で病名が多く投薬も多い。インスリンの自己注射も今のところできていない。ADLは，寝返り，起き上がり，座位保持はできる。立ち上がりは，つかまればできる。今のところ歩行ができない。今後，歩行のリハビリが必要である。食事も糖尿病の治療食が必要である。数ヵ所の回復期リハビリテーション病棟へ受け入れの問い合わせを行う。やっと受け入れてくれる回復期リハビリテーション病棟がみつかり患者情報カードを送付する。

○月○日

　リハビリ病院から受け入れの連絡がある。転院にあたっては，移送の方法や情報提供書，看護要約，リハビリの紹介書，その他の診療科の情報提供書も必要であるので確認をする。

○月○日

　本日転院する。

4）考　察

　糖尿病の合併症により，右足壊疽が悪化し下腿切断術を行う。患者が自宅での生活を行うには，義足を装着してリハビリを行わなければならない。

　ところが，投薬が多い糖尿病の合併症の患者は，包括医療（定額制）の回復期リハビリテーション病棟では，入院を受け入れるところが少ない。転院を受け入れる医療機関先を把握している必要がある。また急性期病院から次の所でリハビリを行い社会復帰するためには，さまざまの選択肢がある。その患者にあった選択肢をいかに提供できるかがMSWとしては重要である。

3　精神科ソーシャルワーク

（1）精神科病院における地域支援事例
1）クライエントの紹介

　Aさん34歳，統合失調症。飲食店を営む家庭の3人きょうだいの長男として出生。中学校ではサッカー部に所属する。高校では部活動には所属せずアルバイトをしていた。2歳年下の妹と5歳年下の弟との関係は良好で，面倒見の良い兄であった。元々はお父さん子であり，大学受験に失敗し本人は専門学校に進みたかったが，父親の強い希望もあり予備校に入学した。こうした経過の中，本人18歳，予備校生の時に意味不明な言葉を口走りながら父親に殴りかかるなどの日頃と違う行動があり，家族に連れられて精神科病院を受診。同日入院となり約1ヵ月の入院治療を行い軽快する。その後は通院しながら工業系の専門学校へ通い卒業する。就職活動を続けていく中で，怠薬し再燃。再入院

して3ヵ月間で軽快し退院する。外来診察で主治医に「今後の就職のことなどを相談したい」と話し，主治医からの紹介で相談室に来室し，精神保健福祉士（以下，PSW）とのかかわりが始まる。

2）家族構成

Aさん（34歳）は，飲食店を営む父（61歳）と母（58歳）と同居している。妹（32歳）は2年前に結婚して他県に嫁いでいる。弟（29歳）はフリーターで，現在は，他市に在住している。

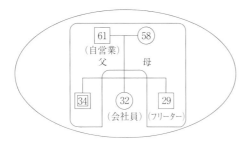

3）援助計画及び経過

①精神科デイケア導入期

　PSWとのインテーク面接では，「早く就職して，友人たちと同じようになりたい」と今後の希望を話す。そこで，2週間に一度の外来診療の後，定期的なPSW面接を実施することとなる。その後のPSW面接では，働きたい気持ちがあるものの眠気が強く，朝起きることが辛くて昼まで寝ていることが多いので，自分としても現状ではすぐに仕事は難しいとAさんは考えていた。PSWは精神科デイケアについて紹介し，Aさんとともに見学する。同年代のメンバーが楽しそうにスポーツをしており本人も興味を示し，本人，主治医，デイケアスタッフと話し合い，就労に向けての準備と位置づけて精神科デイケアに通所することとなる。通所開始後のPSW面接では，朝起きられずデイケアを休むことが度々あったことや，デイケア参加時も，周りの人の視線が気になることも多く，とても疲労を感じていることなどが語られる。

　半年が経過すると，仲の良いメンバーとともにデイケア以外でも一緒にスポーツジムへ行くなど行動範囲が広がってくる。朝起きられないという状況は相変わらずではあるが，この頃より当初の希望であった就労への意欲が強くなり，アルバイトを考え始める。実際に，ファミリーレストランの厨房の仕事のアルバイトを始めるが，体力的にきついと1ヵ月で辞めてしまった。その後すぐにレンタルビデオの店員のアルバイトを始めるが，やはり1ヵ月経たずに辞めてしまう。PSWとの面接では，本人から，もっと長く勤められると思っていたが，短期間で辞めてしまったことへのショックを語られ，通勤や仕事上の体力面の他に，他の従業員とのやり取りや仕事が覚えられないこと，自分に向いている仕事はどんな職種だろうか，あるいは，障害を隠しての就労がよいの

か，障害を明らかにしての就労がよいのかといった障害の開示についての課題などが語られるようになる。

②援助計画の再設定

そこで，PSWだけでなく，主治医，デイケアスタッフも同席してもらいケースカンファレンスを開き，今後の支援計画について本人と話し合う。デイケアでできることとして，通所日数の増加，参加プログラムの見直しを提案され，通所日数をそれまでは週2日から3日の参加であったが，週5日の参加とし，プログラムも本人が好きなスポーツ関係だけでなく，コミュニケーション訓練であるSST（Social Skills Training）や軽作業など，本人の課題に沿ったプログラムを選択していくこととした。またPSWとの面接では，日常の生活リズムの見直しを行うことや，自分に向いた職種の検討や就労するうえでの障害の開示・非開示の検討をすることとした。その後のPSW面接において，自宅での生活習慣の見直しでは，本人に日頃のタイムスケジュールを書き出してもらい，それを元に話し合い，それまで遅くまで起きてテレビを見ていたりすることを止めて，週5日のデイケア通所に備え入床時刻を早めることを実践してもらうようになる。

そして障害者職業センターの利用をPSWより提案し，本人も希望したため実際に利用を開始する。障害者職業センターでの職業適性検査では，対人的な仕事への興味が強いという結果が出るが，その一方で就労へのイメージが現実的ではなく，また就労への不安も強いという課題が見出され，職業準備訓練への参加を勧められる。デイケアを卒業して障害者職業センターの職業準備訓練に通所する。訓練通所中の面接の中でPSWは，職業準備訓練の予定にあわせて週末のスケジュールを調整したりするなどさまざまな面で彼の成長を感じた。9ヵ月にわたる職業準備訓練を無事に終了し，Aさんは障害を開示しての就労を希望し，本人と障害者職業センターの職業カウンセラー，PSWとともにハローワークで職場を探し，工場内での検品の仕事がみつかり，トライアル雇用などの制度を利用して週3日4時間の試験雇用から開始する。職場では順調に仕事をこなしており，徐々にパート雇用へと雇用形態が変更していった。PSWとの面接では，職場の人に期待されたり，長く続けてほしいと思われることへのプレッシャーなどが語られた。そのため，仕事の内容に慣れたり覚えたりといったことの他に，このような対人関係などに対する対処をどうするかといった課題へと移っていった。

③援助終結とその後の危機介入

その後，職場の勤務日数の増加にともないPSW面接も，1ヵ月に1回，2ヵ月に1回と減少していき，就職して丸2年が経過したところで，PSW面接の終結について本人と話し合い，援助終結後の相談手順などを確認のうえ，定期面接は一旦終結とした。その1年後には「正社員になった」と相談室に報告へ

来て，嬉しそうに健康保険証をPSWに見せている。正社員になって半年後，突然PSW宛に本人から電話があり，「このところ調子が悪くなりかけている気がする。睡眠時間が短いし，なんだか誰かにつけられているような感じがしたり，人の視線が気になったりする」という相談。話を聞くと先月から職場の配置異動があり，新しい上司と上手くコミュニケーションが取れていないという。PSWは，病状が再燃しはじめているのではないかと感じたため，そのことを本人に伝え，近日中に外来を受診し早めの治療を勧める。そして主治医や職場の社長との仲介に入ったほうがよいかを本人に確認すると，本人も仲介してほしいとの要望があり，PSWから主治医へ情報提供するとともに，職場社長へ電話連絡し，最近の勤務状況をうかがう。「正社員となり，今まで以上に張り切って休まず勤務していた。しかし正社員となったため配置異動があり，そこの職員が無口で，本人としてはうまく行っていないように感じて少し疲れ気味であったため，気になっていた」という。外来受診の結果，薬の増量としばらくの休養を主治医より指示される。そこで本人と一緒に職場へ電話し，外来診察の結果を社長に報告し，しばらくの休暇を依頼する。1週間後のPSW面接で，本人は「正社員になって張り切りすぎてしまった。正社員となると勤務異動もあり，そこで新しい人間関係を作るのに時間がかかるけど，正社員になったのだからと誰にも相談せずに自分で解決しようと焦ってしまった」と話している。PSWはAさんに，「社長と話したが，体調が戻るのを待っていてくれている。そしてこの社長の評価は，これまでのAさんの働き振りを評価してのことであり，Aさんが築いてきた信頼であると思う」とPSWの印象を伝える。Aさんは少し照れながら，「そうですね。今度からは，早めに社長と相談するようにします」といっていた。その後のAさんは，2週間ほどの休みの後に，職場へ復帰した。

4) 考察

PSWは，Aさんに対して就労に向けた支援を10年ほど関わってきた。途中の1年半は，順調に就労しており，支援を終結していたが，症状の再燃を機に支援を再開し，現在に至る事例である。

働くことは社会的役割を得ることとなり，自尊心や満足感を得られることが意義の1つとしてあげられる。統合失調症は，このような社会的役割を取ろうとする時期に発病することが多く，Aさんのように就職を希望するクライエントは多い。しかしながらこのように順調な就労過程を経ていくクライエントばかりとはいえない。Aさんも順調な経過をたどっていたが，正社員への雇用変更や職場の配置異動が誘引となって再燃した。この時には，援助関係を終結させていて，介入が遅くなったともいえるが，Aさん自身の対処能力が発揮された好例ともいえる。

精神科医療機関におけるソーシャルワークでは，一度終結を迎えた援助関係であっても，Aさんのように症状が再燃するなどの危機介入や，新たな生活課題に対する支援が必要となるなど，援助関係が長期間にわたることが多い。それは疾病と障害が共存しているといわれる精神障害の特徴といえるであろう。援助過程における終結は非常に難しいが，PSWはクライエントの目標が達成されたかどうかをきちんと評価し，クライエントのニーズに変化がないかと自らの援助内容を点検，評価することが大切である。

(2) 精神科病院における退院援助事例
1) クライエントの紹介
　Bさん57歳，統合失調症。3人兄弟の末子3男。中学卒業後に兄を頼って上京し工場に就職する。18歳の時に多弁，奇異な行動がいちじるしくなり，兄に連れられ精神科病院受診。以後，当院や近隣県の病院に合計8回の入院歴がある。若い頃は兄と同居し，調子が悪くなると兄に連れられて入院していた。40歳の頃より通院中に知り合った女性と同棲を始め，現在もその女性（以下，内妻）とは内縁関係であるが，内容は8年前よりBさんとは別の精神科病院に長期入院中である。内妻に対してはとても優しく面倒見がよく，病院へ定期的にお見舞いに行き，外泊なども受け入れている。内妻の兄（以下，義兄）からの信頼もあり，二人で支えあって生活してきた様子。今回は9回目の入院で，7月頃より，兄との電話の中で本人が「腰痛がひどくなってきている」と話しており心配していた。8月に入ると電話の内容が意味不明なものになり，兄がアパートを訪ねたところ，台所回りは水浸しとなっており，本人は居間で横になって独り言をいっている状態であった。どうやら腰痛が悪化し，精神科病院へは2ヵ月前を最後に通院しておらず，まったく服薬はしていない様子。兄が精神科受診を勧めるが，怒って話しもできない状況であり，保健所に相談し，保健所の精神保健福祉相談員とともに本人を当院へ受診させ，そのまま医療保護入院となった。

2) 家族構成
　Bさん（57歳）は，40歳頃から同棲している内妻がいるが，内妻は現在別の精神科病院へ入院中のため実質一人暮らしである。内妻は兄と2人兄弟で，その兄は現在Bさんが住むアパートの大家という関係である。Bさんの両親は他界しており，Bさんと10歳離れている長兄もすでに他界されている。Bさんは中学卒業後，すぐ上の次兄を頼って上京するなど若い頃から次兄との関係が深い。次兄（62歳）には妻と子どもがおり，その子どもたちは独立し，現在次兄は隣市に妻と2人で在住している。

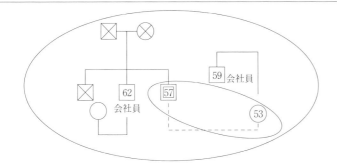

3）援助計画及び経過

①インテーク

　主治医より「今後の退院に向けて相談したい」との依頼からPSWのかかわりが始まる。主治医からは，「入院後2ヵ月が経過し，症状は安定してきている。そのため退院要求が強いが，現在住んでいるアパートは，周りに飲み仲間が多く，また通院にも不便である。ここ数年は良かったが，再入院の際には飲み仲間との付き合いから生活リズムを乱し，服薬が不規則となって，周囲に対して被害的となり病状の再燃にいたるという経過をたどることが多いため，病院周辺に転居するなど環境面での整備を検討できないか」というもので，本人の兄もこの転居の提案には賛成しているという。PSWはまず本人と面接し，主治医や兄の提案について，本人がどのように受け止め考えているのかを聞いた。本人は「入院して2ヵ月になる。体調も良くなってきたから早く退院したい。そのように主治医に話したら，「病院の近くに引っ越したらどうか」といっていた。今のアパートは，同棲している彼女（内妻）の兄が大家で，俺が間借りしている状態。彼女は他の病院に長期入院していて，ひとり暮らしのため日中の時間を持て余している。そんな時に公園で知り合った人たちとお酒を飲んでしまい，調子を崩すことがこれまでにも度々あった。私自身も飲み仲間との付き合いは，あまり良いとは思っていないが，妻とのこともあるし，転居はせずに今のアパートに退院したい」と語る。インテーク時のPSWの援助方針として，「転居も含めたBさんの今後についての方向づけとその具体的援助」とし，そのための援助計画として，①Bさんの兄や内妻，義兄からBさんの今後についての意向や生活状況などの情報収集，②今後，退院した後のBさんの生活に関する援助について取り組むこととした。PSWは，①の対応として，Bさんに承諾を得た上で兄や義兄と連絡を取り，生活背景やこれまでの経過などの情報を収集する。兄からは，面会時にこれまでの長い病歴を聞く。「調子が良い時は良いのだが，時々調子を崩しては入退院を繰り返していた。今回も入院して病状も良くなり退院可能であるのなら退院させてあげたい。しかしもとのアパートへの退院だと飲み仲間などがいて，すぐに調子を崩すのではないか。また，大家である義兄に対しても迷惑を掛けているのではないか」と心配していることが語られる。義兄にはまず電話にて話を聞いた。「これま

でBさんは妹の面倒をとてもよく見てくれている。これからもその関係を続けてほしい。アパートの部屋が水浸しで使えない状態であれば，現在のアパートの空室を使ってもらっても構わないと思っている」ことが語られ，近いうちに面会に来院するとのことで，義兄はBさんに関して迷惑には思っておらず，むしろ信頼しているようであることがわかった。

②ケースカンファレンスの調整

　PSWはケースカンファレンスを行うために，関係者と日程調整する。内縁の妻は，入院中のため参加できず。また義兄は参加を承諾してくれていたが，日程が合わずに伝言を残し不参加であったため，本人，兄，主治医，受け持ち看護師，PSWで開催することとなる。

　カンファレンスでは，まずBさんが「今まで住んでいたアパートに退院したい」と希望を述べる。兄からは「退院には反対ではないが，飲み仲間がいるもとの場所に帰るのは心配である」という話もあり，主治医としては「再入院の際には飲み仲間との付き合いから生活リズムを乱し，服薬が不規則となり症状再燃にいたるという経過をたどることが多いことが心配」であることが話される。PSWより義兄から「これまでBさんが妹の面倒を見てくれていることもあり，その関係を続けてほしいこと。もし必要なら，現在のアパートの空室を使ってもらっても構わない」との伝言があったことを伝える。それぞれの立場からBさんの今後に向けての意見が述べられ，Bさんとともに今後を考える。

　カンファレンスの結果，Bさんだけでなく，内妻や義兄からも現在の内縁関係を続けてほしいことが確認された。そこで，現在のアパートへの退院というBさんの希望を優先することを確認し，それに向けてそれぞれが取り組むことを確認する。Bさん自身が取り組むこととして，服薬が不規則となり再燃にいたることが多いことから改めて院内で行われている服薬教育を受けることとなる。兄の役割は，義兄とも連絡を取り合いBさんのアパートの修復を検討することとなり，PSWは，退院後に利用できる社会資源をBさんとともに検討することとなった。

③退院後の生活にむけた援助

　カンファレンス後のBさんは，今後の見通しがはっきりとしたためか，週1回の服薬教室に熱心に参加し，また退院後の生活についてPSWとともに検討する。入院前は，月に1回内妻の面会へ行き，3～4ヵ月に1回は外泊を引き受けている。それ以外はとくにすることがないので，自宅で音楽を聴いたり，近所のデパートや公園へ散歩に出掛けていたという。これまでにも主治医からデイケア通所を勧められていたが，自分には合わないので行かなかったとのこと。入院中のBさんの様子は，ホールで将棋を指す姿を多く見かけ，カラオケなどのレクリエーションにも楽しそうに参加している。そこでPSWは，Bさんはどこかに出かけたり，人と交流することは嫌いではないと想像し，これ

までにデイケアや作業所などの通所を勧められていたが利用しなかったのは，定期的な通所を求められる点で本人は合わないと感じていたからではないかと考えた。そこで日中活動の場として，自分のペースで通所ができる地域活動支援センターの利用が向いているのではないかと考え，本人に紹介する。本人も興味を示したため一緒に見学すると，好きなプログラムにだけ参加すればよく，プログラムに参加しないでフリースペースで自由に過ごしてもよいという利用の仕方に非常に興味を示した。そこで，入院中から地域活動支援センターへPSWとともに外出して登録面接を行い，退院後すぐに利用可能となるよう手続きを進めた。

兄と義兄もアパートの整備を進めてくれており，ちょうど登録面接のための外出の時に，アパートへ立ち寄ったり，登録面接にあわせて外泊を行うなど退院に向けて準備を進めていった。結果的にBさんは入院して6ヵ月後に退院となった。退院後も地域活動支援センターの利用が軌道に乗るまでの3ヵ月ほどは，2週間に1回のペースでPSWが自宅を訪問していたが，地域活動支援センターの利用が軌道に乗ったところで，Bさんと主治医，兄と話し合い，今回の一連の援助は終結とした。現在のBさんは，外来受診時に時々相談室へ顔を出し近況を話している。

4）考　察

Bさんのように何度も入退院するクライエントは多い。そして入院後数ヵ月で症状は落ち着くが，入院前と変わらない環境に戻ることが症状の再燃を容易に予測させ，そのまま入院が長くなってしまうことも少なくない。そこで本事例におけるPSWの関わりでは，本人を含めたケースカンファレンスを行い，それぞれの立場から関係者が話し合うことで，退院へ向けた課題をBさんとともに確認でき，そしてBさんが生活していく上でのストレングス（強み）を確認できた。課題とストレングスの両方を確認しながら，Bさんを含めた関係者全体で現実検討を重ね，今後の方向性を見出していくことができたように思われる。本事例では，字数の関係で支援経過がダイジェスト的となってしまったが，人と環境との全体関連性の視点から総合的にクライエントを理解し，援助していくことが大切である。

（本章の事例作成にあたっては，事例の趣旨に反しない程度に加工しておりますが，大筋のモデルとなったAさん，Bさんに承諾を得ております。快く承諾していただいたお二人に深く感謝いたします。）

プロムナード

混合診療って何ですか

　日本は，健康保険でみることができる診療（薬・材料等）の範囲が決められています。混合診療とは，健康保険の範囲内のことは健康保険で賄い，範囲外の分は，患者自身が支払うことで費用が混合するということである。現在の医療費の自己負担に，さらに医療費の自己負担が上乗せされることです。現在認められている差額ベッド代や高度な医療技術の一部は，患者の実費になっています。今後，保険で認められていない薬等が，実費で使用が認められるとお金の支払えない人は利用できないことになります。保険で認められていないが，海外で使用している薬を早く利用したい患者も一部にはいます。日本の新薬の審査や承認に時間がかかるという問題もある。保険適用されていない薬などの混合診療を認めると，有効性や安全性で問題があるとの指摘がされています。保険適用されていない薬が全国的に利用されると，健康被害が起きる可能性があり，慎重に検討する必要です。（日本医師会のホームページでの混合診療についての解説を要約しました）。

学びを深めるために

『患者さんにそのまま見せる医療福祉相談の本』日総研出版社，2008 年

　現在の社会福祉制度，社会保険制度，医療保険制度，介護保険制度等が，社会保障構造改革により頻繁に変化している。急激な制度の変化と複雑化で現場にいる医療相談の関係者は，新しい制度改正の内容が十分に理解できず，患者・家族の病気によって起きてくるさまざまな問題に対応できていないでいる。筆者らは，医療相談の関係者の一助になればとの思いで，これまで医療社会事業課で蓄積してきた業務をわかりやすくマニュアルとしてまとめた。第 1 章は，疾患別の医療相談のポイント，第 2 章は，医療費相談，第 3 章は，生活相談，第 4 章は，退院相談の内容になっている。

福祉の仕事に関する案内書

津田耕一『利用者支援の実践研究』久美，2008 年

索　引

あ行

IVH　87
ACT　194
浅賀ふさ　115, 116
アセスメント　123
アルモナー　110
EE（Expressed Emotion）　197
医行為　95
医師　24
泉橋慈善病院　115
一般病床　24
一般病棟　65
医療介護総合確保推進法　57
医療社会事業　138
医療社会事業従事者　24
医療ソーシャルワーカー　12, 25
医療ソーシャルワーカー業務指針　104
医療ソーシャルワーク　25
医療福祉　4
医療法　21, 136
インターベンション　123
インテーク　123
インフォームド・コンセント　82, 99, 181
ウエッブ夫妻　18
ウェルビーイング　187
宇都宮病院事件　192
AIDS　6
HIV　6
栄養士　25
NHSおよびコミュニティ・ケア法　194
NPO　86
エバリュエーション　123
エリザベス救貧法　17

か行

介護支援専門員　216
介護保険制度　50, 210
介護老人保健施設　23
介入　123
回復期リハビリテーション病棟　67
家族機能　6
がん医療　161
看護師　24
患者会　139
患者情報カード　233
がん診療連携拠点病院　162
感染症の予防及び感染症の患者に対する医療に関する法律　37
感染症病床　24
カンファレンス　82
管理栄養士　25
緩和ケア病棟　68
義肢装具士　24
虐待　140
キャボット，R.　109
吸引　141
記録　148
緊急通報システム　84
クリティカルパス　9, 80
グリフィス報告　127
グリーフケア　87
グループワーク　124
呉秀三　191
ケアマネジメント　114
ケアマネジャー　78, 83
経済的問題の解決，調整援助　142
ケースカンファレンス　79, 147
結核病床　24
健康保険　27
言語聴覚士法　97
原子爆弾被爆者に対する援護に関する法律　43
見当識障害　82
権利擁護　164
高額療養費　143
後期高齢者　211
後期高齢者医療制度　34
後期高齢人口　5
高齢化社会　5
高齢者被虐待者　156
高齢・障害・求職者雇用支援機構　141
国際障害者年　199
国際人権条約　220
国際ソーシャルワーカー連盟　220
国際ソーシャルワーク教育学校連盟　220
国民健康保険　31
国民健康保険法　26, 117
国民年金法　117
国民扶助法　17
国民保険・皆年金　19
国民保健サービス法　114
個人情報保護法　146
コミュニティワーク　126

さ行

在宅療養支援診療所　73, 83, 162
作業療法士　24
支援計画　123
支援の終結　123
歯科医師　24
四箇院　115
歯科衛生士　25
歯科技工士　25
歯科業務補助者　25
資格証明書　159
自己決定　166
自己実現　182
事後評価　123
システムアプローチ　131
慈善組織（化）協会　109

事前評価　123
児童福祉法　40
視能訓練士　25
シビルミニマム　19
シーボーム報告　126
社会資源　130
社会的諸目標モデル　124
社会的入院　177
社会福祉士　136
社会福祉士及び介護福祉士法　118
社会復帰援助　141
社会保険および関連諸サービス　17
社会保障審議会　19
社会保障制度改革推進法　20
社会保障制度（社会保障システム）　2
社会保障制度審議会　19
就職支度金　141
集団療法　142
受診・受療　142
主体的な医療の利用者としての患者　142
受理面接　123
准看護師　24
障害者総合支援法　39
情緒障害児治療機関　113
傷病手当金　143
助産師　24
助産所　23
自律　145
自立支援医療　42
自立支援給付　41
新経済社会7ヵ年計画　47
心神喪失の状態で重大な他害行為を行った者の医療及び観察等に関する法律（心神喪失者等医療観察法）　192
診断群分類別包括評価　69
診療所　23
診療放射線技師　24
診療報酬　61
診療報酬点数　63
スクールソーシャルワーカー　136
スティグマ　4
ストレングス視点　200
生活習慣病　176
生活の継続性　217
生活の現実性　217
生活の個別性　217
生活の質　182
生活の全体性　217
生活の地域性　217
精神障害者　39
精神病床　24
精神保健医療福祉の改革ビジョン　195
聖ルカ病院　115
セカンドオピニオン　167
セーフティネット　164
セルフヘルプ・グループ　198
船員保険　33
全国精神障害者家族会連合会（全家連）　197

潜在的な力　146
戦傷病者特別援護法　44
専門職の倫理的な指針　222
相互作用モデル　124
相馬事件　191
ソーシャルワークサポート・ネットワーク　128

た 行

退院援助　140
退院に関わる診療報酬　73
ターミナル・ケア　72
短期保険証　159
地域医療支援病院　65
地域活動　143
地域ケアシステム　144
地域包括ケアシステム　213
地域包括ケア病棟新設　67
地域包括支援センター　53
地域連携クリティカルパス　82, 144, 179
チーム　146
チームアプローチ　3
チーム医療　3
治療モデル　124
東京市立中野療養所　115
特定機能病院　65
特定疾患治療研究事業　45

な 行

ナイチンゲール　108
ナショナルミニマム　18
生江孝之　115
難病　139
21世紀に向けての社会保障　20
ニーズ　128
日本医療社会事業協会　116
日本精神保健福祉士協会　200
入院時食事療養費　68
任意継続被保険者　28
ネットワーク　144

は 行

バイステックの7原則　123
バークレイ報告　127
パターナリズム　5, 181
パールマン，H. H.　122
POR　80
ヒポクラテス　108
被保険者　26
病院　23
標準報酬月額　30
ピンカス，A.　131
フェビアン社会主義　16
ブース，C.　16
プライバシーの保護　146
プライマリ・ヘルスケア　178
プランニング　123
米国病院ソーシャルワーカー協会　113
ベヴァリッジ，W. H.　17

訪問看護に関わる診療報酬　73
保健師　24, 101
保健師助産師看護師法　96
保健所　103
保健診療　60
母子保健法　43

ま行

マイノリティ　195
マズロー，A. H.　131
ミナハン，A.　131
メタボリックシンドローム　11
モニタリング　123

や行

薬剤師　24

ら行

ライシャワー事件　191
ライフモデル　182
ラウントリー，B. S.　17
理学療法士　24
理学療法士及び作業療法士法　96
リッチモンド，M.　122
リハビリテーション　137
療育の給付（療育医療）　40
療養　139
　——の給付　62
療養中の心理的・社会的問題の解決，調整援助　139
療養費の支給　61
療養病床　24, 68
療養病棟　66
臨床検査技師　24
臨床工学技士　24

わ行

ワーカビリティ　122

［編著者紹介］

児島美都子
東京都生まれ
1944年　青山学院女子専門部卒業
1955年　日本社会事業学校専修科卒業
2006年　東京福祉大学大学院博士課程修了
現　在　日本福祉大学名誉教授（社会福祉学博士）
主　著　『新医療ソーシャルワーカー論』（単著）ミネルヴァ書房　1991
　　　　『医療ソーシャルワークの実践』（監訳）中央法規　1994
　　　　『医療ソーシャルワークの現代性と国際性』勁草書房　1998
　　　　『医療ソーシャルワークの挑戦』（監訳）中央法規　1999
　　　　『イギリスにおける中間ケア政策』学術出版社　2007　他

成清美治
兵庫県生まれ
1985年　龍谷大学大学院文学研究科修士課程修了
現　職　神戸親和女子大学客員教授（社会福祉学博士）
主　著　『医療福祉概論』（共編著）学文社　1997
　　　　『国際医療福祉最前線』（部分訳）勁草書房　1999
　　　　『現代医療福祉概論』（共編著）学文社　2002
　　　　『医療介護とは何か』（共著）金原出版　2004
　　　　『看護・介護・福祉の百科事典』（編集）朝倉書店　2008

牧　洋子
高知県生まれ
1968年　同志社大学文学部社会福祉学専攻卒業
1991年　龍谷大学大学院文学研究科修士課程修了
現　職　日本福祉大学特任教授
主　著　『事例から学ぶ医療福祉相談』（共編著）せせらぎ出版　2002
　　　　『ソーシャルワークの技能』（共著）ミネルヴァ書房　2004
　　　　『転換期の医療福祉』（共編著）せせらぎ出版　2005
　　　　『福祉・介護に求められる生活アセスメント』（共編著）中央法規　2007

イントロダクションシリーズ2　保健医療サービス〈改訂版〉

2015年1月30日　改訂版第1刷発行

編著者　児島美都子
　　　　成清美治
　　　　牧　洋子
発行者　田中千津子
発行所　㈱学文社

郵便番号　153-0064　東京都目黒区下目黒3-6-1
電話（03）3715-1501（代表）振替　00130-9-98842
http://www.gakubunsha.com

乱丁・落丁本は，本社にてお取替致します。　印刷／新灯印刷株式会社
定価は，カバー，売上カードに表示してあります。〈検印省略〉
© 2015 KOJIMA Mitsuko, NARIKIYO Yoshiharu, MAKI Yoko Printed in Japan

ISBN 978-4-7620-2480-1